国家出版基金项目
NATIONAL PUBLICATION FOUNDATION

碳达峰与碳中和丛书　　何建坤　主编

绿色低碳发展若干问题研究

清华大学绿色经济与可持续发展研究中心 2022年度政策研究报告

钱小军　周剑　主编

东北财经大学出版社
Dongbei University of Finance & Economics Press
大连

图书在版编目（CIP）数据

绿色低碳发展若干问题研究：清华大学绿色经济与可持续发展研究中心2022年度政策研究报告 / 钱小军，周剑主编. —大连：东北财经大学出版社，2023.6

（碳达峰与碳中和丛书）

ISBN 978-7-5654-4846-1

Ⅰ.绿… Ⅱ.①钱… ②周… Ⅲ.绿色经济-低碳经济-经济政策-研究报告-中国 Ⅳ.F124.5

中国国家版本馆CIP数据核字（2023）第091161号

东北财经大学出版社出版发行

大连市黑石礁尖山街217号　邮政编码　116025

网　　址：http://www.dufep.cn

读者信箱：dufep @ dufe.edu.cn

大连图腾彩色印刷有限公司印刷

幅面尺寸：185mm×260mm　字数：235千字　印张：16.5

2023年6月第1版　2023年6月第1次印刷

责任编辑：李　季　蔡　丽　孙　平　田玉海　责任校对：吴　焕

封面设计：原　皓　版式设计：原　皓

定价：89.00元

教学支持　售后服务　联系电话：（0411）84710309

如有印装质量问题，请联系营销部：（0411）84710711

绿色低碳发展若干问题研究

——清华大学绿色经济与可持续发展研究中心2022年度政策研究报告

主 编

钱小军　周　剑

编委会成员

何建坤　钱小军　周　剑　周　源　温宗国　刘　滨　朱颖心

编写组成员（按姓氏拼音排序）

曹　彬　陈　晨　陈铭韵　范俊珲　范宇宸　顾阿伦　蒋海华
鞠欣源　康　宁　李高雅　李思师　刘　滨　刘建国　刘松颀
孟祥宇　尚奕萱　盛如旭　田君豪　佟　庆　王　涵　王　宇
温宗国　吴业宇　许冠南　张健赢　郑凯方　周　剑　周可人
周玲玲　周　源

前 言

一、人与自然和谐共生的现代化是目标

党的二十大报告提出："以中国式现代化全面推进中华民族伟大复兴。""中国式现代化是人与自然和谐共生的现代化。""尊重自然、顺应自然、保护自然，是全面建设社会主义现代化国家的内在要求。必须牢固树立和践行绿水青山就是金山银山的理念，站在人与自然和谐共生的高度谋划发展。""推动绿色发展，促进人与自然和谐共生。"

如今，世界正面临气候变化生态危机。近百年来全球气候变暖，主要是因为工业革命以来全球经济和社会发展，温室气体的排放不断增加，温室效应不断增强。在人类生产和生活中，煤炭、石油、天然气这类化石能源的燃烧会产生大量二氧化碳，而二氧化碳是温室气体当中最主要的成分。应对全球气候变化危机，核心就是减少人为活动产生的二氧化碳排放量。

2015年，联合国气候变化大会通过了《巴黎协定》，提出把未来全球的温度升高幅度控制在2℃以下，并努力争取控制在1.5℃以下的目标。为实现这一目标，全球温室气体排放量必须迅速下降；到21世纪下半叶甚至中叶，实现二氧化碳净零排放。

中国提出在2030年前实现二氧化碳排放达峰、到2060年前实现碳中和的目标，这是统筹国内可持续发展与应对全球气候变化挑战所作出的战略决策。中国是发展中大国，碳排放量较大，所以我们要作出和国情发展阶段相适应的贡献，要在全球的生态文明建设和全人类的共同利益面前展现出中国的责任担当。

碳达峰与碳中和的承诺实际上是对绿色低碳转型发展的刚性要求，必须按照承

诺的时间要求进行倒计时，调整能源结构、产业结构，把经济发展方式转到绿色低碳循环发展的轨道上。要实现这个目标，中国需要付出极其艰巨的努力，要抓住机遇、绿色复苏，还要加强创新协同、引领全球创新治理。中国以煤炭为主的能源结构不是短期内就能改变的，且随着经济的增长，对能源的需求还在不断增加。中国还处于一个发展中阶段。各个国家的国情不同，欧盟国家要实现从碳达峰到碳中和的间隔是71年，美国的间隔时间是43年，中国的间隔时间只有30年，所以中国要实现“双碳”目标时间非常紧迫，任务也非常艰巨。从中长期来说，“十四五”“十五五”时期是关键时期，实现碳达峰的前10年是我们进行能源结构深度调整的时期，结构也要转型，还有2035、2050、2060年的目标，要一步一步往前推进。

二、加快发展方式绿色转型是主要路径

加快发展方式绿色转型，是党中央立足全面建成社会主义现代化强国、实现第二个百年奋斗目标，以中国式现代化全面推进中华民族伟大复兴作出的重大战略部署，具有十分重要的意义。

推动绿色低碳发展是国际潮流所向、大势所趋，绿色经济已成为全球产业竞争制高点。推动经济和社会发展绿色化、低碳化是实现高质量发展的关键环节。中国要引领全球实现绿色、低碳复苏，引领全球经济和技术变革的方向，体现构建人类命运共同体的大国责任担当，保护地球生态，推进应对气候变化的合作行动，进一步提升我国的国际影响力和领导力。

加快发展方式绿色转型，就是要尽快彻底改变过去那种以牺牲生态环境为代价来换取一时一地经济增长的做法，推动形成绿色低碳的生产方式和生活方式，从根本上缓解经济发展与资源环境约束的矛盾。中国还处在工业化和城市化发展阶段的中后期，对未来经济增长还有比较高的预期。尽管不断加大节能降碳力度，但是能源总需求在一定时期内还会持续增长，相应地，碳排放也将呈缓慢增长趋势。在2030年前应尽快使碳强度年下降率赶上GDP年增长率，从而实现二氧化碳排放达

峰。这就要求中国一方面要调整和优化经济结构，从源头上推动发展方式绿色转型；另一方面，统筹提升资源利用效率和大力发展清洁能源。

一是调整优化经济结构，从源头上推动发展方式绿色转型。

要抓住产业结构调整这个关键，减少过剩和落后产能，增加新的增长动能。在保障产业链、供应链安全的前提下，中国实施钢铁、水泥、平板玻璃、电解铝等行业产能置换政策，初步建立了落后产能退出长效机制。“十三五”期间（2016—2020年）累计退出过剩钢铁产能1.5亿吨以上、水泥产能3亿吨左右，地条钢实现全面出清，电解铝、水泥行业落后产能基本出清。

加快传统产业改造升级，推进达标排放，降低重点行业污染物排放，持续降低碳排放强度。在钢铁、石化化工、有色金属、建材等重点行业实施绿色化升级改造。钢铁行业干熄焦、高炉炉顶压差发电、烧结余热发电等技术逐渐普及。石化行业千万吨级炼油、百万吨级乙烯等大型化装备应用水平持续提升。水泥行业新型干法熟料生产线平均单线规模提升至 3 605 吨/日以上。电解铝行业新建项目全部采用了 400 KA 以上电解槽技术。

推动战略性新兴产业、高技术产业、现代服务业加快发展。实施创新驱动发展战略，把科技创新作为调整产业结构、促进经济社会绿色低碳转型的动力和保障，战略性新兴产业成为经济发展的重要引擎，经济发展的含金量和含绿量显著提升。中国可再生能源产业发展迅速，风电、光伏发电等清洁能源设备生产规模居世界第一，多晶硅、硅片、电池和组件占全球产量的70%以上。节能环保产业质量效益持续提升，形成了覆盖节能、节水、环保、可再生能源等各领域的绿色技术装备制造体系，绿色技术装备和产品供给能力显著增强，绿色装备制造成本持续下降，能源设备、节水设备、污染治理、环境监测等多个领域技术已达到国际先进水平。

二是统筹提升资源利用效率和大力发展清洁能源。

转变资源利用方式、提高资源利用效率是加快发展方式绿色转型的重要途径。

要全面实施节约战略，加强高能耗行业管理，严格控制钢铁、化工、水泥等主要用煤行业煤炭消费。加强工业领域节能和效能提升，推广节能和提升能效的工艺、技术、装备。强化建筑、交通节能，大力推进城镇既有建筑和市政基础设施节能改造。加强商品过度包装治理，推进快递包装绿色化、减量化和循环化。加快构建废弃物循环利用体系，推动各种废弃物和垃圾集中处理和资源化利用，实现生产系统和生活系统循环链接。

中国提出，到2030年非化石能源占一次能源消费比重达25%左右。这意味着，经济发展对新增能源的需求将基本由新增非化石能源供应量满足。立足资源禀赋，调整和优化能源结构，大力发展非化石能源，加快发展风电、太阳能发电，建设一批多能互补清洁能源基地，统筹水电开发和生态保护，积极安全有序发展核电。加快国内油气勘探开发，增强油气供应能力。大力推进煤炭等化石能源清洁低碳高效利用，推进生物质能多元化利用，着力提高利用效能。

三、深度减排转型试点实现“双碳”目标的探索

实现碳达峰与碳中和是一场广泛而深刻的经济社会系统性变革。党的二十大报告指出要“积极稳妥推进碳达峰碳中和”。立足我国能源资源禀赋，坚持先立后破，有计划、分步骤实施碳达峰行动。

中国从2010年至2017年，分3批开展了81个低碳城市试点，取得了不同程度的试点成效。但随着中国“双碳”目标提出后，碳达峰与碳中和成为系统性、战略性和全局性的工作，试点要在目标、路径、覆盖区域尝试深层次的探索。

一是目标方面要探索碳排放总量和强度“双控”制度。完善能源消耗总量和强度调控，重点控制化石能源消费，逐步转向碳排放总量和强度“双控”制度。

二是低碳试点要在深度减排方面进行更多的探索。站在新的起点上，围绕“近零碳”建设路径，未来要探索一种更加稳妥、精细、因地制宜的模式，在城市区域里探索促进经济结构和产业结构绿色低碳转型，并在社会领域实现绿色低碳生活方

式的转变。

三是低碳试点要在合作机制上突破区域限制。国务院发布《2030年前碳达峰行动方案》，要求在京津冀协同发展、长江经济带发展、粤港澳大湾区建设、长三角一体化发展、黄河流域生态保护和高质量发展等区域重大战略实施中，强化绿色低碳发展导向和任务要求。上述区域分别代表了中国的不同发展路径，不同的经济发展模式和资源禀赋也决定了其实现碳达峰与碳中和的路径有其各自特色。未来的低碳试点，通过不同区域的深化，一方面可以探索不同的城市“双碳”转型路径，另一方面可以通过合作机制实现协同转型，提出新的解决方案，推进能源与经济持续健康地向绿色低碳转型和高质量发展。

本书是清华大学绿色经济与可持续发展研究中心年度研究课题的成果汇编。本书从不同学科视角分析和阐述了我国绿色低碳转型若干重要问题，分别涉及低碳试点、“无废城市”建设、绿色创新虚拟集群、建筑领域碳中和（冷热调节技术）、风电资源及国际油气公司能源转型，以期与社会各界交流分享，共同为我国经济高质量发展贡献智慧和力量。

编委会

2023年3月

目　录

第1章 低碳城市试点政策对经济与环境耦合协调发展的影响机制研究

盛如旭 刘松颀 周源

在人类社会发展过程中，经济发展与环境保护始终都是两大至关重要的议题。对于现阶段的中国而言，如何协调经济与环境这看似矛盾的两大发展目标也已经成为不可回避的关键问题。从我国的自身发展需求来看，目前中国经济发展已经进入新常态，由高速增长阶段转向高质量发展阶段。所谓高质量发展就是要“建立健全绿色低碳循环发展的经济体系”。从国际担当上来看，气候变暖等环境问题的危害日益凸显，中国作为一个负责任的大国，有义务承担起节能减排、低碳发展的国际责任。

在国内发展趋势和国际环境问题的推动下，中国陆续提出多项旨在增进经济和环境良性互动的发展理念。2012年，党的十八大将生态文明建设纳入中国特色社会主义事业“五位一体”总体布局之中，生态文明建设获得了与经济建设同等的地位。2015年，党的十八届五中全会提出创新、协调、绿色、开放、共享的新发展理念。2017年，党的十九大又提出了高质量发展的新理念。2020年，中国明确提出了“碳达峰”“碳中和”目标，这将在未来很长一段时间内同时助推经济与环境发展。2022年，党的二十大报告指出：“推动经济社会发展绿色化、低碳化是实现高质量发展的关键环节。”

在发展理念不断成熟的同时，多项兼顾经济发展与环境改善的政策措施也纷纷颁布并日见成效，低碳城市试点政策就是其中一个典型代表。2009年，国务院宣布开展控制温室气体排放行动，行动目标颁布后各地纷纷尝试探索低碳发展路径。在这一背景下，国家发展改革委决定从2010年开始启动低碳城市试点工作。国家发展改革委颁布的《关于开展低碳省区和低碳城市试点工作的通知》明确提出，这项政策预期可以实现“既发展经济、改善民生又应对气候变化、降低碳强度、推进绿色发展”的效果。这意味着低碳城市试点政策是一项旨在促进城市的经济与环境协调发展的绿色发展政策。

2010年，第一批入选的试点省区和城市包括广东省、辽宁省、湖北省、陕西省、云南5省，以及天津市、重庆市等8个城市。政策要求各试点地区编制本区域低碳发展规划，明确低碳行动的目标、任务和措施；制定配套政策，以促进低碳产业发展，实现节能减排；建立健全温室气体数据统计和管理体系；大力倡导低碳生活方式，积极宣传绿色知识。

在第一批试点工作取得一定成果后，2012年，第二批试点计划开始实施。国家发展改革委在对第一批试点效果进行分析后，选择将试点单位调整为以城市为主，而非省级地区，并在通知中进一步明确了低碳城市试点政策以“全面协调可持续”为根本要求，以“五位一体”总体布局为原则，强调了政策的经济、环境双目标性。

第二批入选的试点省区和城市包括海南省以及苏州市、石家庄市等28个城市；在政策内容上，除坚持前期政策要求外，还增加了建立控制温室气体排放目标责任制，建立低碳产业体系两大新要求，鼓励低碳产业和绿色技术发展。

2017年，国家开放第三批试点城市，共增加乌海市、广州市等45个低碳试点城市（区、县）。至此，低碳试点城市已经达到81个，遍布全国。相比前两个批次，在第三批入选城市中，中西部地区城市明显增加，政策内容则更加强调因地制宜地探索创新制度，发挥示范作用。

相关研究表明，政策实施后在减少污染排放（王华星和石大千，2019）[1]、促进产业结构升级（Cheng等，2019）[2] 等方面都起到了一定的积极作用。不过，已有研究对于这项政策的根本目标——促进经济与环境协调发展，没有进行过直接的效果评估。下文将针对这一问题开展实证研究，并尝试为进一步完善相关政策提出建议。

1.1 理论分析与研究假设

1.1.1 文献综述

1.低碳城市试点政策对经济与环境的影响研究

自低碳城市试点政策实施以来，众多学者对该政策不同方面的实施效果进行了评估，其中政策对经济发展与对环境改善的影响研究最为丰富。

多项研究发现，低碳城市试点政策对经济发展有显著的积极影响。Cheng等（2019）[2]的研究发现，第二批低碳城市试点政策实施后，显著提升了试点城市的全要素生产率。赵振智等（2021）[3]的研究发现，虽然低碳城市试点政策对高碳排放企业的全要素生产率产生负向影响，但整体来看，政策显著提高了企业的全要素生产率。宋弘等（2019）[4]的研究表明，低碳城市建设收益将远远大于支出，意味着政策在一定程度上有助于经济发展。

除此之外，研究表明，低碳城市试点政策在环境改善（如减少碳排放、减少污染排放量）等方面也能够产生显著的积极影响。例如，王华星和石大千（2019）[1]的研究发现，低碳城市建设能够显著减少城市的空气污染。张华（2020）[5]的研究发现，低碳城市建设在抑制碳排放总量方面有显著效果。董梅（2021）[6]的研究发现，低碳城市试点政策在减少工业废水、废气、固体废物方面起到一定效果，政策效果具有城市和污染物异质性。但是，也有少量研究指出，低碳城市试点政策在环境改善方面未能达到预期效果（冯彤，2017）[7]。

在研究中，学者们还对低碳城市试点政策对经济与环境产生影响的作用机制进行了讨论分析。宋弘等（2019）[4]认为低碳城市试点政策主要是通过产业结构升级和技术创新实现了改善环境的效果，另外一些研究也支持了技术创新在低碳城市试点政策改善环境过程中的关键作用（Cheng等，2019 [2]；赵振智等，2021 [3]；Chen等，2021 [8] ）。但Song等（2020）[9] 提出了矛盾的观点，认为该政策仅通过技术创新路径而非通过产业结构路径提升城市生态效率。

2.耦合协调度相关研究

耦合度源自物理学中的“容量耦合”概念，指的是多个系统通过相互作用而彼此互相影响的现象（Brereton，1978）[10]。耦合度高，表示多个系统发展程度相近，绑定作用强；耦合度低，表示多个系统发展程度差距较大，几乎不存在显著的相关性。耦合协调度（coupling coordination degree，CCD）是指在耦合度的基础上进一步考虑系统的发展程度。耦合协调度高，表示多个系统具有较强的耦合关系，而且发展程度普遍较高；耦合协调度低，表示多个系统具有较弱的耦合关系，或表示多个系统的发展程度普遍偏低。

耦合协调度模型相关研究约起步于20世纪90年代，研究数量在2005年左右开始出现明显增长，经过一段时间的发展已经逐渐成熟。姜磊等（2017）[11] 基本确定了传统的耦合协调度模型规范，保证了模型取值范围为［0，1］，且探索了三系统耦合协调度模型。廖重斌（1999）[12] 划定的耦合协调度分级体系也被后续研究沿用至今。现有的大部分研究均基于传统模型，研究范围非常广泛，涉及经济、环境、社会、城市化、生态、资源等多个系统（姜晓丽和杨伟，2018）[13]。后续有少数学者在传统的耦合协调度模型的基础上进行了小幅优化，如王淑佳等（2021）[14] 改进了耦合协调度模型，提高了模型的效度；Shen等（2018）[15] 的研究改进了双系统综合发展指数系数赋值等。

在耦合协调度相关研究中，经济与环境两个系统之间的耦合协调关系一直是研究的一个热点。经济与环境耦合协调度的相关研究，最核心的内容是通过计算某一地区经济-环境耦合协调度，分析其时空分异规律，联系该时期的政策调控背景分析原因，并给出未来发展建议。江红莉和何建敏（2010）[16] 利用江苏省数据、孔伟等（2016）[17] 利用河北省数据、庞家幸和陈兴鹏（2017）[18] 利用甘肃省数据、

Cai等（2021）[19] 利用北京市数据，都开展了相似的研究，数据来源既包括区域、省级数据，也包括市级、县级数据。

另外，一些学者在经济-环境耦合协调度模型的基础上引入了新的系统，搭建了更多维的分析模型。例如，姜磊等（2017）[11] 引入了资源系统；王琦和汤放华（2015）[20]、王建康和韩倩（2021）[21] 引入了社会系统。这些研究探索了在复杂系统中经济、环境与其他系统的互动协调关系。

相关研究虽然样本选择各异，模型复杂度也有所不同，但研究结果大多都以耦合协调度的时空分异规律描述为主，仅有少数学者作了更为深入的探讨。例如，马丽等（2012）[22] 发现经济-环境耦合协调度不同的地区的工业结构也存在明显差异；Huang等（2021）[23] 研究发现，碳排放交易政策实施后，地区经济-环境耦合协调度有上升趋势。从这些研究结果中可以推测，经济-环境耦合协调度与政策、产业结构等因素之间可能存在某种相关关系，与本文研究的问题有一定相关性，但上述研究对这一话题只是进行了简单讨论，并没有进行系统的实证分析。

1.1.2 研究假设

1.低碳试点政策对城市经济与环境协调发展的影响

新古典主义经济学根据静态博弈理论认为，实施环境规制后，企业为达到环境规制标准，必须承担额外的“环保成本”，从而挤占了生产性、研发性投资，将对企业竞争力和地区经济发展产生消极影响。

波特假说（Porter Hypothesis）则反对新古典主义经济学将经济发展与环境保护对立的观点，认为必须从动态的视角衡量环境规制与经济发展的关系。波特假说认为，虽然环境规制会在短期内给企业带来额外成本，从而表现出暂时的竞争劣势，但企业为了抵消这部分额外成本，会更倾向于进行技术与工艺的创新。从长期来看，环境规制可以激励企业通过“创新补偿”效应取得“先发优势”，进而促进企业发展和经济提升。

根据波特假说可以推断，以低碳城市试点政策为代表的绿色发展政策在节能减排、绿色生产等方面的规制措施，既可以改善环境，也可以在长期的发展过程中促进企业发展和宏观经济的增长，最终达到促进经济与环境协调发展的效果。

基于以上理论分析，本文提出研究假设：

H1：低碳城市试点政策能够显著提升城市的经济与环境协调发展程度。

2.绿色创新能力、外商投资依赖度和城市资源类型对政策效果的影响

波特假说认为，环境规制主要是通过刺激技术进步带动经济增长，以实现经济与环境的协调发展。对于绿色创新能力不同的城市而言，相同的环境规制能够带来的技术增长程度很可能是有显著差别的，进而会对经济与环境的协调发展造成不同程度的影响。这种差别可能表现为两种情况：

（1）基于资源观的视角

绿色创新能力较强的城市，资源禀赋更优越，更容易在政策刺激下产生能够对经济与环境产生极大促进作用的颠覆性技术变革；但绿色创新能力较弱的城市，技术发展更可能是渐进式的、不显著的，技术带来的正向影响也相对小。最终，低碳城市试点政策在绿色创新能力较强的城市实施后对经济-环境耦合协调度的提升幅度更大，即绿色创新能力对于政策对经济与环境协调发展的提升效果有正向调节作用。

（2）基于边际效用递减的视角

绿色创新能力较弱的城市的技术发展的提升空间更大，技术创新的难度更低；绿色创新能力较强、科技水平已经非常发达的城市，其受制于科技更新速度，在一定时间内技术的可提升空间较小，改进的难度更大。最终，低碳城市试点政策在绿色创新能力较弱的城市实施后对经济-环境耦合协调度的提升幅度更大，即绿色创新能力对于政策对经济与环境协调发展的提升效果有负向调节作用。

基于以上理论分析，本文提出研究假设：

H2：城市的绿色创新能力对于低碳城市试点政策对城市的经济与环境协调发展的改善效果有显著的调节作用。

H2a：城市的绿色创新能力越强，低碳城市试点政策对城市的经济与环境协调发展的改善效果越好。

H2b：城市的绿色创新能力越弱，低碳城市试点政策对城市的经济与环境协调发展的改善效果越差。

污染避难所假说（Pollution Haven Hypothesis，PHH）脱胎于Walter和Ugelow（1979）[24] 在研究发展中国家的环境政策时提出的观点，后经Copeland和Taylor（2004）[25] 的进一步论证发展为一套相对成熟的理论。

污染避难所假说认为，发达国家的企业面临着更严格的环保监管，必须承担高昂的环保成本，于是这些企业会通过直接投资，将高污染产业转移到环境规制力较弱的发展中国家，这些国家就成了“污染避难所”。

污染避难所现象的出现，主要是由于不同发展阶段的国家对经济与环境的价值评价不同，环境规制力度存在明显差异。Esty（1997）[26] 认为，环境标准较高的国家的企业相对环境标准较低的国家的企业而言，在生产成本上有明显的竞争劣势，为了争取竞争优势，高污染企业就会向环境政策宽松的发展中国家扩散。Copeland和Taylor（2004）[25] 的产业漂移理论也描述了环境规制力度差异导致的污染密集型产业在全球范围内的再分配。

对于成为污染避难所的国家而言，一方面其经济受外商投资刺激而实现发展，另一方面其生态环境因产业污染而恶化，最终表现为经济与环境发展失衡。Jorgenson等（2007）[27] 对39个发展中国家的观测数据证实，外商直接投资会显著提高发展中国家的碳排放量。He（2006）[28] 利用来自中国的数据测算得出工业二氧化硫排放量随外商直接投资显著增加的结论。其他一些利用来自中国的数据进行的实证研究也证实，在中国的某些地区，污染避难所对城市发展的危害已经显现（应瑞瑶和周力，2006）[29]。

可以发现，如果一个地区的经济发展对外商直接投资的依赖度越强，就意味着该地区越有可能属于污染避难所。而相比其他地区，污染避难所的经济与环境失衡问题主要是由环保规制力较弱导致的。因此，相同的环保规制政策能在更大程度上矫正污染避难所地区的经济与环境失衡问题，给经济-环境耦合协调度带来更大提升空间。景国文（2021）[30] 的研究表明，低碳城市试点政策有效抑制了外商直接投资，这也为以上推论提供了支持。

基于以上分析，本文提出研究假设：

H3：城市的外商投资依赖度对于低碳城市试点政策对城市的经济与环境协调发展的改善效果有显著的正向调节作用。低碳城市试点政策在外商投资依赖度越高的城市实施，其对城市的经济与环境协调发展的改善效果就越好。

早在18世纪，马尔萨斯就关注到了经济发展与资源环境之间的制约关系，提出了“马尔萨斯陷阱”。他认为在资源环境相对充沛的阶段，人口具有迅速繁殖的倾向，但由于资源更新速度缓慢，人口和经济的快速增长最终会因受资源约束而收敛到静态均衡的水平。1921年，Park等首次提出了生态承载力的概念——“既定环境条件下，某类个体存在的极限数量”，以描述经济与环境的这种制约关系。1985年，联合国教科文组织（UNESCO）提出了资源环境承载力的概念，即“一个国家或地区的资源环境承载力是指在可预见的时期内，利用该地区的能源及其他自然资源和智力、技术等条件，在保证符合其社会文化准则的物质生活水平下所持续供养的人口数量”。

根据资源环境承载力理论，虽然长期来看自然资源能够实现一定程度的更新和增长，但是在某一特定的时间、空间内，资源具有稀缺性和有限性。当一个地区的资源储备较少时，资源环境承载力对该地区的发展约束就强；当一个地区的资源储备较多时，资源环境承载力对该地区的发展约束是相对难以察觉的。

对于资源环境承载力较低的非资源型城市来说，资源的约束力更强，精细化发展的内在动力更强，城市发展的内在动力与政策作用方向一致，绿色发展政策实施效果可能更好；反之，资源型城市的粗放型发展动力更强，城市发展的内在动力与绿色发展政策作用相反，容易导致政策效果不理想。

基于以上分析，本文提出研究假设：

H4：城市的资源类型对于低碳城市试点政策对城市的经济与环境协调发展的改善效果有显著的调节作用。相比资源型城市，低碳城市试点政策在非资源型城市实施时对城市的经济与环境协调发展的改善效果更好。

1.2 实证模型与方法

本文的主效应模型为多期双重差分模型，该模型中的因变量由经济、环境两个系统的效用得分通过耦合协调度模型计算获得。为计算两个系统的效用得分，需要首先构建系统评价指标体系，随后对每个年度的每项指标进行标准化，利用熵权法分年度赋权，最后对标准化后的指标数据进行加权加总。

本文用到的模型、方法之间的关系如图1-1所示。

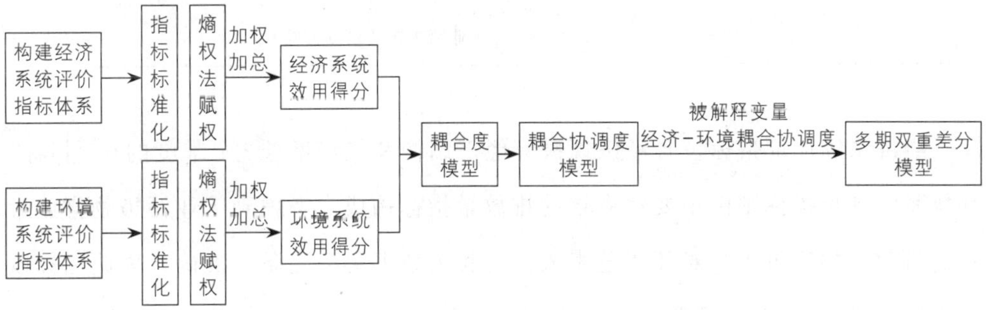

图1-1 模型构建思路

1.2.1 耦合协调度模型构建

1.经济与环境系统评价指标体系构建

在构建经济与环境系统评价指标体系时，本文从产业经济学和环境经济学的视角出发，借鉴姜磊等（2017）[11]、马丽等（2012）[22]的观点，并根据研究问题的需要作出了一定程度的调整优化，最终遵从科学性、完备性、层次性和数据可获得性等原则，确定经济与环境系统评价指标体系（见表1-1）。

表1-1 经济与环境系统评价指标体系

系统	维度	指标	属性
经济	经济规模	区域生产总值（万元）	+
		区域财政收入（万元）	+
	经济结构	第一产业增加值（万元）	+
		第二产业增加值（万元）	+
		第三产业增加值（万元）	+
	经济增长	区域生产总值增长率（%）	+
环境	污染排放	工业二氧化硫排放量（吨）	-
		工业烟粉尘排放量（吨）	-
		工业废水排放量（万吨）	-

经济系统评价指标包含经济规模、经济结构和经济增长3个维度的6项指标。环境系统评价指标则由主要污染物的排放量指标构成。考虑到工业污染物排放量占总排放量的比重大，对环境危害大，且相关数据更为完备、准确，因此选择以工业二氧化硫、工业烟粉尘和工业废水排放量3项指标构建环境系统评价指标体系。

指标属性有正负之分。若某项指标值越大，表明系统功能越好，则该指标为正向指标；若某项指标值越小，表明系统功能越好，则该指标为负向指标。

在构建经济与环境系统评价指标体系后，需要分别汇总系统内所有指标对该系统的贡献，以计算每年各地区的经济与环境的系统效用得分。计算公式如下：

$$U_{kit} = \sum_{j=1}^{m}(\lambda_{jt} x'_{ijt}), \quad \sum_{j=1}^{m}\lambda_{jt} = 1 \tag{1-1}$$

式中：U_{kit}为地区i第t期的k系统效用得分。经济系统效用得分越高，表明该地区这一年的经济发展情况越好；环境系统效用得分越高，表明该地区这一年的污染排放量总体较少。x'_{ijt}为通过归一法标准化后的地区i第t期的指标j的数据值。λ_{jt}为第t期时指标j的加权系数，是采用熵权法分别对每一期不同指标进行赋权后得到的，充分保障了赋权的客观性。

2.耦合度及耦合协调度

耦合度高，意味着子系统在发展进程中有较强的相互绑定作用，表现为多个系统的系统效用得分差距较小，发展程度相近。

传统的耦合度模型保证C值的取值区间为［0，1］，但传统模型存在C值在取值范围内分布概率不均等的问题。针对这一问题，王淑佳等（2021）[14]对耦合度模型进行了改进，改进后的模型公式为：

$$C=\sqrt{\left[1-\frac{\sum_{i>j,\ j=1}^{n}\sqrt{\left(U_i-U_j\right)^2}}{\sum_{m=1}^{n-1}m}\right]\times\left(\prod_{i=1}^{n}\frac{U_i}{\max U_i}\right)^{\frac{1}{n-1}}} \tag{1-2}$$

改进后的耦合度模型能够实现C值以相同的概率平均分布在［0，1］区间内，与传统的模型相比，C值分布的离散程度更高，区分度更显著，从而能够提高评价效度。

本研究关注的是经济与环境两个系统之间的相互关系，即n=2。此时，假定$\max U_i=U_2$，上述公式可简化为：

$$C=\sqrt{\left[1-\left(U_2-U_1\right)\right]\times\frac{U_1}{U_2}} \tag{1-3}$$

式中：C为经济–环境耦合度；U_1、U_2分别为经济、环境系统效用得分。

C值的取值区间为［0，1］，C值越接近1，表示经济–环境两个系统的耦合度越高，即两个系统的发展程度较为接近；C值越接近0，表示经济–环境两个系统的耦合度越低，即两个系统的发展程度差距较大。

耦合度虽然能够显示各系统发展程度之间的差异大小，但不能反映各系统和谐发展的程度，即表征各系统是在高水平上相互促进还是在低水平上相互制约。因此，本研究进一步构建耦合协调度模型，公式如下：

$$D=\sqrt{C\times T} \tag{1-4}$$

式中：D为系统耦合协调度；C为系统耦合度；T为多系统综合发展指数。

现有文献对T值的计算方法共有两种（姜磊等，2017）[11]，如式（1-5）、式（1-6）所示。式（1-5）采用几何加权法，导致T值取值范围缩小至［0，1/2］。而式（1-6）通过算术加权法，保证了T值取值范围为［0，1］，且体现了子系统之间的互补关系，故本研究采用式（1-6）计算T值。

$$T=\sqrt[n]{\prod_{i=1}^{n}(a_i\times U_i)},\ \prod_{i=1}^{n}a_i=1 \tag{1-5}$$

$$T=\sum_{i=1}^{n}(a_i\times U_i),\ \sum_{i=1}^{n}a_i=1 \tag{1-6}$$

式中：T为多系统综合发展指数；a_i为系统系数；U_i为各系统效用得分。

在选定系统系数a_i时，早期文献大多基于主观经验，假定各系统的系数相同。但Shen等（2018）[15]的研究表明，这种方法无法准确反映出各系统对整体发展的贡献度，因此，他们提出，应采用式（1-7）计算双系统综合发展指数。这种计算方式避免了在两个系统发展明显不均衡的情况下，极值对算术平均数的影响，强调了对发展较为落后的系统的关注。

$$a_1=\frac{U_2}{U_1+U_2},\ a_2=\frac{U_1}{U_1+U_2} \tag{1-7}$$

式中：a_1、a_2分别为经济、环境系统系数；U_1、U_2分别为经济、环境系统效用得分。

本研究基于以上分析，采用如下双系统耦合协调度模型公式：

$$D=\sqrt{C\times T} \tag{1-8}$$

$$T=a_1U_1+a_2U_2,\ a_1=\frac{U_2}{U_1+U_2},\ a_2=\frac{U_1}{U_1+U_2} \tag{1-9}$$

式中：D为经济-环境耦合协调度；C为经济-环境耦合度；T为系统综合发展指数；U_1、U_2分别为经济、环境系统效用得分。

1.2.2 双重差分模型构建

1.变量定义

在本研究构建的双重差分模型中：

① 被解释变量为经济与环境协调发展程度，由通过耦合协调度模型计算得出的经济-环境耦合协调度表示。经济-环境耦合协调度越高，表明该地区经济和环境系统间存在越强的相互促进的作用关系，且发展水平均较高；反之，则表明两系统发展出现明显的不均衡状况，或二者存在相互牵制的作用关系，导致发展均处于较低水平。

② 解释变量为政策生效情况，由政策处理组虚拟变量和政策处理期虚拟变量交乘得到。政策生效情况赋值为0时，表示政策在当年未在该地区实施；赋值为1时，表示政策在当年在该地区实施。

③ 控制变量为城市规模，由该城市的总人口数衡量。控制变量的选取主要参考了Song等（2020）[9] 在相关研究中的设定。

④ 调节变量包含绿色创新能力、外商投资依赖度和资源依赖性3个变量。绿色创新能力方面主要参考了Bettencourt等（2007）[31] 提出的绿色专利能够更客观地体现绿色创新能力的观点，以及齐绍洲等（2018）[32]、陈超凡等（2022）[33] 在相关研究中的设定，选择以绿色专利申请数进行衡量。根据世界知识产权组织（WIPO）的规定，这里的绿色专利包含替代能源生产、绿色交通、节能等七大主题的发明专利、实用新型专利和外观设计专利。外商投资依赖度的衡量主要参考了邓玉萍（2016）[34] 的做法，选择以外商投资总额（汇率换算后）占区域生产总值的比重衡量，考虑到该比重与本研究因变量的取值范围均为［0，1］，对外商投资总额占区域生产总值的比重取对数值，以放大数据尺度，更好地衡量调节效果。城市资源类型的衡量主要参考了Song等（2020）[9] 的做法，以是否属于资源型城市的虚拟变量表示，资源型城市的名单由《国务院关于印发全国资源型城市可持续发展规划（2013—2020年）的通知》规定。

双重差分模型所涉及的变量信息汇总在表1-2中。

表1-2 变量信息表

变量	变量名	测量方法	单位
被解释变量	经济与环境协调发展程度	经济-环境耦合协调度	—
解释变量	政策生效情况	政策处理组虚拟变量×政策处理期虚拟变量	—
控制变量	城市规模	总人口数	万人
调节变量	绿色创新能力	绿色专利申请数	件
	外商投资依赖度	lg（外商投资总额占区域生产总值的比重）	—
	城市资源类型	资源型城市虚拟变量	—

各变量间的作用关系如图1-2所示。

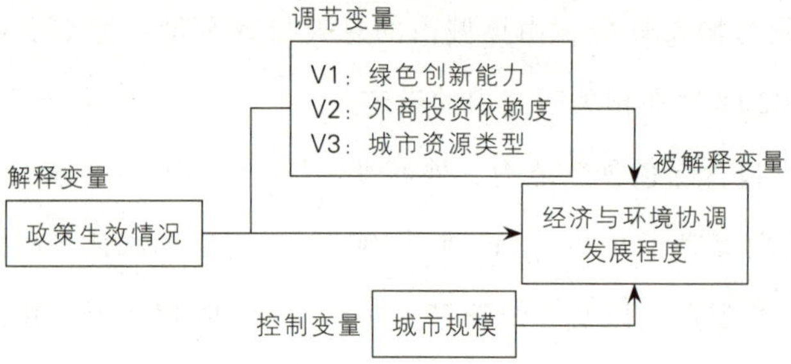

图1-2 变量关系图

2.多期双重差分模型

双重差分（difference-in-difference，DID）模型可用于估计多个被处理对象中受到政策处理的个体与未受到政策处理的个体之间的差异，即“处理效应”。若政策的作用时点一致，则使用传统的双重差分模型；若政策的作用时点不一致，则采用多期双重差分模型。本研究所关注的低碳城市试点政策共分3个批次实施，政策作用时点不一致，因此本研究在评估政策效果时选用多期双重差分模型，模型公式如下：

$$y_{it} = \alpha + \mu_i + \lambda_t + \theta D_{it} + \beta X_{ijt} + \epsilon_{it} \tag{1-10}$$

式中：y_{it}为被解释变量，是指区域i自第t期起的经济-环境耦合协调度；D_{it}为关键解释变量，是根据政策生效情况生成的虚拟变量，当政策在第t期对区域i生效时，$D_{it}=1$，否则$D_{it}=0$；系数θ为D_{it}对因变量的平均处理效应，若θ显著为正，则说明实施低碳城市试点政策显著提高了经济与环境协调发展水平；X_{it}为控制变量城市规模，其系数为β；α为常数项；μ_i为地区固定效应；λ_t为时间固定效应；ϵ_{it}为随机扰动项。

1.2.3 样本选择与数据来源

1.样本选择

本研究的双重差分模型使用地级市和直辖市作为研究样本。去除数据缺失3期及以上的19个城市后，对其他城市数据缺失值进行线性插补，共保留280个城市样本。在双重差分模型中，根据政策处理情况设置相应的分组和处理期。低碳城市试点政策第一批共有8个试点城市和5个试点省区下辖的55个城市，共63个处理组样本。但由于在第二批试点政策实施后，试点范围出现调整，因此55个试点省区下辖城市的处理期为2010—2011年，而8个试点城市的处理期为2010—2019年。低碳城市试点政策第二批共有28个试点城市和1个试点省区下辖的2个城市，去除不符合地级市或直辖市要求的2个样本后，共28个处理组样本（少量样本与第一期重合），其处理期为2012—2019年。低碳城市试点政策第三批共有45个试点城市，去除不符合地级市或直辖市要求的12个样本后，共33个处理组样本（少量样本与第一期重合），其处理期为2017—2019年。控制组样本包含161个城市。

2.数据来源

本研究所用城市经济与环境发展数据主要来自《中国城市统计年鉴》《中国统计年鉴》《中国环境统计年鉴》，少量数据来自各地级市的统计年鉴和官方网站；专利数据来源于中国研究数据服务平台（CNRDS）绿色专利数据库。由于3批低碳城市试点政策分别于2010年、2012年、2017年开始实施，因此本研究主要选取

2008—2019年的统计数据。

本研究所用低碳城市试点政策的试点城市名单及政策生效期等信息来源于国家发展改革委发布的《关于开展低碳省区和低碳城市试点工作的通知》《关于开展第二批国家低碳省区和低碳城市试点工作的通知》《关于开展第三批国家低碳城市试点工作的通知》等公告；资源型城市名单来源于国务院发布的《关于印发全国资源型城市可持续发展规划（2013—2020年）的通知》。

1.3　政策效果评估的主效应模型分析结果

1.3.1　描述性统计

本研究对各城市的经济和环境系统评价指标进行了描述性统计，结果见表1-3。

表1-3　　各城市的经济和环境系统评价指标描述性统计结果

指标	观测值数量	平均值	标准差	最小值	最大值
		经济系统			
区域生产总值（万元）	3 359	22 455 633	32 346 130	757 929	381 560 000
区域财政收入（万元）	3 359	2 053 632	4 777 779.8	26 202	71 650 984
第一产业增加值（万元）	3 359	1 691 491.8	1 272 074.4	16 860	15 509 142
第二产业增加值（万元）	3 359	10 291 554	12 707 396	158 861.92	104 961 446
第三产业增加值（万元）	3 359	10 443 083	20 305 307	241 374.7	295 418 592
区域生产总值增长率（%）	3 359	9.96	4.46	−19.38	109
		环境系统			
工业二氧化硫排放量（吨）	3 282	45 580.461	50 814.492	2	627 238
工业烟粉尘排放量（吨）	3 277	29 605.437	96 979.587	11	3 257 261
工业废水排放量（万吨）	3 294	6 595.552	8 450.575	7	96 501

随后，本书对双重差分模型涉及的各变量进行了描述性统计，结果见表1-4。

表1-4 市级数据的描述性统计结果

变量	观测值数量	平均值	标准差	最小值	最大值
因变量					
经济与环境协调发展程度	3 267	0.136	0.125	0.007	0.935
自变量					
政策生效情况	3 348	0.148	0.355	0	1
控制变量					
城市规模	3 328	441.221	315.623	19.4	3 410
调节变量					
绿色创新能力	3 334	656.386	2 073.98	1	34 670
外商投资依赖度	3 202	−2.016	0.597	−5.873	−0.357
城市资源类型	3 348	0.40	0.49	0	1

市级样本经济-环境耦合协调度平均值为0.136，这表明我国市级层面的经济-环境耦合协调度平均水平较低，属于严重失调衰退程度。全样本经济-环境耦合协调度极差较大，最大值达到0.935，属于优质协调发展程度；最小值仅为0.007，属于极度失调衰退程度。

市级样本绿色创新能力的平均值为656.386，即每个城市每年平均申请656.386项绿色专利，但是各城市的绿色创新能力差异显著，样本标准差为2 073.98，最大值为34 670。外商投资依赖度平均值为-2.016，即每个城市的外商投资总额平均占区域生产总值的1%（$10^{-2.016}$）。样本中共有112个资源型城市、168个非资源型城市。

1.3.2 平行趋势检验

双重差分法的主要原理是通过同一公共政策的截面差分和时间序列差分来研究该政策的实际作用效果。为了剔除非政策因素的影响，就需要保证处理组和控制组在政策实施之前必须具有相同的发展趋势，也就是满足平行趋势假设。对于本研究而言，就是必须保证在政策实施前，处理组和控制组城市的经济-环境耦合协调度是不存在显著差异的；否则，就会产生严重的内生性问题。

因此本文提出平行趋势假设：处理组和控制组在低碳城市试点政策实施前经济-环境耦合协调度有相似趋势。

为验证假设，本文绘制了政策首次出台（2010年）前后的经济-环境耦合协调度均值变化的曲线（如图1-3所示）。从图1-3中可以看出，2010年，受到政策冲击，处理组和控制组的经济-环境耦合协调度均明显上升，随后在2010—2011年回落，在2011—2013年稳步提升，在2014年小幅下降，在2015年达到新高后逐步回落。可以发现，处理组和控制组的经济-环境耦合协调度均值变化趋势基本一致，表明了样本在政策实施前后的可对比性。

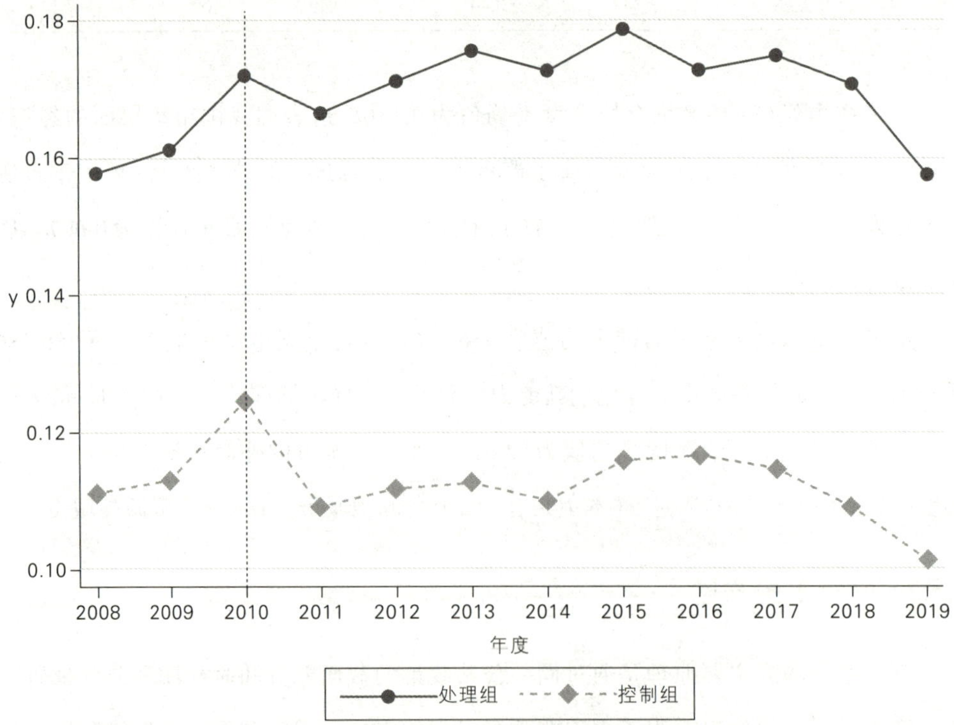

图1-3 处理组和控制组的经济-环境耦合协调度均值

随后使用事件研究法进一步检验平行趋势假设，结果如图1-4所示。

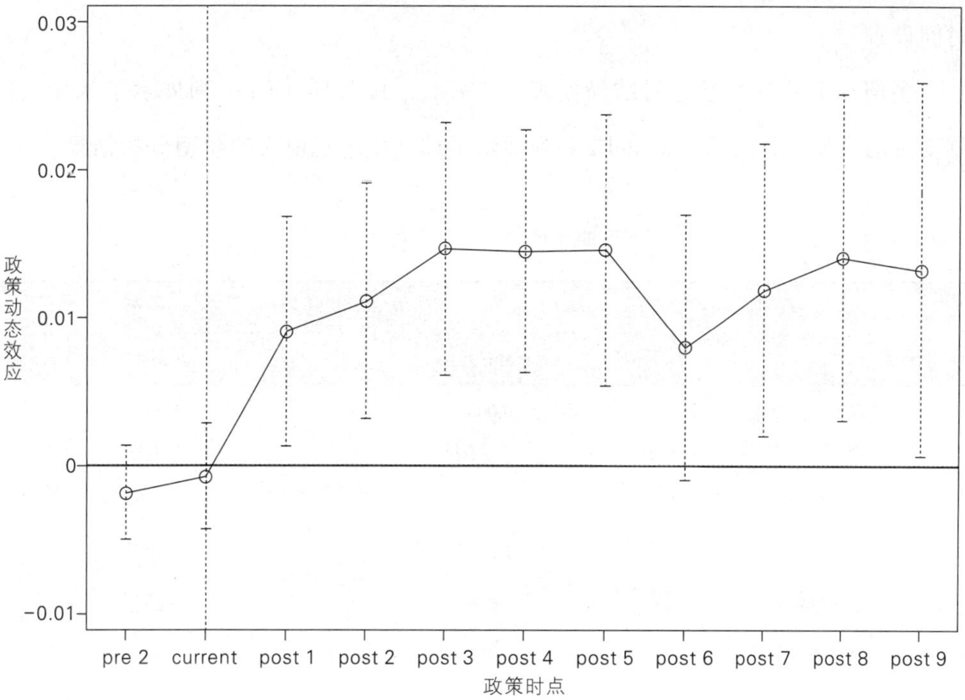

图1-4　平行趋势检验结果

在第一期政策实施前，处理组和控制组的组间差异在95%的置信区间上均不显著异于0，表示在政策时点前处理组和控制组之间不存在显著差异，即满足平行趋势的假设。

综上所述，本文的研究数据满足平行趋势假设，即处理组和控制组的经济-环境耦合协调度有相似趋势，可以使用双重差分模型评估低碳城市试点政策对城市的经济与环境协调发展程度的影响。

1.3.3　双重差分模型分析结果

本文采用多期双重差分模型探究低碳城市试点政策对城市的经济与环境协调发

展的影响。本次分析中共包含2008—2019年在内的12期数据，280个城市样本中有161个城市属于控制组，有119个城市属于处理组，处理期根据政策在当地实施时间设置。

多期双重差分模型分析结果如表1-5所示，其中Model 1一列展示了未加入控制变量的模型分析结果，Model 2一列展示了控制城市规模后的模型分析结果。

表1-5 多期双重差分模型分析结果

被解释变量	经济与环境协调发展程度	
	Model 1	Model 2
政策生效情况 （处理组×处理期）	0.008*** （t=2.63）	0.007** （t=2.41）
城市规模		0.0001
常数项	0.135****	0.085***
个体固定效应	控制	控制
时间固定效应	控制	控制
R-squared	0.9758	0.9763
Observations	3 267	3 249

注：*表示p<0.1，**表示p<0.05，***表示p<0.01，****表示p<0.001。

多期双重差分模型分析结果显示，未加入控制变量时，R^2为0.9758，拟合效度良好；政策生效情况的系数为0.008，p值小于0.01，说明低碳城市试点政策实施在99%的置信区间内对经济-环境耦合协调度呈现显著的正向影响，平均处理效应为0.008。加入控制变量后，R^2变为0.9763，拟合效度有小幅优化，Model 2优于Model 1；政策生效情况的系数为0.007，p值小于0.05，说明低碳城市试点政策实施在95%的置信区间内对经济-环境耦合协调度呈现显著的正向影响，平均处理效应为0.007。

综上，本文的研究假设H1成立。低碳城市试点政策能够显著提升城市的经济与环境协调发展程度，在控制城市规模的情况下，实施低碳城市试点政策能够使城市的经济–环境耦合协调度显著提升0.007分。

1.3.4 稳健性检验

通过多期双重差分模型，本文得出了低碳城市试点政策显著提升了城市的经济与环境协调发展程度的初步研究结果。为增强上述结果的可信度，本文将以改变被解释变量测度方法、离群值缩尾处理、增加二维聚类稳健标准误3种方法来进行模型的稳健性检验，检验结果如下。

1.改变被解释变量测度方法

由于本研究采用了改进后的耦合度模型和系统综合发展指数的计算公式，为了消除研究结果受模型改进影响的可能性，所以本研究利用传统的耦合度模型和系统综合发展指数计算公式对经济–环境耦合协调度进行测算，计算公式如下：

$$D = \sqrt{C \times T}, \quad C = 2\frac{\sqrt{U_1 \times U_2}}{U_1 + U_2}, \quad T = 0.5U_1 + 0.5U_2 \tag{1-11}$$

式中：D表示耦合协调度；C表示系统耦合度；T表示多系统综合发展指数；U_1、U_2表示经济和环境系统效用得分。

将用传统计算方法得出的经济–环境耦合协调度作为被解释变量，纳入多期双重差分模型，模型分析结果见表1–6。

表1–6　　改变被解释变量测度方法的稳健性检验结果

被解释变量	经济与环境协调发展程度（传统计算方法）
政策生效情况 （处理组×处理期）	0.008^{***} （t=3.27）
城市规模	0.0002^{***}
常数项	0.410^{****}
个体固定效应	控制
时间固定效应	控制
R-squared	0.966
Observations	3 249

注：*表示p<0.1，**表示p<0.05，***表示p<0.01，****表示p<0.001。

模型分析结果显示，在应用改变被解释变量测度方法后，政策生效情况的系数为0.008，p值小于0.01，说明低碳城市试点政策实施在99%的置信区间内对经济与环境协调发展程度呈现显著的正向影响，平均处理效应为0.008。

上述结果与主效应模型分析结果相符，支持主效应模型分析结果具有稳健性。

2.离群值缩尾处理

我国各城市之间发展差异较大，经济-环境耦合协调度存在明显的离群值。为了避免研究结论的可信度被离群值削弱，本研究对各城市的经济-环境耦合协调度采取了1%分位上的双边缩尾处理，以缩尾处理后的数据作为被解释变量的多期双重差分模型分析结果（见表1-7）。

表1-7 离群值缩尾处理后的稳健性检验结果

被解释变量	经济与环境协调发展程度（缩尾处理后）
政策生效情况（处理组×处理期）	0.006** （t=2.08）
城市规模	0.0001*
常数项	0.086***
个体固定效应	控制
时间固定效应	控制
R-squared	0.978
Observations	3 249

注：*表示p<0.1，**表示p<0.05，***表示p<0.01，****表示p<0.001。

模型分析结果显示，对离群值进行缩尾处理后，政策生效情况的系数为0.006，p值小于0.05，说明低碳城市试点政策实施在95%的置信区间内对经济与环境协调发展程度呈现显著的正向影响，平均处理效应为0.006。

上述结果与主效应模型分析结果相符，支持主效应模型分析结果具有稳健性。

3.增加二维聚类稳健标准误

为避免聚类尺度的选择影响结果的可靠性，本研究在城市聚类基础上增加了“年份×城市”的二维聚类，加入二维聚类稳健标准误后的模型分析结果见表1-8。

表1-8　　增加二维聚类稳健标准误后的稳健性检验结果

被解释变量	经济与环境协调发展程度
政策生效情况 （处理组×处理期）	0.007**** （t=3.76）
城市规模	0.0001***
常数项	0.085****
个体固定效应	控制
时间固定效应	控制
R-squared	0.963
Observations	3 249

注：*表示p<0.1，**表示p<0.05，***表示p<0.01，****表示p<0.001。

模型分析结果显示，增加二维聚类稳健标准误后，政策生效情况的系数为0.007，p值小于0.001。这说明低碳城市试点政策实施在99.9%的置信区间内对经济与环境协调发展程度呈现显著的正向影响，平均处理效应为0.007。

上述结果与主效应模型分析结果相符，支持主效应模型分析结果具有稳健性。

1.4　政策效果的影响机制探究

本部分将在主效应模型中依次加入3个调节变量，以验证研究假设H2—H4，并总结政策效果的影响机制。基于以上研究结果，本研究将进一步分析现行政策在运用该影响机制以充分发挥政策效果方面存在的问题，以及对影响机制可能的改进方案。

1.4.1 绿色创新能力对政策效果的调节作用

表1-9展示了绿色创新能力对政策效果的调节作用，其中“主效应”一列为加入控制变量后的主效应模型分析结果，“绿色创新能力调节”一列为在主效应模型中加入绿色创新能力调节效应的模型分析结果。

表1-9　　　　绿色创新能力对政策效果的调节作用

被解释变量	经济与环境协调发展程度	
	主效应	绿色创新能力调节
绿色创新能力×政策生效情况		-0.000003** (t=-1.98)
政策生效情况（处理组×处理期）	0.007** (t=2.41)	0.006** (t=2.18)
绿色创新能力		0.000006***
城市规模	0.0001	0.00007
常数项	0.085***	0.104****
个体固定效应	控制	控制
时间固定效应	控制	控制
R-squared	0.9763	0.9774
Observations	3 249	3 237

注：*表示p<0.1，**表示p<0.05，***表示p<0.01，****表示p<0.001。

加入调节效应后的模型分析结果显示，R^2为0.9774，说明该模型拟合度良好。对比主效应模型可以发现，加入调节效应后，关键解释变量“政策生效情况”在95%的置信区间内依然对被解释变量“经济与环境协调发展程度”起到显著的正向影响，处理效应由0.007变为0.006，说明在加入调节变量后主效应依然稳健。

绿色创新能力和政策生效情况的交乘项系数为-0.000003，p值小于0.05。这意味着在95%的置信区间内，绿色创新能力对主效应起到显著的负向调节作用，调节效应为-0.000003。

综上，研究假设H2、H2b成立，拒绝研究假设H2a。绿色创新能力能够对政策效果起到显著的负向调节作用，城市的绿色创新能力相对参照城市高一个单位时，由政策带来的耦合协调度提升效果相对低0.000003分。

根据波特假说，本研究认为，低碳城市试点政策在绿色技术方面没有明确的政策支持，这使得政策不能提供足够的科研经费和其他支持，以促进绿色创新能力较强的城市产生颠覆性技术创新，只能在绿色创新能力较弱的城市激发一些渐进性的技术改进或技术的推广应用，最终在两类城市中产生了不同的政策效果。

1.4.2 外商投资依赖度对政策效果的调节作用

表1-10展示了外商投资依赖度对政策效果的调节作用，其中“主效应”一列为加入控制变量后的主效应模型分析结果，“外商投资依赖度调节”一列为在主效应模型中加入外商投资依赖度调节效应后的模型分析结果。

表1-10　　外商投资依赖度对政策效果的调节作用

被解释变量	经济与环境协调发展程度	
	主效应	外商投资依赖度调节
外商投资依赖度×政策生效情况		0.008^{**} (t=-2.16)
政策生效情况 （处理组×处理期）	0.007^{**} (t=2.41)	0.022^{***} (t=2.84)
外商投资依赖度		-0.003^{*}
城市规模	0.0001	0.0001^{*}
常数项	0.085^{***}	0.09^{***}
个体固定效应	控制	控制
时间固定效应	控制	控制
R-squared	0.9763	0.976
Observations	3 249	3 108

注：*表示p<0.1，**表示p<0.05，***表示p<0.01，****表示p<0.001。

加入调节效应后的模型分析结果显示，R^2为0.976，说明该模型拟合度良好。对比主效应模型可以发现，加入调节效应后，关键解释变量“政策生效情况”在99%的置信区间内依然对被解释变量“经济与环境协调发展程度”起到显著的正向影响，处理效应由0.007变为0.022，说明在加入调节变量后主效应依然稳健。

外商投资依赖度和政策生效情况的交乘项系数为0.008，p值小于0.05。这意味着在95%的置信区间内，外商投资依赖度对主效应起到显著的正向调节作用，调节效应为0.008。

综上，研究假设H3成立。城市的外商投资依赖度能够对政策效果起到显著的正向调节作用，城市的外商投资总额占区域生产总值的比例为参照城市的10倍时，由政策带来的耦合协调度提升效果将会相对多0.008分。

根据污染避难所假说，本研究认为，城市的外商投资依赖度较高，很可能是由于当地的环境规制较松，从而吸引了大量企图规避高昂环保成本的外国污染企业，而这种发展模式必然会妨碍经济与环境的协调发展。低碳城市试点政策的实施加强了环境规制力度，这意味着，与其他城市相比，导致“污染避难所”城市出现经济与环境发展失衡的因素在更大程度上被消除，从而出现了更强的政策处理效应。

1.4.3 城市资源类型对政策效果的调节作用

表1-11展示了城市资源类型对政策效果的调节作用，其中“主效应”一列为加入控制变量后的主效应模型分析结果，“城市资源类型调节”一列为在主效应模型中加入城市资源类型后的模型分析结果。

加入调节效应后的模型分析结果显示，R^2为0.976，说明该模型拟合度良好。对比主效应模型可以发现，加入调节效应后，关键解释变量“政策生效情况”在95%的置信区间内依然对被解释变量“经济与环境协调发展程度”起到显著的正向影响，处理效应由0.007变为0.01，说明在加入调节变量后主效应依然稳健。

表1-11 城市资源类型对政策效果的调节作用

被解释变量	经济与环境协调发展程度	
	主效应	城市资源类型调节
城市资源类型×政策生效情况		-0.0099** (t=-2.07)
政策生效情况 (处理组×处理期)	0.007** (t=2.41)	0.01** (t=2.55)
城市规模	0.0001	0.0001*
常数项	0.085***	0.086***
个体固定效应	控制	控制
时间固定效应	控制	控制
R-squared	0.9763	0.976
Observations	3 249	3 249

注：*表示p<0.1，**表示p<0.05，***表示p<0.01，****表示p<0.001。

城市资源类型的虚拟变量和政策生效情况的交乘项系数为-0.0099，p值小于0.05，这意味着在95%的置信区间内，城市资源类型赋值为1的样本与城市资源类型赋值为0的样本相比，政策处理效应显著低约0.0099分。

综上，研究假设H4成立。城市资源类型能够对政策效果起到显著的正向影响，政策在资源型城市实施时由政策带来的经济-环境耦合协调度的提升比非资源型城市低0.0099分。

根据资源环境承载力理论，本研究认为，资源型城市掌握着更为丰富的储备资源，资源约束力更弱，城市缺乏足够的资源节约、环境保护的内在动力，更容易出现通过消耗资源而获取经济增长的倾向。因此，政策在资源型城市执行时，会受到比较强的阻力，导致最终的实施效果较差。

1.5 研究结论与政策建议

1.5.1 研究结论

1. 低碳城市试点政策的政策效果

本研究以低碳城市试点政策这一典型的绿色发展政策为研究对象，开展政策评估。评估结果显示，政策显著提升了城市经济与环境协调发展程度。这一结论既证实了低碳城市试点政策积极的政策效果，也强有力地支持了“实施绿色发展政策以促进经济与环境协调发展”这一路径的可行性。

但是研究表明，低碳城市试点政策的平均处理效应仅为0.007。考虑到各城市的耦合协调度得分普遍偏低的情况，现有的提升幅度可能略显不足，政策仍需进一步优化，以实现更好的政策效果。

2. 低碳城市试点政策效果的影响机制

为进一步了解影响政策实施效果的因素，寻找提升政策效果的方法，本研究根据创新管理和环境经济学经典理论，选取了3个调节变量，分别评估其对政策效果的调节作用，以探究政策效果的影响机制。

以绿色创新能力为调节变量的模型分析结果表明，低碳城市试点政策在绿色创新能力较低的城市产生的政策效果显著较强。以外商投资依赖度为调节变量的模型分析结果表明，低碳城市试点政策在外商投资依赖度较高的城市产生的政策效果显著较强。以城市资源类型为调节变量的模型分析结果表明，相比资源型城市，低碳城市试点政策在非资源型城市产生的政策效果显著较强。

目前政策在内容制定、推广扩散和政策执行过程中都没有充分重视上述影响机制，导致政策的积极效果难以完全发挥。

1.5.2 政策建议

通过以上分析可以发现，低碳城市试点政策能够产生促进经济和环境协调发展的政策效果，这符合我国目前的发展需求，未来应继续完善政策的内容，规范政策执行过程，并尝试在更大范围推广政策。本研究认为为了更好地发挥政策效果，应该采取以下改进措施：

1.出台具有权威性、尊重差异化的低碳城市建设指导方案

现有政策的建设目标、建设方案和验收标准都主要由地方来制定，国家层面没有出台统一的指导方案，也没有依据城市的关键特质对其实施有针对性的、差异化的政策措施。

对此，本研究建议加强对低碳城市建设的顶层指导，中央层面应该在总结前期试点城市共性问题和积极经验的基础上，出具适用性较强的低碳城市建设方案指导建议，并拟定规范化的评价标准；同时，在指导方案中应该按照绿色创新能力、外商投资依赖度和城市资源类型等特点对城市进行分类，提出差异化的指导意见，并鼓励城市在此基础上探索最适合自身的发展道路。

2.优化试点城市的选取方案

根据研究结论，低碳城市试点政策在绿色创新能力较弱、外商投资依赖度较高、非资源型城市能够发挥出更好的政策效果。这意味着，为了充分发挥政策效果，政策应主要定位于促进和引导经济-环境耦合协调度基础相对薄弱的城市开展相关建设，推进思路也应按照从典型的问题突出地区到一般性问题突出地区，再到问题较轻地区的顺序。

不过，这并不是否认在基础较好的城市进行前期试点的必要性；相反，由于这些城市具有管理规范、人才富集、资源丰富、建设经验丰富、执行意愿强等优势，所以能够更快地开展相关技术研发，以及产生成熟、可推广的建设经验。我国目前在促进异地经验交流方面的工作仍有改进空间，没有系统总结基础较好或政策实施效果较好的城市的经验，形成可供参考的普适性强的建设方案，许多地区在建设初

期仍然只能依靠自我摸索，造成了资源和人力的浪费。

对此，本研究建议在低碳试点城市选取和政策推广过程中，应转变固有的思路，在选择试点城市时，同时考虑地区的问题严重性和相关资源基础：一方面，尽早将问题严重的地区纳入政策影响范围内；另一方面，鼓励基础较好的城市尽快探索出能够在全国推广的经验和技术，并建立健全各地经验交流机制，促进相关知识技术的跨区域流动。

3.增强对绿色技术创新的重视程度和支持力度

现有政策对绿色技术研发的重视和支持不足，没有充分认识到绿色技术在促进经济环境协调发展中的重要作用，因此，政策在促进绿色技术创新方面的作用局限于促进技术的应用和渐进式改进，而难以促进颠覆性技术创新的出现。

对此，本研究建议在国家层面应在实施以低碳试点城市政策为代表的绿色发展政策的同时，完善促进绿色技术创新的配套政策，鼓励绿色技术的跨地区推广与应用；对绿色创新能力较强的城市而言，应更加重视绿色技术的创新与改进，为绿色技术研发提供良好的环境和资金支持；对绿色创新能力较弱的城市来说，一方面要借助绿色发展政策快速学习和应用先进绿色技术，另一方面要通过人才引进、鼓励创新等方式提升自身的绿色创新能力，以保证经济和环境可持续地协调发展。

4.加强对政策执行过程的监督

目前政策在执行过程中，对地方政府的监督和约束力不足，容易导致政策效果难以达到预期，甚至出现“面子工程”“空城”等建设乱象。

对此，本研究建议：一方面，中央政府要加强对各地执行情况的监管和调控，督促地方政府按时提交低碳发展规划，设立专门的执行团队，定时反馈执行效果和进度；在中央层面设立监督小组，不定期对试点城市的政策落实情况进行抽查，对于不达标、不落实的情况督促积极整改。另一方面，要调动多元主体参与政策实施和监督。具体而言，政府可以加强对居民的动员和宣传，培养绿色生活与出行观念，设立对阻碍政策执行行为的投诉和举报机制。除此之外，还需要关注资源型城市的资源利用情况和政策落实情况，严厉杜绝因资源富集而浪费资源或过度使用资源以片面发展经济的情况。具体而言，可以总结和推广政策实施效果较好的资源型城市的建设经验，增强资源型城市的资源保护意识；针对资源型城市制定更为严格的资源开发、利用标准，依靠政策人为施加资源约束；针对资源型城市的政策执行情况开展重点监督，对滥用资源的情况进行严厉处罚。

参考文献

[1] 王华星，石大千. 新型城镇化有助于缓解雾霾污染吗——来自低碳城市建设的经验证据 [J]. 山西财经大学学报，2019，41（10）：15-27.

[2] CHENG J，YI J，DAI S，et al. Can low-carbon city construction facilitate green growth? Evidence from China's pilot low-carbon city initiative [J]. Journal of Cleaner Production，2019，231（Sep.10）：1158-1170.

[3] 赵振智，程振，吕德胜. 国家低碳战略提高了企业全要素生产率吗？——基于低碳城市试点的准自然实验 [J]. 产业经济研究，2021（6）：101-115.

[4] 宋弘，孙雅洁，陈登科. 政府空气污染治理效应评估——来自中国“低碳城市”建设的经验研究 [J]. 管理世界，2019，35（6）：95-108；195.

[5] 张华. 低碳城市试点政策能够降低碳排放吗？——来自准自然实验的证据 [J]. 经济管理，2020，42（6）：25-41.

[6] 董梅. 低碳城市试点政策的工业污染物净减排效应——基于合成控制法 [J]. 北京理工大学学报（社会科学版），2021，23（5）：16-30.

[7] 冯彤. 基于双重差分模型我国低碳试点城市的政策效果评估 [D]. 天津：天津大学，2017.

[8] CHEN H，GUO W，FENG X，et al. The impact of low carbon city pilot policy on the total factor productivity of listed enterprises in China [J]. Resources，Conservation & Recycling，2021，169：105457.

[9] SONG M，ZHAO X，SHANG Y. The impact of low-carbon city construction on ecological efficiency：Empirical evidence from quasi-natural experiments [J]. Resources，Conservation & Recycling，2020，157：104777.

[10] BRERETON M. Synergetics：An introduction-nonequilibrium phase transitions and self organisa-

tion in physics，chemistry and biology［J］. Physics Bulletin，1978，29（4）：181.

［11］姜磊，柏玲，吴玉鸣. 中国省域经济、资源与环境协调分析——兼论三系统耦合公式及其扩展形式［J］. 自然资源学报，2017，32（5）：788-799.

［12］廖重斌. 环境与经济协调发展的定量评判及其分类体系——以珠江三角洲城市群为例［J］. 热带地理，1999，19（2）：171-177.

［13］姜晓丽，杨伟. 资源型城市城镇化与生态效率耦合协调评价——以大同市为例［J］. 经济研究参考，2018（57）：60-67.

［14］王淑佳，孔伟，任亮，等. 国内耦合协调度模型的误区及修正［J］. 自然资源学报，2021，36（3）：793-810.

［15］SHEN L，HUANG Y，HUANG Z，et al. Improved coupling analysis on the coordination between socio-economy and carbon emission［J］. Ecological Indicators，2018，94（Part 1）：357-366.

［16］江红莉，何建敏. 区域经济与生态环境系统动态耦合协调发展研究——基于江苏省的数据［J］. 软科学，2010，24（3）：63-68.

［17］孔伟，任亮，王淑佳，等. 河北省生态环境与经济协调发展的时空演变［J］. 应用生态学报，2016，27（9）：2941-2949.

［18］庞家幸，陈兴鹏. 甘肃省经济与环境耦合协调时空演化格局分析［J］. 兰州大学学报（自然科学版），2017，53（1）：54-59.

［19］CAI B，SHAO Z，FANG S，et al. Finer-scale spatiotemporal coupling coordination model between socioeconomic activity and eco-environment：A case study of Beijing，China［J］. Ecological Indicators，2021，131：108165.

［20］王琦，汤放华. 洞庭湖区生态—经济—社会系统耦合协调发展的时空分异［J］. 经济地理，2015，35（12）：161-167；202.

［21］王建康，韩倩. 中国城市经济—社会—环境耦合协调的时空格局［J］. 经济地理，2021，41（5）：193-203.

［22］马丽，金凤君，刘毅. 中国经济与环境污染耦合度格局及工业结构解析［J］. 地理学报，2012，67（10）：1299-1307.

［23］HUANG J，SHEN J，MIAO L. Carbon emissions trading and sustainable development in China：Empirical analysis based on the coupling coordination degree model［J］. International Journal of Environmental Research and Public Health，2021，18（89）.

[24] WALTER I，UGELOW J L. Environmental policies in developing countries [J]. Ambio，1979，8 (2/3)：102-109.

[25] COPELAND B R，TAYLOR M S. Trade，growth，and the environment [J]. Journal of Economic Literature，2004，42 (1)：7-71.

[26] ESTY D C. Market access，competitiveness，and harmonization：Environmental protection in regional trade agreements [J]. Harvard Environmental Law Review，1997，21 (2)：265-336.

[27] JORGENSON A K，DICK C，MAHUTGA M C. Foreign investment dependence and the environment：An ecostructural approach [J]. Social Problems，2007，54 (3)：371-394.

[28] HE J. Pollution haven hypothesis and environmental impacts of foreign direct investment：The case of industrial emission of sulfur dioxide (SO_2) in Chinese provinces [J]. Ecological Economics，2006，60 (1)：228-245.

[29] 应瑞瑶，周力. 外商直接投资、工业污染与环境规制——基于中国数据的计量经济学分析 [J]. 财贸经济，2006 (1)：76-81.

[30] 景国文. 低碳城市试点政策与FDI的区位选择 [J]. 华东经济管理，2021，35 (12)：43-51.

[31] BETTENCOURT L M A，LOBO J，STRUMSKY D. Invention in the city：Increasing returns to patenting as a scaling function of metropolitan size [J]. Research Policy，2007，36 (1)：107-120.

[32] 齐绍洲，林屾，崔静波. 环境权益交易市场能否诱发绿色创新？——基于我国上市公司绿色专利数据的证据 [J]. 经济研究，2018，53 (12)：129-143.

[33] 陈超凡，王泽，关成华. 国家创新型城市试点政策的绿色创新效应研究：来自281个地级市的准实验证据 [J]. 北京师范大学学报 (社会科学版)，2022 (1)：139-152.

[34] 邓玉萍. 外商直接投资、环境污染与策略性减排研究 [D]. 长沙：湖南大学，2016.

第2章　我国“无废城市”建设的市场体系和融资机制探索示范

温宗国　郑凯方　陈晨

2.1　我国“无废城市”建设市场体系的内涵和实施路径

2.1.1　服务于“无废城市”建设市场体系的内涵及意义

2018年年底，国务院办公厅印发《“无废城市”建设试点工作方案》（国办发〔2018〕128号），将“激发市场主体活力，培育产业发展新模式”作为“无废城市”建设试点的六项主要工作任务之一。随后，《“无废城市”建设试点实施方案编制指南》和《“无废城市”建设指标体系（试行）》（环办固体函〔2019〕467号）文件规定《“无废城市”建设试点实施方案》中的“无废城市”建设任务清单必须包括五方面内容：“无废城市”制度体系建设任务、技术体系建设任务、市场体系建设任务、监管体系建设任务和重点工程项目建设任务。这五方面也被领域内专家认为是推进我国“无废城市”建设的五条关键实施路径[1]，是从硬条件的基础设施和软环境的长效支撑机制建设两方面来建立健全城乡固体废物全过程治理体系。如图2-1所示，工程项目建设是对固体废物全过程治理体系的硬件基础设施方面的构建和完善；制度、技术、市场和监管这四类支撑体系的建立健全则形成了引导与保障“无废城市”长期推进的软环境，即长效支撑机制。《“十四五”时期“无废城市”建设工作方案》（环固体〔2021〕114号）阐述了制度、技术、市场和监管体系（统称“四大体系”）的意义：第一，建立健全四大体系是在“无废城市”建设中深化体制机制改革工作的体现；第二，四大体系的建立健全将构建固体废物污染环境防治的长效机制，为“无废城市”建设提供支撑保障。

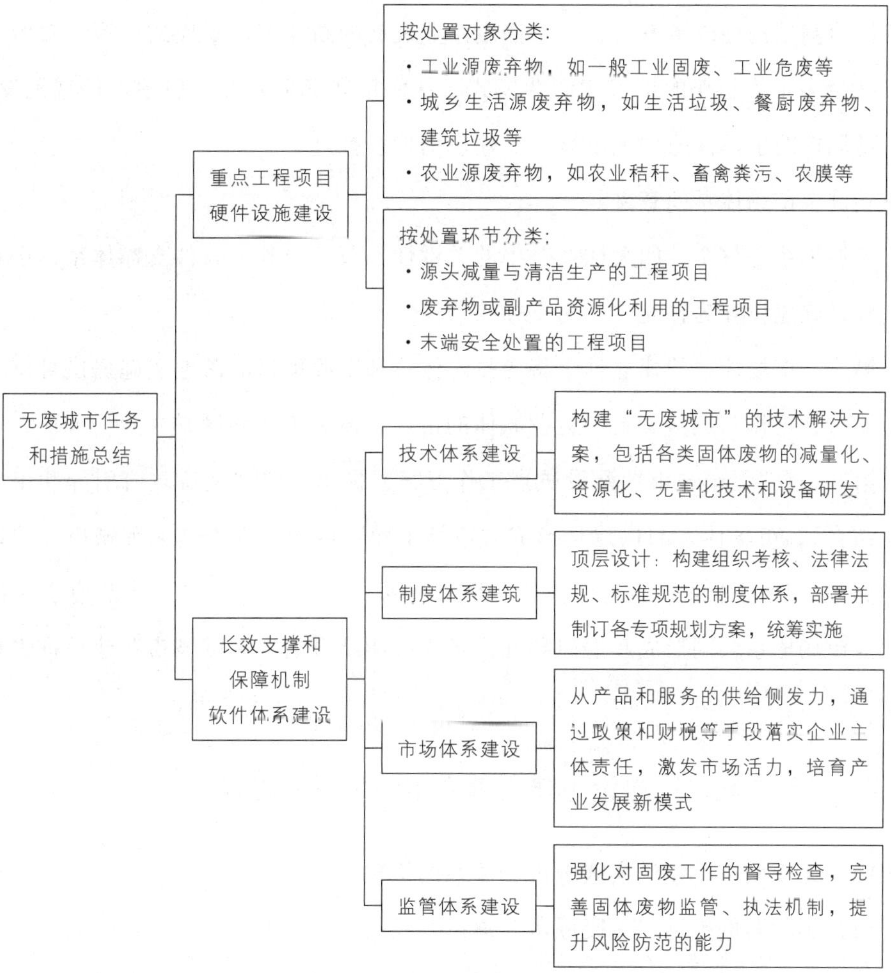

图2-1　我国“无废城市”建设的关键实施路径

因此，构建四大体系既是“无废城市”建设的重要工作任务，也是形成长效支撑保障机制的重要工作内容；市场体系的建立健全，更是构建“无废城市”支撑保障机制的重要一环。

1. 市场体系的内涵

构建服务于“无废城市”建设的市场体系，是指充分调动各类市场主体，充分激发市场主体活力，以市场机制创新和营商环境营造为抓手，从社会产品和社会服务的供给侧结构性改革发力，培育固废产业发展的新业态、新模式，探索政府、企业、社会多主体合作的可持续商业模式，从而拓展资金来源，引领市场规范发展，用市场调控的手段保障“无废城市”建设的持续推进。

2. 建立健全市场体系的意义

市场体系是整个“四大体系”中的关键性环节，与其他软件支撑体系建设和硬件基础设施建设互为补充、互为支撑。

第一，市场体系的建立健全将为技术体系和工程项目的落地实施提供可持续的资金支持，可作为运营平台和运营载体的市场主体和市场环境。

第二，《“无废城市”建设试点工作方案》提出，要“坚持政府引导和市场主导相结合”，市场体系的构建是形成“市场主导”格局、推进“无废城市”建设的必然路径。四大体系中的制度体系和监管体系的建立健全则会形成政府引导的机制，与市场体系共同形成政府引导和市场主导相结合的“无废城市”建设推进长效机制。

2.1.2 “无废城市”建设中建立健全市场体系的路径

1. 国际“无废城市”建设实践中市场体系的构建路径

（1）国际案例推进“无废城市”建设实践的共性经验

20世纪90年代以来，将“无废”作为发展愿景和努力方向成为国际区域、国家及城市规划发展的大趋势，“无废”相关的实践和研究已在固废管理、生产制造和城市发展等领域中广泛开展。[2] 已有报道的“无废城市”案例多出现在北美洲、欧洲、大洋洲、日本等已实现高度城市化的发达地区或国家。[3] 这些案例体现了一些共通的“无废城市”典型做法，可以为我国“无废城市”的推进提供有效经验。

如表2-1所示，笔者梳理了8个来自不同国家的“无废城市”案例，为实现固体废物“无废”管理所采取的策略、措施和行动。这8个“无废城市”案例的实施范围均是在人口稠密、经济高度发达、基础设施完善的城市区域，“无废”方案中涉及的固体废物以市政固废为主（包括居民生活垃圾、建筑垃圾、废弃食品等有机质垃圾、废旧电子产品等），甚至只考虑生活垃圾（如纽约、布里斯托的方案）的处理处置和减量化。因此，这些国际案例的“无废城市”实施目标是实现废弃物的绝对减量，围绕关键废物的产生源头和处理处置采取行动。

表2-1　国际部分典型“无废城市”案例

国家	城市	案例城市“无废”管理的实施方案文件
英国	布里斯托	*Towards a Zero Waste Bristol: Waste and Resource Management Strategy*（2016年，《迈向无废布里斯托：废物和资源管理战略》）
美国	旧金山	*San Francisco Zero Waste Commitments*（2018年，《旧金山无废承诺》） *Resolution Adopting Zero Waste Goal*（2003年，《采纳无废目标的决议》） *Resolution Setting Zero Waste Date*（2002年，《设置无废目标实现日期的决议》）
	纽约	*One New York: The Plan for a Strong and Just City*（2013年，《同一个纽约：建立一个强大而公正的城市》）
	波士顿	*Zero Waste Boston: Recommendations of Boston's Zero Waste Advisory Committee*（2018年，《无废波士顿：波士顿无废咨询委员会的建议》）
加拿大	温哥华	*Zero Waste 2040: The City of Vancouver's Zero Waste Strategic Plan*（2016年，《无废2040：温哥华市无废战略规划》）
澳大利亚	悉尼	*Leave Nothing to Waste- Managing Resources in the City of Sydney Area: Waste Strategy and Action Plan 2017-2030*（2017年，《不浪费的悉尼资源管理：2017—2030年废物战略和行动计划》）
新加坡	新加坡	*Zero Waste Masterplan Singapore*（2019年，《新加坡无废总体规划》）
日本	东京	*Creating a Sustainable City: Tokyo's Environmental Policy*（2017年，《创造可持续的城市：东京环境政策》）

如图2-2所示，这些案例城市旨在“无废”目标的战略和行动可总结为如下三

方面的共性经验：一是鼓励可持续的生活和消费方式。二是鼓励可持续的产品和服务供给。这两条路径都是努力在废弃物产生的源头实现减量。三是强化废弃物末端管理。

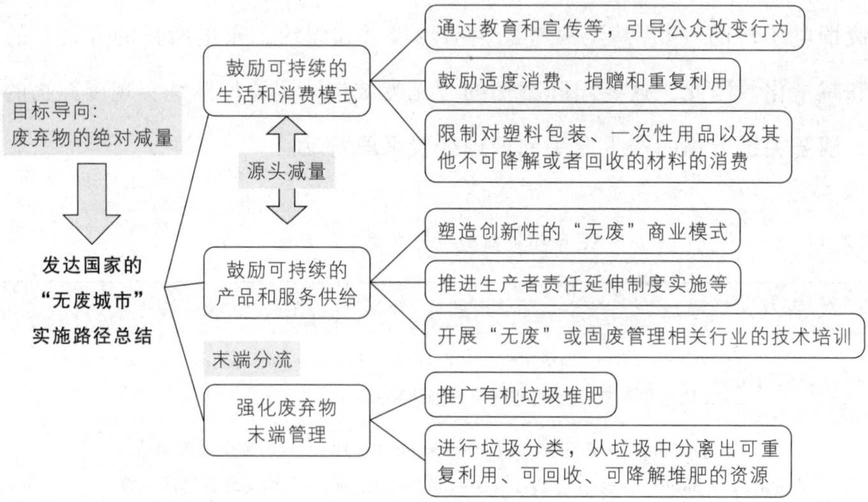

图2-2 国际“无废城市”典型案例的实施策略与行动总结

资料来源：笔者总结。

第一，鼓励可持续的生活和消费模式。通过学校教育、社区交流、媒体宣传等手段来传播“无废生活”的知识和理念，引导公众改变行为；鼓励适度消费、捐赠和重复利用，比如减少食品浪费、捐赠闲置物品、发展二手交易行业和维修翻新行业；通过各类干预措施，限制对塑料包装、一次性用品以及其他不可降解或者回收的材料的消费。

第二，鼓励可持续的产品和服务供给。通过政策、研发以及企业志愿行动等，塑造创新性的“无废”商业模式；推进生产者责任延伸制度实施，倡导产品的生态设计与报废回收，推广绿色标签产品；开展“无废”或固废管理相关行业的技术培训（如维修技能培训），用以支持相关行业的就业机会创造。

第三，强调废弃物末端管理，特别是强化分流处置和管理，提高资源回收利用率。这8个案例城市都强调通过实施生活垃圾等固体废物源头分类、分流回收或处置的方法，最终减少填埋或焚烧的处置量。这些案例都提出了进一步优化垃圾分类收集服务，尝试新的可回收的废弃物（包括居民家庭垃圾、废旧纺织品、废弃电子产品等）的分类收集商业模式，推广有机垃圾堆肥，尽可能地从垃圾中分离出可重复利用、可回收、可降解堆肥的资源。

（2）国际案例中构建“无废”市场体系的经验措施

国际案例的共性经验包含一些涉及通过市场手段来推进“无废”目标实现的经验和措施，包括：

第一，培育发展新的循环利用市场，探索新的商业模式和服务模式。遏制浪费、重复利用和捐赠旧物是构建可持续的消费模式、在源头实现废弃物减量的关键，各案例城市积极发展新的市场领域，探索公共服务和商业服务新模式，来实现源头废弃物减量的目标。

在新加坡案例中，除了发展二手物品交易、捐赠平台以外，政府还支持维修行业的发展，在小型商业中心引入小家电或服装维修商铺，同时极力推动维修工坊和维修培训课程。纽约市政府则采用了扶持本市非营利性再利用部门发展的策略，由市政府与非营利性机构合作，将潜在的捐赠者与物资再利用或转售的组织联系起来，向他们提供回收、再利用废旧物品的服务。比如，市政府与Goodwill等慈善机构合作，收集、清洗和分发旧衣物给有需要的人；与Housing Works合作运营re-fashioNYC计划，为553个公寓楼和商业综合体中的10万多户家庭提供楼内收集旧衣物和纺织品的服务，还计划在未来吸纳更多的非营利性机构参与re-fashioNYC计划的运营。

第二，积极推动生产者责任延伸制的落实。生产者责任延伸制要求生产者以及供应链中的零部件和相关服务提供者，为产品消费后的废弃物回收问题承担后续延伸处理责任。该类措施可以倒逼产品供应侧在产品设计、生产、流通、报废收集、再利用、回收和安全处置的全生命周期中发挥积极作用，从源头实现资源效率和废弃物回收率的提升，并有效规范产品的报废回收行为。表2-2汇总了各“无废城市”案例中采纳和推进生产者责任延伸制的措施。

表2-2　　部分“无废城市”案例中的生产者责任延伸制措施

案例城市	实施生产者责任延伸制的具体内容
布里斯托	支持当地企业和其他在本市有重要影响力的组织减少、再利用、再循环或从废物中回收能源，并增加对政府和企业可以采取的行动的了解，以增强生产者的责任
旧金山	《安全处置药品管理条例》：有关药品处置的生产者责任延伸制 《旧金山环保采购计划》：包括要求本地供应商负责其产品或包装的回收利用的内容 因为产品的供应链往往延伸到外地，旧金山市政府一直以来在积极支持加利福尼亚州政府制定生产者责任延伸制度的相关政策
纽约	2013年，纽约市议会通过一项法律，要求产生食物垃圾的大型企业负责将其有机质垃圾进行分类和堆肥处理，确保有机垃圾尽可能不进入垃圾填埋场。2015年，纽约市确定了第一批必须从源头分离其有机废物的企业。随着本地处置有机垃圾的能力不断增强，该立法将分阶段扩大实施范围，未来纽约市所有食品服务机构和相关企业将被强制实施有机废物源头分类处置政策。 与贸易协会、行业团体和一些世界上最大的消费品制造商和零售商合作，推动更容易回收的产品设计（100%使用消费后回收的包装材料设计和使用）；推动产品包装标注清晰、易懂的回收说明
波士顿	将通过联邦政府和诸如市长联盟等组织，推进区域之间关于生产者责任延伸制实施和推广的协调合作
温哥华	将扩大现有的生产者责任延伸制的实施范围，并积极发展、推动新的省级（不列颠哥伦比亚省）生产者责任延伸计划
悉尼	将根据《产品监管法》执行和扩大国家产品监管计划
新加坡	从2021年起启动针对电子废物的生产者责任计划（PRS），由政府授权的ALBA电子废物智能回收私人有限公司运营。ALBA将代表生产者收集新加坡境内受监管的废弃的电子电气产品，以进行适当的处理和回收 计划于2025年推行针对包装产品以及塑料制品的生产者责任延伸
东京	《建筑回收法》规定，建筑公司在拆除建筑物时有义务将材料分类，并回收特殊的建筑材料（如混凝土、沥青混凝土、木材）

第三，采取综合措施调节可持续产品、绿色产品的市场需求与供给。在限制不可再生产品的供给与需求方面，案例城市大都通过管理条例或行政命令发布了针对

商业服务领域的一次性消耗品、塑料包装容器，以及聚苯乙烯泡沫等不可持续的材料使用禁令，还通过对一些不可持续的产品或者包装材料的强制收费，将后续潜在的废弃物处置成本转移到零售商和消费者身上，从而影响这些主体的产品供给和需求行为。鼓励消费绿色产品，除了推进绿色产品的认证标识制度以外，更多是通过公共部门的绿色采购、市政工程和大型项目具有强制性或者鼓励性地使用再生材料来树立表率。

第四，用市场手段完善并优化垃圾分类体系，提升其运行效果。市场手段有两方面：一方面，与垃圾分类服务提供商建立长期合同或者实施固体废物特许经营制，这样有助于服务商通过规模效应产生正收益，经济上能够可持续地提供长期服务；也有利于市政部门与服务商形成长期紧密的合作关系，形成适应长期分阶段统筹规划的服务体系。另一方面，用税、费调节和经济奖惩机制等经济措施来提升垃圾分类回收的效果。比如，布里斯托和悉尼通过对垃圾填埋征税来迫使垃圾产生主体（如居民、企业、市政部门）想办法分流可回收或者可堆肥的垃圾；新加坡利用针对居民和针对工商业主体的不同垃圾清运付费制度的设计来提升垃圾回收率；东京在垃圾分类上最为细致，垃圾收费类型较多元，包括单一计量收费制、累进计量收费制、定额收费制、定量免费制、补助组合收费制等；旧金山还采取了基于回收表现进行付费的奖惩措施，对垃圾分类执行得好的家庭或企业，降低其垃圾处理费用的缴纳额度，做不好分类的，则会被罚款或者警告。

第五，设立基金，为废弃物源头减量和循环利用相关技术创新和产业发展提供支撑。缺少持续的资金支持，会对废弃物减量和循环再利用的企业和技术方案的可行性形成挑战。在国际上的大部分“无废城市”建设实践中，官方或者民间组织会专门设立补助基金或者拨款项目，为那些在“无废城市”相关领域的企业、组织和社团提供资助，以补贴他们在技术研发、业务拓展上的投入。这些支持资金的来源，有的是政府直接拨款，如新加坡国家环境局设立的“3R”基金和旧金山市的“无废计划”补助基金；有的则是从政府拨款、污染罚款、对产品或生产者的收费或税费、政企合作伙伴关系等多元途径综合筹措资金（如波士顿、温哥华）。

2. 我国“无废城市”建设实践中的市场体系构建路径

2019—2020年，我国在11个地级市和5个不同级别的特别行政区域开展了“无废城市”建设试点工作；截至2020年年末，试点城市的四大体系和工程项目建设已取得积极成效。与发达国家或地区的“无废城市”实践面向“实现废弃物绝对减量”的目标导向不同，我国在实践中将“无废城市”作为解决城乡固废污染问题的重要路径，针对急需解决的问题和薄弱环节去设计方案，强调固废管理全过程相关软硬件体系的建立健全，是问题导向型的实践思路。[3] 因此，我国“无废城市”建设的各个试点也立足于城乡固废管理的问题和薄弱环节，有针对性地设计了构建完善市场体系的任务措施。

在《“无废城市”建设指标体系（试行）》（环办固体函〔2019〕467号）中，市场体系建设方面的任务进展主要通过6个指标来考察（见表2-3）。其中两个必选指标是固体废物回收利用处置投资占比和固体废物回收利用处置骨干企业数量，这两个指标分别考察了固体废物回收利用处置的投资情况和固体废物回收利用处置产业的发展情况；其余4个可选指标，分别考察了资源循环利用产业的工业增加值占比、企业环境信用评价、企业环境污染责任险（绿色保险）和绿色信贷。在2019—2020年“无废城市”建设试点时期，市场体系建设聚焦于固体废物回收利用处置的环节，工作上鼓励投资和培育相关产业，还考虑通过绿色金融来支撑产业的发展和绿色转型。从2021年版的《“无废城市”建设指标体系》（见表2-4）来看，试点时期（2019—2020年）市场体系建设的工作思路延续到了“十四五”时期的“无废城市”建设推进工作，同时“政府采购中综合利用产品占比”体现了这一时期开始关注源头减量（扩大绿色产品的市场需求）的工作思路。

笔者梳理了试点时期（2019—2020年）11个试点地级市的市场体系建设任务清单①，将试点实践中所采纳的构建市场体系的具体措施分为五大类（如图2-3所示）。

① 数据来自中华人民共和国生态环境部官网（https://www.mee.gov.cn/home/ztbd/2020/wfcsjssdgz/sdjz/sdtx/）。

表2-3　　《“无废城市”建设指标体系（试行）》（2019年版）

中市场体系建设的考核指标

一级指标	二级指标	三级指标	数据来源
保障能力	市场体系建设	固体废物回收利用处置投资占环境污染治理投资总额比重★	市生态环境局
		固体废物回收利用处置骨干企业数量★	市发展改革委、市商务局、市工信局、市生态环境局
		纳入企业环境信用评价范围的固体废物相关企业数量占比	市生态环境局
		危险废物经营单位环境污染责任保险覆盖率	市生态环境局、市银保监局或地方金融监管局
		“无废城市”建设相关项目绿色信贷余额	市银保监局或地方金融监管局
		资源循环利用产业工业增加值占地区生产总值的比重	市统计局

注：标注★表示必选指标。

表2-4　　《“无废城市”建设指标体系》（2021年版）

中市场体系建设的考核指标

一级指标	二级指标	三级指标	数据来源
保障能力	市场体系建设	“无废城市”建设项目投资总额★	市生态环境局、当地中国人民银行分支机构、银保监会派出机构或地方金融监管局及相关部门
		纳入企业环境信用评价范围的固体废物相关企业数量占比	市生态环境局
		危险废物经营单位环境污染责任保险覆盖率	市生态环境局、银保监会派出机构或地方金融监管局
		“无废城市”绿色贷款余额	当地中国人民银行分支机构
		“无废城市”绿色债券存量	市地方金融监管局、当地中国人民银行分支机构
		政府采购中综合利用产品占比	各相关部门

注：标注★表示必选指标。

资料来源：《“十四五”时期“无废城市”建设工作方案》附表（环固体〔2021〕114号文件）。

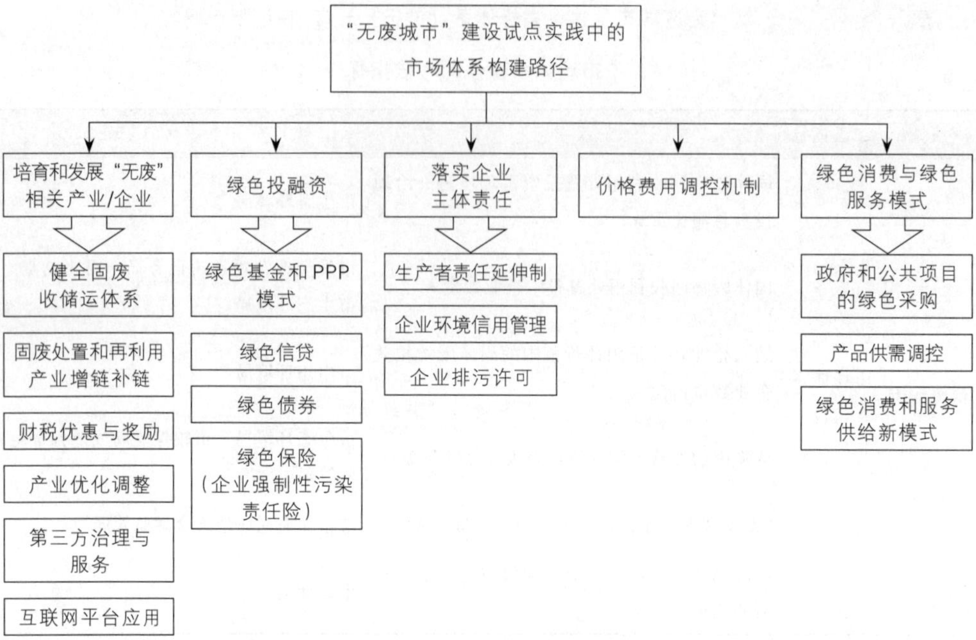

图2-3 试点城市市场体系建设相关任务分类归纳

从任务措施的具体数目分类（如图2-4所示）方面来看，各试点城市将培育和发展相关产业作为市场体系构建的主要抓手工作，最主要的措施是完善固体废弃物的收储运体系，以及对固废处置和再利用产业进行增链补链、引入和培育相关企业或产业链条。各试点构建市场体系的第二个重点是绿色投融资相关工作。其中，绿色基金、政府和社会资本合作（PPP）模式、绿色信贷是支撑"无废"相关工程项目建设运营和产业发展壮大的最重点的工作任务；我国绿色保险在当下的主要体现形式是污染环境责任险[5]，在国家层面自上而下持续推进污染环境强制责任保险制度的背景下，各试点也将强制高污染、高风险企业（主要是危废产生和经营企业）投保污染环境责任险作为地方绿色金融体系建立的必须任务来抓。绿色债券则是绿色投融资工作的薄弱环节，而环境权益交易现阶段尚未体现在我国"无废城市"建设试点的实践探索中。

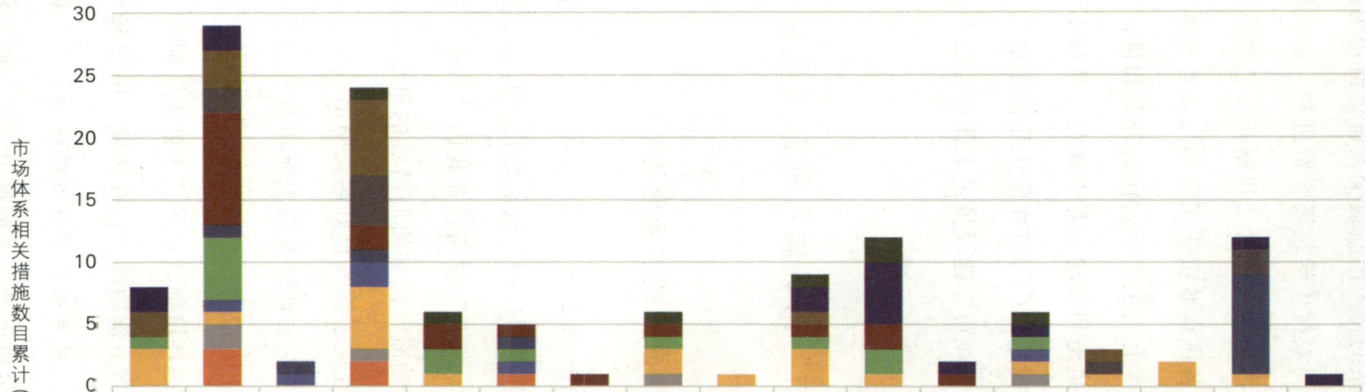

	财税优惠与奖励	健全固废收储运体系	产业优化调整	固废处置和再利用产业增链补链	第三方治理与服务	互联网平台应用	生产者责任延伸制	企业环境信用管理	企业排污许可	绿色信贷	绿色基金和PPP模式	绿色债券	绿色保险	政府公共项目的绿色采购	产品供需调控	绿色消费与绿色服务模式	价格费用调控机制
	培育和发展“无废”相关产业/企业						落实企业主体责任			绿色投融资				绿色消费与服务			
西宁	0	0	0	1	1	0	0	1	0	1	2	0	1	0	0	0	0
许昌	2	2	0	0	0	0	0	0	0	2	5	1	1	0	0	1	1
绍兴	2	3	0	6	0	0	0	0	0	1	0	0	0	1	0	0	0
重庆（主城区）	0	2	0	4	0	0	0	0	0	0	0	0	0	1	0	2	0
威海	0	9	0	2	2	1	1	1	0	1	2	1	0	0	0	0	0
三亚	0	1	1	1	0	1	0	0	0	0	0	0	0	0	0	8	0
深圳	1	5	0	0	2	1	0	1	0	1	2	0	1	0	0	0	0
盘锦	0	1	1	2	0	1	0	0	0	0	0	0	1	0	0	0	0
徐州	3	1	0	5	1	0	0	2	1	3	1	0	1	1	2	1	0
包头	0	2	0	1	0	0	0	1	0	0	0	0	1	0	0	0	0
铜陵	0	3	0	2	0	1	0	0	0	0	0	0	0	0	0	0	0

图2-4　试点城市市场体系建设相关任务措施统计

图2-4反映出，目前各试点城市构建市场体系的相关措施缺少完善价格费用调控机制的相关措施和行动，仅许昌将“落实城市与农村生活垃圾收费机制”纳入构建市场体系的任务清单；各试点城市在落实企业污染者主体责任和创新绿色消费与绿色服务模式这两个领域的工作部署较为薄弱。各试点城市落实企业污染者主体责任的工作主要体现在企业环境信用管理上，但极少有对生产者责任延伸制和排污许可的工作内容；创新绿色消费与绿色服务模式的措施和行动，对于绿色产品和不可再生产品的市场供需调控、对政府和公共项目的绿色采购等方面的工作探索也是不充分的。以上这些都是在“十四五”时期的“无废城市”建设推进工作中需要关注和加强推进的领域。

2.2 “十四五”时期构建“无废城市”市场体系的政策要求

2.2.1 “十四五”时期“无废城市”建设全面推进的新形势

“无废城市”建设试点工作的实施时间为2019—2020年，正处于“十三五”收尾评估和“十四五”启动开展的交接期；随着首批“11+5”试点城市工作顺利推进，以城市试点为单位的建设模式基本形成。“十四五”时期，在我国“双碳”目标背景下，“无废城市”建设更是被赋予了“推动减污降碳协同增效的重要举措”的战略定位。[4] 2021年11月，《中共中央 国务院关于深入打好污染防治攻坚战的意见》提出，“十四五”时期将进一步推动100个左右地级及以上城市开展“无废城市”建设，并鼓励有条件的省全域推进。2021年12月，《“十四五”时期“无废城市”建设工作方案》发布；2022年4月，生态环境部确定了“十四五”时期开展“无废城市”建设的城市名单，包括4个直辖市下辖的部分行政区域、99个地级行政区（包括地级市和自治州）以及雄安新区、兰州新区等8个特殊地区。[6] 此外，已有7个省和1个直辖市（重庆市）发布在全域推进“无废城市”建设的工作方案，吉林省也将加入此行列（见表2-5）；区域城市群的“无废城市”联动共建的协同机制也在粤港澳大湾区城市群和成渝地区双城经济圈城市群率先展开探索。[7-8] 这些说明，在“十四五”时期，“无废城市”建设将由点到面、由市域向区域甚至省域递次推进。在这种新形势下，服务于“十四五”时期“无废城市”建设的市场体系构建工作也将有两方面的新发展趋势。

表2-5　　推进全域“无废城市”建设的省和直辖市列表

发布时间	省和直辖市	文件或方案
2020-01-20	浙江省	《浙江省全域“无废城市”建设工作方案》（浙政办发〔2020〕2号）
2021-03-07	广东省	《广东省推进“无废城市”建设试点工作方案》（粤办函〔2021〕24号） 提出在珠三角所有城市（9个地级市）率先开展“无废试验区”试点建设，并鼓励粤东、粤西、粤北各市同步开展试点工作
2022-01-09	江苏省	《江苏省全域“无废城市”建设工作方案》（苏政办发〔2022〕2号）
2022-04-01	河北省	《河北省“十四五”时期“无废城市”建设工作方案》（冀政办字〔2022〕37号）
2022-06-23	四川省、重庆市	《成渝地区双城经济圈“无废城市”共建合作协议》 《关于推进成渝地区双城经济圈“无废城市”共建的指导意见》（川办发〔2022〕52号） 提出到2025年，在重庆市全域和四川省15个地级市（四川总计18个地级市和3个自治州）全面开展“无废城市”建设，并形成成渝双城经济圈的“无废城市”共建机制
2022-07-18	山东省	《山东省“无废城市”建设工作方案》（鲁政字〔2022〕130号）
2023-02-24	吉林省	《吉林省“十四五”时期“无废城市”建设方案》（吉环发〔2022〕17号）

第一，从政策设计层面来看，要注重政策的前后延续和左右协同。既要与前期循环经济、固体废物污染治理、“无废城市”建设试点等相关工作要求相衔接，更要与“十四五”时期以及中长期的固体废物污染环境防治方面的法律、高质量城乡建设、高质量经济产业发展、碳达峰与碳中和等重要政策和战略所体现的新形势和新要求相呼应。

第二，从具体执行和落实的层面来看，“十四五”时期的“无废城市”建设不局限于单个试点的经验探索，而是有条件进行区域、省域甚至全国统一大市场层面的市场体系的机制性、系统性创新。前期“无废城市”建设试点实施局限于地方管理辖区内，因此，在建立健全市场体系的工作上，囿于地方立法权限和行政监管执行的范围，还受到地方产业规模和企业体量的限制，如排污权交易制度、生产者责任延伸制等市场机制创新没有条件在单个城市的行政范围内实施。“十四五”时期“无废城市”建设的实施范围扩大，构建市场体系的一些工作因此可以由省级部门来统筹协调，调动全省以及更高层面的产业体系和大市场，甚至探索跨区域、跨省的“无废城市”市场体系构建的政策和实践协同。

2.2.2 “十四五”时期“无废城市”市场体系构建的政策现状

1.“无废城市”建设和固废管理领域相关政策梳理

(1)《“十四五”时期“无废城市”建设工作方案》

《“十四五”时期“无废城市”建设工作方案》(以下简称《方案》)中，针对建立健全固体废物环境管理市场体系提出了具体的工作任务。如图2–5所示，“无废城市”建设“主要任务”部分罗列的第七点是“加强四大体系建设，全面提升保障能力”，其中建立健全固体废物环境管理市场体系的工作可分解为6个要点：

一是优化市场营商环境，鼓励各市场主体参与“无废城市”建设工作；

二是落实有利于固体废物资源化利用和无害化处置的税收、价格、收费政策，特别是在生活垃圾管理领域探索建立有利于垃圾分类的计价计量收费制度；

三是完善固体废物收储运市场运作体系及产业链，《方案》特别强调了探索建立秸秆收集储存体系；

四是加大对“无废城市”建设的金融支持力度；

五是加强“无废城市”建设的市场化投融资机制和商业模式探索，深化政银合作，充分发挥社会资本的市场配置作用；

六是提升政府采购绿色产品特别是资源综合利用产品的力度。

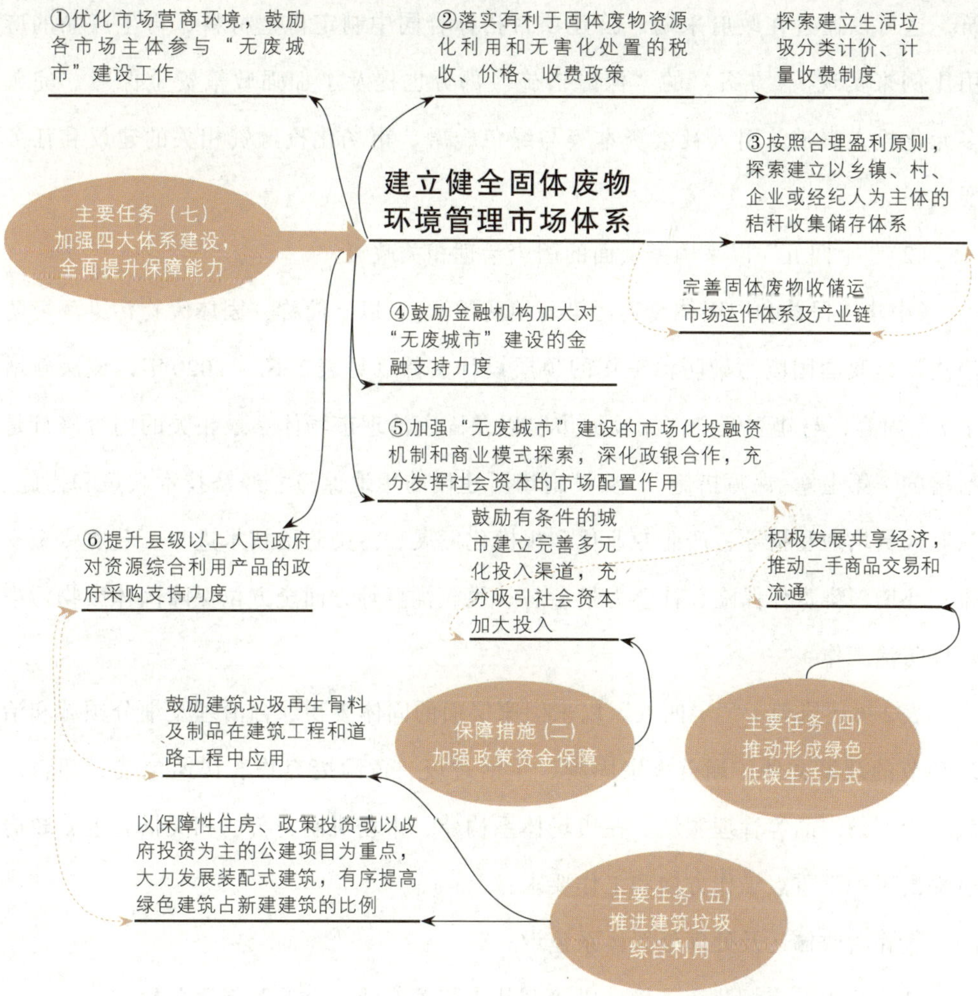

图2-5　《“十四五”时期“无废城市”建设工作方案》中构建市场体系的工作内容

另外，“无废城市”建设的其他工作任务部署也或多或少涉及了市场体系建设相关的工作细节内容。比如，“主要任务”的第四点“推动形成绿色低碳生活方式”，建议积极发展共享经济和推动二手商品交易和流通，这属于通过新商业模式探索的路径来进一步完善健全市场体系；“主要任务”的第五点“推进建筑垃圾综合利用”，提出鼓励在建筑工程和公建项目中应用再生建筑材料、发展装配式建筑，这可以通过在政府采购、公建项目招标合同中制定再生材料、再生产品的应用比例来实现。《方案》的“保障措施”部分也提及了加强政策资金保障、完善多元化投入渠道、引入社会资本等与绿色金融、市场化投融资相关的建议和任务要求。

（2）“十四五”以来国家层面的固废治理相关政策

《中华人民共和国固体废物污染环境防治法》（以下简称《固体废物污染环境防治法》是我国固废污染防治工作的顶层设计文件（见表2-6）。2020年，该法新增了7点内容，与建立健全“无废城市”以及固废治理市场体系最相关的内容修订是新增的“第七章 保障措施”，从设施场所建设的用地保障、经济技术政策和措施、从业人员培训和指导、产业专业化和规模化发展、污染防治技术进步、政府资金安排、环境污染责任保险、社会力量参与、税收优惠等方面全方位保障固体废物污染环境防治工作。

表2-6还梳理了“十四五”以来国家层面的固体废物综合治理及细分领域和治理环节的政策文件，涵盖大宗固废、生活垃圾、危险废弃物、快递包装、塑料垃圾、废旧纺织品等管理领域。在市场体系构建、市场机制完善的相关措施上，政府也提出了如下重点工作方向和工作要求：

①完善收储运及处理处置体系建设；

②优化提升市场营商环境，以培育壮大相关产业、企业和新服务模式；

③加强财政资金和金融保障；

④完善、落实税收制度和价格费用机制；

⑤调控一次性不可再生产品或资源化产品的市场供给等。

（3）“无废城市”建设存在交叉协同的其他领域政策

“十四五”以来，循环经济、产业发展、城乡建设、生态环境保护、节能减排放、碳达峰与碳中和、财政和经济体制改革等相关工作领域也出台了一系列政策。这些政策不光与“无废城市”建设的工作范围交叉和重叠，在通过构建市场

表2-6　“十四五”时期固体废物管理各细分领域的政策文件对构建市场体系的表述

固废品类	时间	政策文件	内容解读（特别是与市场体系相关的部分）
综合固废	2020.4	《中华人民共和国固体废物污染环境防治法》	修订内容： 1.明确固体废物污染环境防治坚持减量化、资源化和无害化原则 2.完善工业固体废物污染环境防治制度部分，强化生产者责任，新增了将工业固体废物纳入排污许可制的要求 3.完善生活垃圾污染环境防治制度部分，明确全面推行生活垃圾分类工作及确立分类原则 4.完善建筑垃圾、农业固体废物等污染环境防治制度。建立健全建筑垃圾分类处理和全过程管理，以及秸秆、废弃农用薄膜、畜禽粪污等农业固体废物的管理制度和体系。明确国家建立电器电子、铅蓄电池、车用动力电池等产品的生产者责任延伸制度。加强过度包装、塑料污染治理力度 5.进一步完善危险废物污染环境防治制度 6.增加了“保障措施”一章，从用地、设施场所建设、经济技术政策和措施、从业人员培训和指导、产业专业化和规模化发展、污染防治技术进步、政府资金安排、环境污染责任保险、社会力量参与、税收优惠等方面全方位保障固体废物污染环境防治工作 7.在法律责任上，对违法行为实行严惩重罚，处罚种类增加，罚款额度提高，强化处罚到人
大宗固废	2021.3	《关于“十四五”大宗固体废弃物综合利用的指导意见》（发改环资〔2021〕381号）	大宗固体废弃物包括煤矸石、粉煤灰、尾矿（共伴生矿）、冶炼渣、工业副产石膏、建筑垃圾、农作物秸秆等，量大面广，环境影响突出，利用前景广阔，是资源综合利用的核心领域 与市场体系构建和市场机制创新有关的工作是“完善相关支持政策”，在文件中是保障措施之一。其包括： 1.继续落实增值税、所得税、环境保护税等优惠政策 2.鼓励绿色信贷，支持大宗固废综合利用企业发放绿色债券 3.鼓励地方支持资源综合利用产业发展 4.完善市场准入制度，加强事中、事后监管，营造公平竞争市场环境，有效增强资源综合利用产业投资吸引力，引导社会资本加大对大宗固废综合利用的投入，不断探索依靠市场机制推动大宗固废综合利用的路径和模式

续表

固废品类	时间	政策文件	内容解读（特别是与市场体系相关的部分）
生活垃圾	2020.11	《关于进一步推进生活垃圾分类工作的若干意见》（建城〔2020〕93号）	文件提出到2025年，地级及以上城市因地制宜基本建立生活垃圾分类投放、分类收集、分类运输、分类处理系统。与市场体系与市场机制建设相关的任务和措施包括： 1.推进、完善分类投放收集系统、分类运输系统建设，补齐设施和处理能力短板 2.加强分类处理产品的资源化利用 3.在加快形成长效机制方面，要加大资金保障力度，统筹安排预算支持项目建设和运营，落实相关税收优惠，积极吸引社会资本参与等；健全收费机制，按产生者付费原则建立生活垃圾处理收费制度
	2021.5	《“十四五”城镇生活垃圾分类和处理设施发展规划（2021—2025）》（发改环资〔2021〕642号）	基本原则：提出要坚持市场导向。健全市场机制，发挥市场在资源配置中的决定性作用 与建立健全市场体系相关的措施有： 1.主要任务中的厨余垃圾处理设施建设：提出要积极探索多元化可持续运营模式，探索建立市场化的建设和运行模式，鼓励社会专业公司参与运营，不断提升厨余垃圾处理市场化水平 2.保障措施：提出“完善支持政策”“优化市场环境”也是基本从市场机制的建立健全的角度出发。提出的措施包括： （1）中央预算内投资引导和加大财政资金投入力度 （2）税收优惠政策 （3）完善生活垃圾收费制度，如分类计价、计量收费等 （4）鼓励中长期贷款以及创新性金融服务，提供融资支持 （5）鼓励绿色债券和投资信托基金（REITs） （6）资源化利用产品可持续消纳的支持政策
	2022.5	《关于进一步加强农村生活垃圾收运处置体系建设管理的通知》（建村〔2022〕44号）	文件提出要统筹县、乡、村三级生活垃圾收运处置设施建设和服务，进一步扩大农村生活垃圾收运处置体系覆盖范围，提升无害化处理水平，健全长效管护机制 与建立健全市场体系相关的措施有： 1.完善农村生活垃圾分类和收运处置设施，做好可回收物的回收利用；建立以村级回收网点为基础、县域或乡镇分拣中心为支撑的再生资源回收利用体系 2.农村生活垃圾收运处置体系运行管护服务专业化，加强对专业公司服务质量的考核 3.推动建立健全农村生活垃圾收运处置体系经费保障机制，逐步建立农户合理付费、村级组织统筹、政府适当补助的运行管护经费保障制度
危险废弃物	2021.5	《强化危险废物监管和利用处置能力改革实施方案》（国办函〔2021〕47号）	提出要“促进危险废物利用处置产业高质量发展”，与市场体系构建相关的具体措施包括： 1.促进危险废物利用处置企业规模化发展、专业化运营 2.健全财政金融政策。其包括处置收费制度，危险废物集中处置设施、场所退役费用预提制度，环境保护税政策，鼓励金融机构信贷投资。探索建立危险废物跨区域转移处置生态保护补偿机制

续表

固废品类	时间	政策文件	内容解读（特别是与市场体系相关的部分）
快递包装	2020.11	《关于加快推进快递包装绿色转型意见的通知》（国办函〔2020〕115号）	从快递包装法律法规和标准体系、快递包装绿色治理、电商和快递规范管理、可循环快递包装应用、快递包装废弃物回收和处置等方面提出具体的发展建议，并提出到2025年国内快递包装基本实现绿色转型的发展目标。在快递包装绿色治理、废弃物处置的工作内容方面，与市场体系建设相关的包括： 1.为实现“减头减量”而对包材产品供给的强制规定：重点地区逐步停止使用不可降解的塑料包装袋、一次性塑料编织袋，减少使用不可降解塑料胶带；推进快递包装材料和产品绿色设计，提升快递包装可回收性 2.鼓励新业态的开发和推进：鼓励发展“互联网+回收”新业态；鼓励电商和快递企业与商业机构、便利店、物业服务企业等合作设立可循环快递包装协议回收点，投放可循环快递包装的回收设施，丰富回收方式和渠道 3.财政和金融支持政策。对绿色快递物流和配送体系建设、专业化和智能化回收设施建设等项目，中央预算内投资予以适当支持；将绿色、可循环快递包装生产和规模化应用企业列入绿色信贷支持范围；落实快递绿色包装政府采购需求标准，发挥政府采购引导作用；落实现有税收优惠政策
塑料垃圾	2021.9	《“十四五”塑料污染治理行动方案》（发改环资〔2021〕1298号）	与市场体系建设相关的内容包括： 1.禁止、限制部分塑料制品的生产、销售和使用 2.推广应用替代产品，培育优化新业态、新模式，增加绿色产品供给 3.作为支撑保障体系，需要完善相关支持政策。其包括加大对相关项目的支持力度；落实财税政策；加大对相关产品的政府采购力度；开展新业态、新模式的试点示范；经济手段促进一次性塑料制品减量、替代；公共机构带头减量和采购绿色替代产品
废旧纺织品	2022.3	《关于加快推进废旧纺织品循环利用的实施意见》（发改环资〔2022〕526号）	在纺织工业生产供给侧，强化纺织品生产者社会责任，鼓励企业落实中国纺织服装企业社会责任管理体系（CSC9000T）。在废旧纺织品回收环节，要完善回收网络和分拣体系，鼓励引导回收企业向三四线及以下城市甚至农村布局。在废旧纺织品综合利用环节，要支持促进纺织品再生利用产业发展，延伸产业链，培育有竞争力和领导力的龙头企业 在支撑保障中，强化政策扶持。落实资源综合利用税收优惠政策，支持废旧纺织品循环利用。在依法合规、风险可控的前提下，为废旧纺织品循环利用企业提供信贷产品和服务，支持符合条件的废旧纺织品循环利用企业发行绿色债券。加大对废旧纺织品循环利用的支持力度，鼓励有条件的地方对废旧纺织品循环利用予以资金支持

机制和市场化手段应用来加强工作的支撑保障上，与建立健全“无废城市”市场体系的工作也存在一定协同的方面。表2-7罗列了部分相关工作领域“十四五”以来出台的政策文件，并梳理了其中与市场体系建设相关的内容。这些文件均为中央政府以及国务院各部委发布的自上而下的宏观政策文件，有顶层设计的指导性文件，也有具体的中长期规划或工作管理方案等。这些文件并没有直接表述或部署名为“构建市场体系”或者“完善市场机制”的工作任务，但是在文件的“总体要求”和“基本原则”部分都强调要“坚持市场导向”或者通过“机制改革和创新”来构建新的激励约束机制、充分发挥市场主体的作用。与市场体系构建相关的任务措施，多为“保障措施”相关内容，强调在经济政策上加大扶持力度，具体包括财政资金、税收优惠、绿色金融、价格费用调控机制、政府采购等方面的探索创新。

表2-7 “十四五”时期其他工作领域的政策中与构建“无废城市”市场体系相关的内容

时间	政策文件	与构建“无废城市”市场体系有关的内容
2021.5	《关于“十四五”时期深化价格机制改革行动方案的通知》（发改价格〔2021〕689号）	2018年7月国家发改委发布的《关于创新和完善促进绿色发展价格机制的意见》是其前身，明确了污水处理、垃圾处理、节水、节能环保方面的价格改革方向 文件总体要求及原则部分提出要“坚持市场化方向”，“深入推进价格改革，完善价格调控机制，提升价格治理能力”。文件中与“无废城市”市场体系建设相关的部分包括污水处理收费和公用事业价格机制的工作。如方案提出： 1.进一步完善污水处理收费机制。一要将污水处理排放收费标准提高至补偿污水处理和污泥无害化处置成本且合理盈利的水平，并建立动态调整机制；二是鼓励通过政府购买服务，以招投标等市场化方式确定污水处理服务费水平，建立与处理水质、污染物削减量等挂钩的污水处理服务费奖惩机制；三是鼓励农村地区探索建立农户付费制度 2.健全公用事业价格机制。推动县级以上地方政府建立生活垃圾处理收费制度，合理制定调整收费标准。推行非居民餐厨垃圾计量收费。具备条件的地区探索建立农户生活垃圾处理付费制度。完善危险废弃物处置收费机制

续表

时间	政策文件	与构建“无废城市”市场体系有关的内容
2021.7	《“十四五”循环经济发展规划》(发改环资〔2021〕969号)	文件工作原则部分强调“坚持市场主导”，建立激励与约束相结合的长效机制，发挥市场配置资源的决定性作用，充分激发市场主体参与循环经济的积极性，增强循环经济发展的内生动力 与“无废城市”市场体系建设相关的部分体现在保障措施的“加强财税金融政策支持”部分： 1.加强对循环经济重大工程、重点项目和能力建设的支持 2.加大政府绿色采购力度，积极采购再生资源产品 3.落实资源综合利用税收优惠政策 4.鼓励金融机构加大对循环经济领域重大工程的投融资力度 5.加强绿色金融产品创新，加大绿色信贷、绿色债券、绿色基金、绿色保险对循环经济有关企业和项目的支持力度
2021.9	《“十四五”全国农业绿色发展规划》(农规发〔2021〕8号)	工作基本原则：提出“坚持政府引导、市场主导”，要更好发挥市场作用，落实生产经营者主体责任，建立健全“保护者受益、使用者付费、破坏者赔偿”的利益导向机制，引导农民、企业和社会力量参与农业绿色发展 工作内容中与“无废城市”建设关系密切的是“第四章 加强农业面源污染防治”中的“第二节 促进畜禽粪污和秸秆资源化利用”和“第三节 加强白色污染治理”部分，以及“第六章 打造绿色低碳农业产业链 提升农业质量效益和竞争力” 工作内容中与构建“无废城市”市场体系相关的内容在第八章，提出要“完善市场机制，引导社会参与，加快推动农业发展由数量导向转向提质导向”。具体内容是： 1.建立多渠道投入机制，包括完善财政激励政策、创新绿色金融政策、引导社会投入 2.建立市场价格调节机制
2021.11	中共中央、国务院《关于深入打好污染防治攻坚战的意见》	“深入打好净土保卫战”的工作内容涵盖了推进“无废城市”建设 文件总体要求部分提出要“坚持改革引领、创新驱动”，其中包括加大技术、政策、管理创新力度，加快构建现代环境治理体系。该政策文件中与“无废城市”市场体系构建有关的工作内容包括健全生态环境经济政策和完善生态环境资金投入机制，都是“提高生态环境治理现代化水平”的工作内容 1.健全生态环境经济政策 (1)税收优惠，扩大环境保护等企业所得税优惠目录范围 (2)大力发展绿色金融，包括绿色信贷、绿色债券、绿色基金、气候投融资、环境污染强制责任保险，强化对金融机构的绿色金融业绩评价 (3)加快推进排污权、用能权、碳排放权市场化交易 (4)推进实施环保信用评价，充分发挥其引导作用 (5)完善市场化、多元化生态保护补偿 2.完善生态环境资金投入机制 (1)各级政府把生态环境资金投入作为基础性、战略性投入予以保障，把生态环境作为财政支出的重点领域 (2)加快生态环境领域省以下财政事权和支出责任划分改革（配套改革） (3)加强有关转移支付分配与生态环境质量改善相衔接 (4)综合运用土地、规划、金融、税收、价格等政策，引导和鼓励更多社会资本投入生态环境领域

续表

时间	政策文件	与构建“无废城市”市场体系有关的内容
2021.12	中共中央、国务院《农村人居环境整治提升五年行动方案（2021—2025年）》	农村人居环境整治工作中的“农村生活污水治理”“农村生活垃圾无害化收运处置”是“无废城市”建设促进农业农村绿色低碳发展的重要内容。文件中与市场体系相关的内容，除了建立健全农村生活垃圾收运、分类、就地资源化处置的产业体系和服务设施以外，就是一些相关长效机制的建立，比如： 在“六、建立健全长效管护机制”中，建议有条件的地区探索农村人居环境基础设施运行管护（比如垃圾清扫）的农户付费制度、社会化服务体系和服务费市场化形成机制；合理确定农户付费分担比例，逐步建立农户付费、村级统筹、政府补助的运行管护经费保障制度 在“七、充分发挥农民主体作用”中，鼓励用政府购买服务等方式支持农民合作社参与农村人居环境项目；引导农民或农民合作组织依法成立农村环保组织或企业，吸纳农民承接本地农村人居环境改善工程建设和后续管护工作 在“八、加大政策支持力度”中，一是要加强财政投入保障，包括以地方为主和中央适当奖补的政府投入机制、政府预算内投资、土地出让收入用于农村人居环境项目、发行地方债券、政府和社会资本合作等措施；二是要创新完善相关支持政策，包括落实农村人居环境相关设施建设用地和用水用电保障，落实村庄建设项目简易审批有关要求，鼓励村级组织和乡村建设工匠等承接小型工程项目（适当降低门槛或者以工代赈），实行税收减免和绿色信贷
2021.12	《“十四五”土壤、地下水和农村生态环境保护规划》（环土壤〔2021〕120号）	该规划要求保护治理的系统性，即协同推进水、气、土、固体废物、农业农村污染治理。与“无废城市”建设有交叉重叠部分的主要是：（1）推进土壤污染防治的矿区历史遗留固体废物整治；（2）尾矿库、危险废物处置场、垃圾填埋场和工业集聚区的地下水污染风险防控；（3）深化农业农村环境治理的一些工作内容。市场体系构建主要体现在作为支撑和保障机制的经济政策上，内容以强化市场投融资为主，包括： 1.健全以地方为主、中央补助的政府投入体系，加强土壤、地下水和农业农村污染防治财政资金投入保障，探索建立多元化投融资机制 2.加快建立健全省级土壤污染防治基金。落实地方财政事权，推动建立省、市、县各级财政农村生活污水治理分担投入机制 3.鼓励各地通过发行地方政府债券等方式用于符合条件的农业农村生态环境保护项目 4.通过现有资金渠道持续推动化肥农药减量增效、生物防治等相关工作，推进农业绿色发展

续表

时间	政策文件	与构建“无废城市”市场体系有关的内容
2022.1	发展改革委、生态环境部、住房和城乡建设部等部委《关于加快推进城镇环境基础设施建设的指导意见》（国办函〔2022〕7号）	城镇环境基础设施建设与“无废城市”建设存在极大程度的政策协同和工作任务协同 文件工作原则部分强调要坚持市场导向，发挥市场配置资源的决定性作用，形成权责明确、制约有效、管理专业的市场化运行机制。与市场体系相关的内容包括： “五、提升建设运营市场化水平”：（1）积极营造规范开放市场环境；（2）深入推行环境污染第三方治理和体制机制创新；（3）探索开展环境综合治理托管服务 “六、健全保障体系”：（1）健全价格收费制度，完善污水、生活垃圾、危险废物、医疗废物处置价格形成和收费机制。（2）加大财税金融政策支持力度
2022.2	《关于加快建立健全绿色低碳循环发展经济体系的指导意见》（国发〔2021〕4号）	“无废城市”建设的底层逻辑是要通过推动形成绿色发展方式和生活方式，持续推进固体废物源头减量和资源化利用，探索将固体废物环境影响降至最低的城市发展模式。“无废城市”建设，即“建立健全绿色低碳循环发展经济体系”，是促进经济社会发展全面绿色转型的重要内容之一 与市场体系相关的重点工作任务是“五、构建市场导向的绿色技术创新体系”和“六、强化法律法规支撑，包括健全绿色收费价格机制，加大财税扶持力度，大力发展绿色金融，完善绿色标准、绿色认证体系和统计监测制度，培育绿色交易市场机制”
2022.5	中共中央、国务院《关于推进以县城为重要载体的城镇化建设的意见》	该政策提出了“提升县城人居环境质量”的若干工作任务，其中“（二十八）推进生产生活低碳化”“（二十九）完善垃圾收集处理体系”“（三十）增强污水收集处理能力”与“无废城市”建设工作存在重合之处。该政策中与“无废城市”市场体系建设相关的工作内容包括： 1.推广节能低碳节水用品和环保再生产品，减少一次性消费品和包装用材消耗 2.建立多元可持续的投融资机制等
2022.5	《农业农村减排固碳实施方案》（农科教发〔2022〕2号）	该方案部署的“畜禽低碳减排行动”“秸秆综合利用行动”等重点任务，也是“无废城市”建设中促进农业农村绿色低碳发展的重要内容 文件工作基本原则部分强调要坚持创新驱动和政策激励。这里“创新”既是技术方法创新，也是机制体制创新；“政策激励”则包含了优惠政策引导和资金支持等激励手段。市场体系相关的工作内容都属于保障性措施范畴，包括： 1.加强创设完善有利于推进农业农村减排固碳的扶持政策 2.加强新产业和新业态培育，引导农业企业和经营主体强化减排固碳技术应用，打造一批农业绿色低碳产品品牌等

续表

时间	政策文件	与构建“无废城市”市场体系有关的内容
2022.5	《财政支持做好碳达峰碳中和工作的意见》（财资环〔2022〕53号）	该工作意见提到的支持重点方向和领域，包括支持“重点行业领域绿色低碳转型”“绿色低碳生活和资源节约利用”“完善绿色低碳市场体系”等，与“无废城市”建设的重点工作领域密切相关。工作方案中与“无废城市”市场体系建设相关的内容有： 1.充分发挥碳排放权、用能权、排污权等交易市场作用，引导产业布局优化。全面实施排污许可制度，完善排污权有偿使用和交易制度，积极培育交易市场 2.财政政策措施方面，提出： （1）强化财政资金支持引导作用 （2）健全市场化、多元化投入机制，如国家低碳转型基金和绿色发展基金，鼓励社会资本以市场化方式设立绿色低碳产业投资基金，将符合条件的绿色低碳发展项目纳入政府债券支持范围，采取多种方式支持生态环境领域的PPP模式，规范地方政府对PPP模式的履约行为 （3）发挥税收政策对市场主体绿色低碳发展行动的激励约束作用 （4）完善政府绿色采购政策
2022.6	《城乡建设领域碳达峰实施方案》（建标〔2022〕53号）	“十四五”时期的“无废城市”建设推进将统筹城市发展与城乡固体废物管理，充分发挥减污降碳协同增效作用，对我国“2030年前实现碳达峰”将起到重要协同和支撑保障作用。本方案中，城乡建设领域碳达峰工作的实施在“城乡建设方式绿色低碳转型”“推进生活垃圾污水治理低碳化”“推进绿色低碳建造”等方面与“无废城市”建设工作有交叉 工作原则强调坚持双轮驱动、共同发力，充分发挥政府主导和市场机制作用，形成有效的激励约束机制，实施共建共享，协同推进各项工作 方案中提出的与市场体系建设相关的要求和措施反映在“强化保障措施”的“（十九）完善金融财政支持政策”中。其包括： 1.完善支持城乡建设领域碳达峰的相关财税优惠政策 2.完善绿色建筑和绿色建材政府采购制度，以政府采购推广绿色建筑和绿色建材应用 3.强化绿色金融支持，鼓励银行业金融机构创新信贷产品和服务，支持城乡建设领域节能降碳 4.强化保险支持，发挥绿色保险产品的风险保障作用 5.合理开放城镇基础设施投资、建设和运营市场，应用特许经营、政府购买服务等手段吸引社会资本投入

续表

时间	政策文件	与构建“无废城市”市场体系有关的内容
2022.6	《减污降碳协同增效实施方案》(环综合〔2022〕42号)	工作原则提出注重机制创新，完善管理制度、基础能力和市场机制，形成有效激励约束，有力支撑减污降碳目标任务落地。与“无废城市”市场体系构建相协同的任务措施包括： 1.源头防控，加快形成绿色生活方式的工作任务： (1)扩大绿色低碳产品供给和消费 (2)公共机构特别是党政机关节能减排引领示范作用 (3)探索建立“碳普惠”等公众参与机制 2.强化支撑，特别是减污降碳经济政策的支撑。其包括： (1)加大对绿色低碳投资项目和协同技术应用的财政政策支持，财政部门要做好减污降碳相关经费保障 (2)大力发展绿色金融，用好碳减排货币政策工具，引导金融机构和社会资本加大对减污降碳的支持力度 (3)建立有助于企业绿色低碳发展的绿色电价政策 (4)加强清洁生产审核和评价认证结果应用，将其作为阶梯电价、用水定额、重污染天气绩效分级管控等差异化政策制定和实施的重要依据
2022.7	住房和城乡建设部、发展改革委《“十四五”全国城市基础设施建设规划》	该规划将“建立生活垃圾分类管理系统”“完善城市生活垃圾资源回收利用体系”“建立健全建筑垃圾治理和综合利用体系”等关键任务列入城市环境卫生提升重大行动，该行动与“无废城市”建设存在协同关系。与建立健全“无废城市”市场体系相关的内容包括： 1.建立健全与生活垃圾和建筑垃圾的分类收集、资源化利用、运输、处置相关的产业链条和设施运营体系；统筹推进生活垃圾分类网点与废旧物资回收网点“两网融合”，推动回收利用行业转型升级 2.健全建筑垃圾再生建材产品应用体系，不断提升再生建材产品质量，促进再生建材行业生产和应用技术进步 3.培育一批建筑垃圾资源化利用骨干企业，提升建筑垃圾资源化利用水平

2.“十四五”时期与“无废城市”相关的市场体系政策供给

(1)优化市场营商环境，激发市场主体积极性

优化市场营商环境、调动多元市场主体参与“无废城市”建设工作是“十四五”时期建立健全“无废城市”市场体系的首要工作任务。2020年，国家发改委

等六部委颁布《关于营造更好发展环境 支持民营节能环保企业健康发展的实施意见》，标志着在节能环保领域向民营企业放开竞争性业务的开始。该政策希望通过进一步引入市场竞争机制，为民营企业营造公平开放的市场营商环境，从而激发企业、社会团体、投资者等各类市场主体投资节能环保产业和污染防治项目的积极性。

该政策确定向民营企业开放包括环境污染第三方托管治理、污水垃圾等环境基础设施建设、医疗废物和危险废物收集处理处置、产业园区绿色循环化改造、大宗固体废弃物综合利用基地建设等与“无废城市”建设密切相关的市场业务；同时，承诺将相关产业支持政策落实普惠至民营企业，包括：

① 支持民营企业申报中央预算内投资生态文明建设专项、地方政府专项债券、特别国债等项目；

② 贯彻落实好现行税收优惠政策；

③ 加大金融支持力度，支持符合条件的民营企业发行绿色债券；

④ 加大对民营企业绿色技术创新的支持力度，遴选一批民营企业重点环保技术创新成果支持转化应用；

⑤ 畅通政企信息沟通反馈机制等。

由此可以看出，优化市场营商环境，调动多元化市场主体积极性，还需要综合运用到财政资金、税收优惠、绿色金融、价格费用等其他市场机制作为激励引导或约束，这样才能充分发挥市场在优化资源配置中的决定性作用，鼓励更多社会资本和市场主体投入固废管理领域。

（2）税收优惠政策和财政资金支持

为了支持固废管理和“无废城市”相关产业的发展，解决市场空间和市场需求不足、产业企业扩张运营融资难的问题，首要的扶持政策就是加大经济政策的扶持力度。除了财政资金投入，积极发挥财政资金“四两拨千斤”的杠杆作用，通过中央生态环境和污染防治专项资金、地方财政污染防治基金等，带动更多社会资本投入到“无废城市”相关的固废治理项目和产业发展中。

① 财税优惠政策。财政部、税务总局等部门印发《关于完善资源综合利用增值税政策的公告》《环境保护、节能节水项目企业所得税优惠目录（2021年版）》《资源综合利用企业所得税优惠目录（2021年版）》，进一步完善资源综合利用税收优惠政策。

② 中央专项资金支持。财政部《关于下达2022年土壤污染防治资金预算的通知》（财资环〔2022〕59号）首次提出资金分配要突出激励约束导向，根据“无废城市”试点建设考核结果给予土壤污染防治专项资金多余额度奖励。例如，对“无废城市”试点建设考核排名前5位的重庆市、深圳市、威海市、绍兴市和南平市光泽县，按地级以上城市、地级市、县级市分别按2 000万元、1 000万元、500万元的标准分档奖励。中央生态环保资金项目储备库由省级生态环境、财政部门统筹开展项目储备申报入库，中央财政资金即参考中央生态环境资金项目储备库进行下达和分配。《中央生态环境资金项目储备库入库指南（2021版）》（环办财科〔2021〕22号）对项目储备库入库范围进行了调整，与“无废城市”建设相关的项目入库范围包括：

第一，“无废城市”建设国家试点展开的协同管控土壤污染风险的项目，包括各类固废分类、收集、转运、利用与处理处置等基础设施建设项目，固废处理处置废弃场所建设整治项目，属于土壤污染防治项目储备库入库范围。

第二，农村环境整治项目储备库入库范围中，农村生活污水治理项目、黑臭水体控源截污、农村生活垃圾分类收集转运处置以及无害化的治理项目等也与“无废城市”建设内容相关。

第三，利用市场化手段补充财政资金不足，支持采用生态环境导向的开发（EOD）模式、PPP模式及其他市场化方式进行项目融资、引入社会资本。表2-8梳理了“十四五”时期生态环保金融支持项目储备库机制的相关政策。生态环保金融支持项目储备库入库项目的治理责任主体为市场化企业，其与以针对政府事权类项目为主的中央生态环境资金项目储备库相互补充、错位发展，共同为污染防治攻坚项目提供资金支持。生态环境部已与十余家金融机构进行了对接，对生态环保金融支持项目储备库的入库项目，将在资源配置上给予倾斜，加大支持力度，优先给予优惠信贷政策支持。

表2-8　“十四五”时期生态环保金融支持项目储备库机制的相关政策

时间	政策文件	具体工作内容
2021.4	《关于深入打好污染防治攻坚战共同推进生态环保重大工程项目融资的通知》（环办科财函〔2021〕158号）	提出补充建立生态环保金融支持项目储备库，加强固体废物和危险废物处理处置及资源综合利用、区域环境协同治理、生态补偿、“无废城市”建设等试点项目的储备与支持
2022.3	《生态环保金融支持项目储备库入库指南（试行）》（环办科财〔2022〕6号）	建立生态环保金融支持项目储备库，与中央生态环境资金项目储备库相互补充、错位发展，共同为污染防治攻坚项目提供资金支持 采用生态环境导向的开发模式、PPP模式及其他市场化方式运作。针对生态环保金融支持项目储备库的入库项目，生态环境部已与十余家金融机构进行了对接，在资源配置上给予倾斜，加大支持力度，优先给予优惠信贷政策支持 土壤污染防治、农业农村污染治理、固废处理处置及资源综合利用等与“无废城市”相关的生态环保项目被纳入生态环保金融支持项目储备库
2022.6	《关于推进开发性金融支持县域生活垃圾污水处理设施建设的通知》（建村〔2022〕52号）	建立县域生活垃圾污水处理设施的动态项目储备库，采用政府和社会资本合作、特许经营、环境污染第三方治理、环境综合治理托管服务等方式筹措项目资金，并将给予入库项目优先信贷支持

（3）绿色金融的工具和制度

绿色金融工具包括绿色信贷、绿色债券、绿色基金与PPP模式、绿色保险、环境权益交易等。[5] 绿色金融体系的构建将动员和激励更多社会资本投入到绿色产业，同时更有效地抑制污染性投资。[9] 2016年《关于构建绿色金融体系的指导意见》（银发〔2016〕228号）的出台，标志着我国绿色金融体系建设的顶层架构确立，我国成为全球首个系统性自上而下推进绿色金融的政策框架和工具制度建设的国家之一。“十四五”时期，我国又相继颁布《关于促进应对气候变化投融资的指导意见》（环气候〔2020〕57号）、《关于开展气候投融资试点工作的通知》和《气候投融资试点工作方案》（环办气候〔2021〕27号），目前已确定7个国家级新区、12个地级市及4个区为气候投融资试点。“十四五”以来有新政策出台的包括：

① 绿色债券。2021年4月，中国人民银行、发展改革委、证监会联合更新并发布《绿色债券支持项目目录（2021年版）》，首次统一了国内绿色债券标准，解决了不同监管机构需要参照不同的指引或标准审批绿色债券产品的问题。同时，新版目录加强了减碳约束力度，也体现出和国际绿色债券标准趋同的信号，删除了煤炭的清洁利用、燃煤电厂超低排放改造、清洁燃油生产等多个国际绿色认可度较低的涉及化石能源的项目类型。

② 绿色发展基金。2020年7月15日，由财政部、生态环境部等共同发起设立的国家绿色发展基金股份有限公司揭牌运营，首期募资规模为885亿元。

③ 环境权益交易。2021年第三季度，央行发布的首批绿色金融标准包括《环境权益融资工具》。对银行业金融机构而言，《环境权益融资工具》的发布也意味着发放碳排放权质押贷款有了行业标准指引，这有利于鼓励银行业金融机构积极主动为优质碳减排企业和项目提供资金支持。

（4）价格费用机制

表2-9梳理了“十四五”时期出台的有关污染者付费机制的政策文件，包括居民和非居民生活垃圾、非居民餐厨垃圾、污水处理、医疗废物处置、危险废物处理等的付费机制。但无论是在“无废城市”还是固废污染防治的实践中，当前我国污染者付费机制未有效建立，相关工作推进缓慢，已有的城市生活垃圾处理收费标准偏低，未能与垃圾分类质量挂钩，农村地区普遍没有实施垃圾收费，地方垃圾处理设施建设和运营管理资金存在缺口。[10]

表2-9 “十四五”时期固废治理价格费用机制的相关政策

时间	政策文件	具体工作内容
2021.5	《关于“十四五”时期深化价格机制改革行动方案的通知》	提出进一步完善污水处理收费机制，并鼓励农村地区探索建立农户付费制度。健全公用事业价格机制，包括要推动县级以上地方政府建立生活垃圾处理收费制度，合理制定调整收费标准；推行非居民餐厨垃圾计量收费；具备条件的地区探索建立农户生活垃圾处理付费制度
2021.7	《关于推进非居民厨余垃圾处理计量收费的指导意见》（发改价格〔2021〕977号）	要求在厨余垃圾收运监管体系基本完善的地区，尽快实现非居民厨余垃圾计量收费，逐步建立超定额累进加价机制；其他城市要尽快实现厨余垃圾收运监管全覆盖，在此基础上逐步推进非居民厨余垃圾收费机制改革
2021.12	国家发展和改革委员会公告2021年第8号《政府定价的经营服务性收费目录清单（2022版）》	目录清单中涉及广东、北京、天津、河北、山西、内蒙古、辽宁、吉林、黑龙江、上海、江苏、浙江等30个省（自治区、直辖市）的环保类别收费情况，包括居民和非居民生活垃圾处理收费、医疗废物处置费、其他危废处置费等
2022.2	《关于加快推进城镇环境基础设施建设的指导意见》	健全价格收费制度。完善污水、生活垃圾、危险废物、医疗废物处置价格形成和收费机制。对市场化发展比较成熟、通过市场能够调节价费的细分领域，按照市场化方式确定价格和收费标准。对市场化发展不够充分、依靠市场暂时难以充分调节价费的细分领域，兼顾环境基础设施的公益属性，按照覆盖成本、合理收益的原则，完善价格和收费标准
2022.5	《关于进一步加强农村生活垃圾收运处置体系建设管理的通知》	推动建立健全农村生活垃圾收运处置体系经费保障机制，逐步建立农户合理付费、村级组织统筹、政府适当补助的运行管护经费保障制度

2.3 服务于“无废城市”建设的市场体系和融资机制探索示范

我国11+5个“无废城市”建设试点经历2019—2020年的探索示范，已经形成了一批具有代表性的“无废城市”建设模式和案例，为“十四五”时期推进100个左右地级及以上城市开展“无废城市”建设提供了一批可参考、可复制、可操作的优秀经验。其中不乏对建立健全服务于“无废城市”建设的市场体系的探索示范，并产生了一些颇具亮点的实践经验和典型模式。

2.3.1 培育壮大“无废”产业，带动固废源头减量与资源化利用

1. 绍兴市：大力扶持装配式建筑产业，助力建筑垃圾源头减量

绍兴市通过推广装配式建筑并引导装配式建筑产业发展，来实现建筑垃圾的源头减量，助力“无废城市”建设。具体做法是供给侧切入，强化全产业链建设，凸显产业集群效益，提高装配式建筑的市场供应水平。

（1）基本情况

建筑业是绍兴市的重要支柱产业，产值规模一直稳居浙江省第一、全国前列，无论是产值贡献度还是特级企业数量，都占全省总量的1/4以上，在全省建筑业领域长期保持领头羊的地位。装配式混凝土建筑与传统方式的建筑过程相比，可减少建筑垃圾70%，节约木材60%，节约水泥砂浆55%，减少水资源消耗25%等。推广应用装配式建筑，不仅从源头上大量减少建筑垃圾的产生量、遏制建筑垃圾“围城”现象的产生，还能催生新的产业和相关服务业，实现建筑现代化高质量发展。2014年，绍兴市被列为“国家住宅产业现代化综合试点城市”“全国建筑产业现代化试点地区”双试点城市；2019年成为“无废城市”建设试点以来，绍兴市更是将推广应用装配式建筑作为建筑垃圾源头减量最具亮点的工作。

（2）主要做法

① 引导本地企业发展，培育优势产业集群。通过企业走访、组织参加住博会、承办各类论坛展会、推出试点项目等多种途径，绍兴市积极引导装配建筑部品部件制造、设计、施工、全过程咨询、装饰装修、机器设备制造、物流运输等相关企业的快速发展，带动了一大批本地企业积极参与到装配式建筑项目的建造实施过程中，基本实现了科学发展、集约布局。积极支持本地企业联合外企、央企、国企等进行战略合作，充分利用各自的资金、技术、市场优势，实现强强联合。

② 积极培育市场主体。截至2020年年底，已成功培育建筑产业现代化实施企业百余家、6个全国首批国家级装配式建筑产业基地、6家省首批建筑工业化示范

企业、4个省首批建筑工业化示范基地、35个已投产产业化基地。绍兴市已培育形成具有多家龙头企业的装配式建筑全产业链集群。

③ 壮大产业工人队伍。创建了全省首个装配式建筑产业工人教育培训基地，积极统筹各类专项资金，实现学费全额补贴，已培养装配式建筑各类人才近3 000人。

④ 制定行业标准规范，推动技术交流。规范标准的编制、新型结构体系的创新对于引导行业健康发展、规范行业竞争、确立行业战略地位具有至关重要的作用。绍兴市抓住“无废城市”建设试点契机，鼓励企业积极参与各类装配式建筑和全装修相关标准的编制工作。绍兴市企业作为主编或参编单位先后编制了《装配式混凝土建筑技术标准》《装配式建筑评价标准》等建筑产业现代化相关的国标、行标、地标和图集等各类标准规范84项（其中，国标6项，行标15项，地标21项）。

（3）工作成效

通过“无废城市”建设工作的开展，绍兴市装配式建筑占新建建筑的比例已达到31.2%，较2019年年初提升6个百分点，位居浙江省前列。装配式建筑的大规模推广应用，加快推进了建筑实施企业的转型升级，使绍兴市建筑产业现代化发展的红利逐步释放。

（4）推广应用建议

绍兴市建筑产业现代化发展（装配式建筑）培育模式，可在经济较为发达、城市建设规模较大特别是有大规模公建项目、建筑产业基础好的大中城市推广。

2. 包头市：拉动再生建材产品的市场需求，推动工业固废资源化综合利用

包头市从再生建材等产品的需求侧着手，通过积极推广应用再生建材、开发工业固废资源化利用的新途径和新产品，来拉动整个大宗固废综合利用产业的发展壮大。

（1）基本情况

包头市一般工业固废产量大，位列大中城市前位。包头市每年超过一半的一般工业固废未进行资源化利用，大量贮存堆积，但是一般工业固废的综合利用产业的发展面临着产能严重过剩、产品销路不畅、产品附加值低等问题。比如，包头市目

前一般工业固废的综合利用途径以制造绿色再生建材为主，产品附加值低，不方便远距离运输配送，但是本地自我消纳再生建材的需求规模受限；包头市综合利用企业的发展缺少统一规划，同质化竞争严重，加之缺失相应的标准，制约了各领域的应用。

（2）主要做法

① 打造良好营商环境，引导固废综合利用产业发展。包头市编制了《包头市一般工业固体废物资源综合利用发展规划》，为工业固体废物产业技术布局、利惠措施提供重要依据。在已出台的《包头市加快推进工业固废污染防治综合利用政策措施》（包府办发〔2018〕115号）的基础上，围绕用地、资金奖补等方面进一步完善和细化政策措施，完成了《包头市关于推进一般工业固体废物资源综合利用若干政策措施》（初稿），为包头市工业固体废物综合利用项目提供政策优惠。

② 推广绿色再生建材产品应用，扩大产品的市场需求。包头市制定《包头市绿色建筑行动实施方案》，加快发展以工业废渣、粉煤灰、煤矸石、建筑垃圾等原料制备新型节能墙体材料；印发《关于进一步加强民用建筑节能和绿色建筑发展的实施意见》，要求全市新建民用建筑原则上全部执行绿建标准，逐步形成以绿色建筑为特征的建筑模式；积极推广绿色建材应用，制定了鼓励在市政工程、保障房建筑、政府采购中使用固废资源化再生产品（尤其是绿色建材产品）的措施。

（3）推广应用建议

该模式对大宗固废产生量多、贮存量大，固废综合利用的产能过剩、急需拓宽产品消耗出路的地区有借鉴意义。

2.3.2 拓宽无废“投融资”多元化渠道，引入社会资本

1.深圳市：绿色金融激发“无废城市”市场活力

（1）基本情况

深圳市毗邻港澳，市场经济高度发达，产业、人口密集汇聚；2020年地区生产总值已达2.77万亿元，经济总量迈入亚洲城市前五；一直以来都是我国改革开放

的排头兵、先行地和实验区。目前，深圳已具备全国领先水平的金融基础设施水平，初步形成良好的绿色金融生态，也形成以政府为主导、以市场为主体的固废治理市场体系。“推广应用绿色信贷、绿色税收等绿色金融工具，建立多元化资金渠道”是深圳“无废城市”试点建设的关键举措，以推动绿色金融发展和创新为抓手，助力社会经济绿色低碳转型和“无废城市”建设。

（2）主要做法

① 出台《深圳经济特区绿色金融条例》。这是我国首部绿色金融领域地方立法，建立环境污染强制责任保险制度，明确环境信息披露责任，助力无废城市建设。该条例还要求优化现有绿色信贷产品，创新绿色信贷品种，推广新能源贷款、能效贷款、合同能源管理收益权抵押贷款等能源信贷品种，创新绿色园区、绿色生产、绿色建筑、个人绿色消费等绿色信贷品种，降低绿色信贷资金成本，扩大绿色信贷规模。

② 财政补贴和税收优惠。2020年，财政补贴52亿元用于处置生活垃圾、市政污泥、医疗废物，投入6 200万元扶持“无废城市”科学研究，安排5 690万元对固体废物利用处置产业进行专项资金扶持，带动企业投资2.27亿元；同年，退还78户固体废物相关领域纳税人资源综合利用增值税1.1亿元。

③ 强化绿色信贷激励措施。2020年，绿色信贷余额为3 561亿元，办理“绿票通”小微绿色企业、绿色项目业务401笔，金额达13.87亿元，绿色信贷规模再创新高。加大信贷优惠政策。

④ 加强环境污染责任保险市场培育。2020年，671家企业投保1 700万元购买环境污染责任保险，保额总额达到9亿元，危险废物经营单位和环境公共服务单位全部购买环境污染责任保险。

⑤ 鼓励社会资本投资。成立深圳市无废城市技术产业协会，每月举办固体废物论坛，推动产业融合与交流。批准成立潮商东盟基金，注册资本10亿元，募集基金规模可达1 000亿元，助力深圳将“无废城市”技术项目推广到东盟等“一带一路”国家。

⑥ 强化企业环境信用管理。编制《深圳市企业环境信用评价管理办法》，对企业环境行为进行综合信用评价。将企业环境信用等级分为环保诚信企业、环保良好企业、环保警示企业和环保不良企业。依照评价结合对企业及法定代表人（或主要负责人）的行政许可、海关认证、政府采购、招标投标、财政资金支持、政府供应土地、享受税收优惠等实行联合奖惩。

（3）取得成效

深圳市充分发挥高度化市场优势，系统性打造绿色金融体系，带动社会投资2.27亿元。打造形成社会资本参与有价格废弃物市场化回收利用、国有企业和公共服务兜底处置的多元投资运营机制，激发了固废治理市场的活力。

（4）推广应用建议

深圳市“无废城市”的市场体系保障机制，特别是多元化投融资保障机制的经验模式，适用于我国固废管理制度完善、市场经济较发达、地方财政资金较宽裕、金融基础设施较完善的各大中城市。

2.徐州市：创新“三统筹”融资模式，破解“无废”产业建设资金难题

（1）基本情况

2018年，徐州市开始谋划建设循环经济产业园。该产业园规划总面积约为5.53平方千米，总投资约为60亿元。徐州市循环经济产业园起步区涉及环保项目、宣教基地、基础设施建设以及影响区村庄搬迁安置等工程，整体投资额较大，但配套基础设施建设自身收益水平较低，居民搬迁安置无收益。若以基础设施建设或影响区村庄搬迁安置项目的名义单独申请贷款，均不满足金融机构融资评审要求；环保项目收益能力相对强，均可单独融资，但必须完成起步区基础配套设施及影响区村庄搬迁安置，才能为环保项目建设运营创造前提。因此，新盛绿源公司与国家开发银行研究对接，创新性地提出了统筹建设内容、统筹还款来源、统筹增信方式的“三统筹”融资模式，解决了徐州市循环经济产业园起步区建设资金需求。

（2）主要做法

循环经济产业园项目由新盛绿源公司负责统筹融资、建设、运营、还款；每个

环保子项由入园企业进行专业化经营；建立扎实有效的资金归集机制，通过现金流控制，将项目收益统一归集至新盛集团子公司新盛绿源公司，保障项目还款，新盛集团作为股东承担部分差额补足偿债义务。新盛绿源公司与国家开发银行研究对接，探索性地提出“三统筹”融资模式。

① 统筹建设内容。突破传统贷款项目不得与不相关其他项目建设内容捆绑申请的限制，即污水处理、建筑垃圾处理等环保项目、园区基础设施建设项目与影响区居民搬迁安置项目之间无直接关联性，项目互相独立，在融资方案设计中，将上述互相独立的板块、项目以起步区建设的名义打包作为一个整体，推进贷款评审工作。

② 统筹还款来源。综合材料处置、污水处理、建筑垃圾处置等环保项目自身具有较好的收入现金流，符合银行贷款评审政策，但园区基础设施建设项目及影响区居民搬迁安置项目的现金流较弱，难以满足银行贷款评审政策。因此，将上述项目以起步区建设的名义整体打包后，各子板块的现金流汇总成为起步区建设项目的整体收入，并作为贷款的第一还款来源；同时，以母公司新盛集团的综合现金流作为有效补充，突破传统贷款中项目自身收入必须覆盖贷款本息的限制，使得打包后的项目在收入能力上符合贷款评审要求。

③ 统筹增信方式。本次纳入贷款范畴的环保项目建设、园区基础设施建设及影响区居民搬迁安置3个板块实施内容中，仅环保产业项目具有可抵押的土地或房产，符合贷款评审合规性要求；基础设施建设具有较少量可供抵押的土地及房产，影响区居民搬迁安置项目无可供抵押的土地或房产资源，均不满足贷款评审合规性要求。在贷款方案设计中，将3个板块涉及的所有土地、房产、机器设备统一作为抵押物向国家开发银行提供贷款抵押，并增加母公司新盛集团担保，使得项目整体具有自我抵押增信的能力，同时增加了新盛集团AAA级信用评级的担保增信，满足贷款评审增信要求，突破项目自身资产评估抵押价值必须覆盖贷款本息的限制。

（3）取得成效

经国家开发银行总行授信批准，徐州市循环经济产业园项目最终获授信贷款约

45.5亿元，期限为20年，有效解决了产业园的融资难题，成为国家开发银行系统内资源循环利用产业园类项目首个获批的贷款项目。

（4）推广应用建议

该模式普遍适用于大中城市的大型资源循环利用产业园类项目建设。在推广应用中还应该坚持如下原则：一是必须坚持市场化运作，培育建设运营主体；二是必须集约整合资源，发挥“银政企”合作优势；三是必须坚持依法合规，给予优惠政策及保障措施。

参考文献

[1] 温宗国. 无废城市：理论、规划与实践［M］. 北京：科学出版社，2020：221.

[2] ZAMAN A U. A comprehensive review of the development of zero waste management：Lessons learned and guidelines［J］. Journal of Cleaner Production，2015，91（3）：12-25.

[3] 郑凯方，温宗国，陈燕. “无废城市”建设推进政策及措施的国别比较研究［J］. 中国环境管理，2020，12（5）：48-57.

[4] 中华人民共和国生态环境部. 关于印发《“十四五“时期“无废城市”建设工作方案》的通知［EB/OL］.（2021-12-15）［2022-12-20］. https://www.mee.gov.cn/xxgk2018/xxgk/xxgk03/202112/t20211215_964275.html

[5] 徐建华，胡俊梅，周源. 第1章 绿色金融的实质及其在中国的发展［M］//钱小军，周剑. 绿色低碳转型若干重要问题研究：清华大学绿色经济与可持续发展研究中心2020年度政策研究报告. 大连：东北财经大学出版社，2022：1-38.

[6] 中华人民共和国生态环境部. 关于发布“十四五”时期“无废城市”建设名单的通知［EB/OL］.（2022-04-24）［2022-12-20］. https://www.mee.gov.cn/xxgk2018/xxgk/xxgk06/202204/t20220425_975920.html.

[7] 广东省人民政府办公厅. 广东省人民政府办公厅关于印发广东省推进“无废城市”建设试点工作方案的通知［EB/OL］.（2021-03-07）［2022-12-20］. https://www.gd.gov.cn/zwgk/wjk/qbwj/ybh/content/post_3236546.html.

[8] 四川省人民政府办公厅. 关于推进成渝地区双城经济圈“无废城市”共建的指导意见［EB/OL］.

（2022-06-23）［2022-12-20］. https://www.sc.gov.cn/10462/zfwjts/2022/6/23/2721d5d21a88411d88292b0a68b2de56.shtml.

［9］中国人民银行，财政部，发展改革委，等. 关于构建绿色金融体系的指导意见［EB/OL］.（2016-08-31）［2022-12-20］. https://www.mee.gov.cn/gkml/hbb/gwy/201611/t20161124_368163.htm.

［10］沈跃跃. 全国人民代表大会常务委员会执法检查组关于检查《中华人民共和国固体废物污染环境防治法》实施情况的报告——2021年10月21日第十三届全国人民代表大会常务委员会第三十一次会议［R］. 北京：2021.

第3章　垃圾分类背景下的废弃物管理模式研究

尚奕萱　王涵　刘建国　周可人

3.1　研究背景与目的

近年来，随着我国经济社会的发展和城市化进程的加快，城市人口不断增多，城市生活垃圾清运量进入一个加速上升的阶段。根据国家统计局的数据，2019年全国城市生活垃圾清运量达2.42亿吨，这一数字大约是10年前的两倍。目前，我国城市生活垃圾的无害化处理率已经超过99%，“无害化”处理目标基本实现，如何更好地实现“减量化”“资源化”，是城市生活垃圾管理面临的难题。

开展垃圾分类是世界各国解决垃圾问题采用的共同策略。发达国家的经验表明，垃圾分类能够有效促进生活垃圾减量和实现循环型社会的建设。垃圾分类包含分类投放、分类收集、分类运输和分类处理的全链条过程，旨在通过分类管理提高各类垃圾的资源化利用水平；同时，拉动更多责任主体参与生活垃圾管理中，从而更好地实现源头减量。我国生活垃圾具有高含水率、高厨余组分的特点，直接进行焚烧或填埋处理均存在一定的技术难题和环境安全隐患。对此，我国提出了“有害垃圾、厨余垃圾、可回收物、其他垃圾”的“四分法”分类方案，以期有针对性地解决我国垃圾处理过程中存在的问题。

自2017年起，全国46个试点城市首先开始了垃圾分类的探索工作；到2020年年底，各城市已初步完成了地方垃圾分类系统的建设，部分城市的厨余垃圾分出率、生活垃圾回收利用率等关键指标已有所提高。然而，各地在开展垃圾分类过程中也面临了许多问题，主要体现在：

① 居民的自主分类意识不强，参与度不高，缺乏有力的监督和约束措施；

② 政府在推进垃圾分类的过程中，基础设施建设和人力成本投入巨大，长此以往地区财政将难以负担；

③ “两网融合”体系尚未建成，政府对可回收物的产生量、处理去向等信息缺乏全流程的掌控。

这些问题表明，我国试点城市的垃圾分类探索对各责任主体的调动程度仍然不够，尚未构建出完整的利益链条。未来，要想在全国范围内更大规模地推广垃圾分类，必须进一步加强相关制度的建设。

本研究调研总结了发达国家生活垃圾分类方式与管理领域中经济手段的应用情况，分析其实施要点和对生活垃圾减量化和资源化的促进作用。结合我国生活垃圾处理的成本现状和利益链条，本研究探讨在我国生活垃圾管理领域应用这些经济手段的必要性和可行性。这对于我国垃圾分类的深入开展具有重要的研究意义和应用价值。

同时，本研究以深圳市为研究对象，通过对深圳市生活垃圾产生、收运、处理的实地和历史数据调研，运用生命周期评价工具，从环境影响和经济效益方面综合分析评价不同的典型分类模式在深圳市的应用效果，以对我国生活垃圾分类模式选择提供理论依据。

3.2 生活垃圾产生与管理现状分析

3.2.1 我国生活垃圾产生与处理现状

一个地区的生活垃圾产生水平与该地区的经济发展水平和城市化水平息息相关。图3-1展示了我国1979—2019年人均生活垃圾产生量和人均GDP的变化情况。从图中可以看出，我国人均生活垃圾产生量和人均GDP整体上均呈现出不断增长的趋势。这说明，自改革开放以来，随着人们生活水平和消费能力的提升，人们日常生活中产生的垃圾数量也在不断增多。目前世界上的中高收入国家人均生活垃圾产生量大约在600千克/年的水平，远超于中国目前的产生水平。可以预见，在未来一段时间内，我国城市生活垃圾产生水平仍将继续增长，城市生活垃圾处理系统将面临不小的挑战。

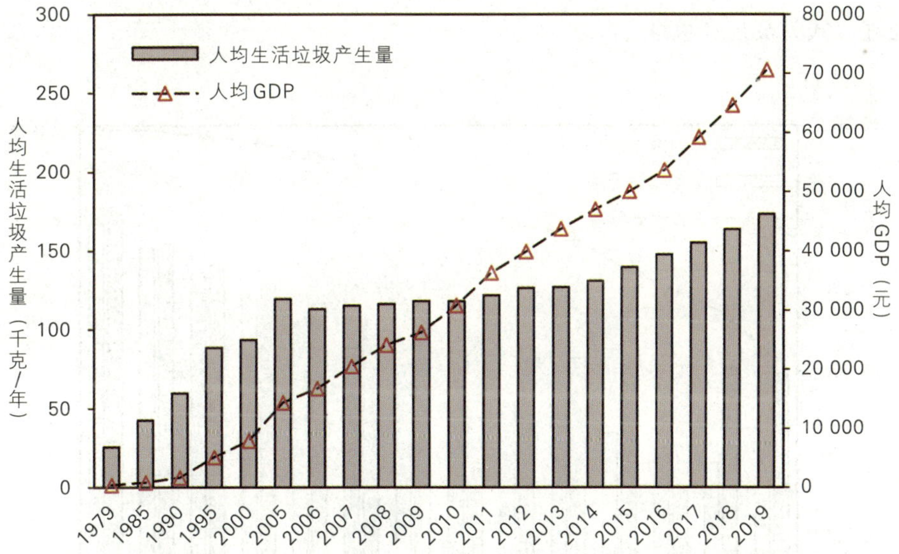

图3-1　1979—2019年我国人均生活垃圾产生量和人均GDP的变化情况

在组分特点和理化性质上，我国的生活垃圾区别于世界上大部分发达国家。从我国部分城市环卫系统收运到的生活垃圾情况来看，我国的城市生活垃圾普遍存在含水率高、热值偏低的特点，其中，厨余组分占比最高，各地样品均在50%以上；其次为纸张和橡塑制品，二者占比之和约为30%。较高的厨余组分直接导致了生活垃圾高含水、高有机质含量的特征，而较高的纸张和橡塑含量说明进入后端处理设施的垃圾中仍有一定量的可回收物没有得到资源化利用，这意味着我们需要使用更加细致有效的手段来应对垃圾管理中存在的问题。

面对日益严峻的垃圾产生形势，近年来我国的生活垃圾无害化处理水平也得到了快速的发展，垃圾收运体系日趋完善，后端处理设施的数量和处理能力也不断增强。

图3-2展示了我国2006—2019年城市生活垃圾产生和无害化处理情况。2019年，我国城市生活垃圾清运量达到2.42亿吨，相较于2006年的1.48亿吨提高了63.5%；全国生活垃圾无害化处理率由2006年的53.1%提升至了99.2%，已经基本实现了清运垃圾的全部无害化处理。而在处理方式上，我国目前城市生活垃圾的主要处理方式为焚烧和填埋。

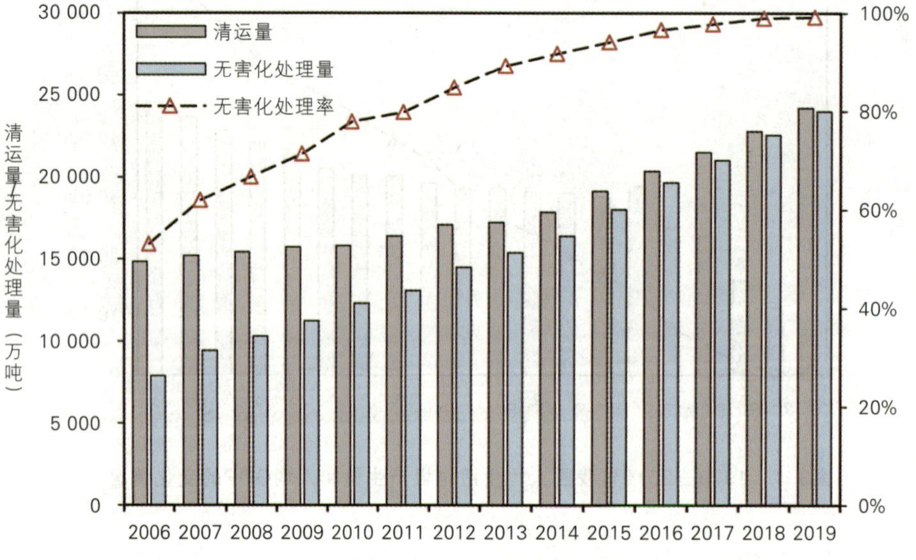

图3-2　2006—2019年我国生活垃圾产生和无害化处理情况

图3-3展示了我国2012—2021年城市生活垃圾处理方式的变化情况。

①焚烧处理方式在近年取得了较快速度的发展，处理能力大幅度提升。2019年，全国的焚烧处理方式的占比首次超过了50%；2021年，焚烧处理方式的占比已经达到72.55%。

②填埋处理方式一直是我国垃圾处理的主要手段之一，但近年来的占比持续下

降，2021年已经降低到20.97%。在当前大力发展生活垃圾焚烧的背景下，我国部分城市已经定下了原生生活垃圾“零填埋”的目标，未来生活垃圾焚烧处理技术必将得到更进一步的发展。

③随着垃圾分类工作的推进，包括厨余垃圾生物处理等在内的其他处理方式占比也逐渐上升，2021年占比首次超过5%，达到了6.49%。

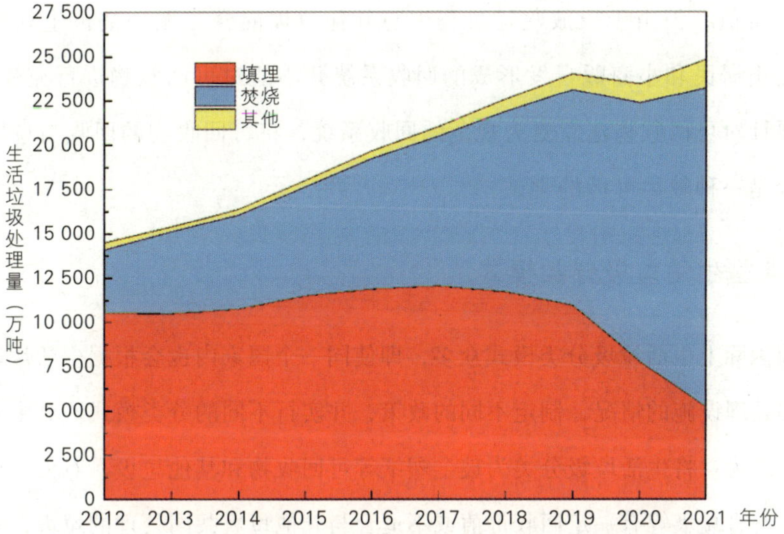

图3-3　2012—2021年我国城市生活垃圾处理方式的变化情况

目前，虽然我国城市生活垃圾已经基本实现了全量无害化处理，但各种处理方式仍然存在一定的问题：

①在填埋处理方面，填埋场的土地资源占用和恶臭问题导致了新场建设的困难，其产生的渗滤液如何高效地进行处置也是一个亟待攻克的难题。

②在生物处理方面，常用处理手段有好氧堆肥、厌氧消化、昆虫处理等，当前进入生物处理设施的垃圾数量和质量均不稳定，设施运行成本很高，而生物处理得到的产品，如肥料、沼气等，由于其价格无优势、品质不稳定，市场出路并不明朗。

③在焚烧处理方面，由于入炉垃圾含水量高且存在季节波动性，焚烧发电的效率仍有待提高，焚烧飞灰的安全处置和资源化利用也一直是固废研究领域的难题。

以上问题的产生，都与进入处理设施的垃圾组分不纯、品质不高有关。要解决这一问题，就必须实行垃圾分类，以确保各类别的垃圾都得到妥善的处理。

目前，进入后端处理设施的生活垃圾中仍然存在一定量的纸张、橡塑、玻璃等可回收物，其中，一部分由于回收价值较低，在前端并未得到分拣；另一部分尽管具有回收价值，但由于投放收运过程中与其他垃圾混合，无法被再生利用。这表明，目前由居民和小商贩自发形成的回收系统并不能对可回收物进行充分的回收，我们需要针对可回收物建立更为规范的回收系统，将可回收物的回收与垃圾分类系统相结合是一种较为可行的尝试。

3.2.2 典型生活垃圾分类模式

目前国际上生活垃圾分类模式众多，即使同一个国家内也会根据生活垃圾实际产生和末端处理设施的情况，制定不同的政策，并实行不同的分类模式。其中，最基本的分类模式为：将生活垃圾分类为玻金塑纸等可回收物和其他垃圾，对大件垃圾、电子垃圾、有害垃圾等有一定回收价值或不适合与其他垃圾共同处理的垃圾，实行单独收运处理。新加坡、日本大阪等地区基本遵循以上分类方式。在此分类模式的基础上，基于对其他垃圾的不同分类方式主要衍生出两种模式：一是以日本东京都等地区为代表的模式，将其他垃圾分为可燃垃圾和不可燃垃圾，以降低焚烧厂负担；二是以美国加利福尼亚州、德国等地为代表的模式，将其他垃圾分为有机垃圾（主要为庭院绿化垃圾等）和其他垃圾，以提升资源利用率、降低填埋场负担。通过研究在垃圾分类处理和资源化利用上成果较好地区的分类模式的历史发展和政策、法规等，本研究可为深圳市生活垃圾分类模式的设置和管理模式的优化提供参考。

1. 以可回收物、其他垃圾为基础的分类方式

新加坡是将生活垃圾分为可回收物、其他垃圾的典型城市之一。新加坡将经常产生的生活垃圾分为家庭垃圾（其他垃圾）、瓶罐类可回收物、塑料包装类可回收

物、纸箱纸板类可回收物、小型金属类可回收物5种，并对绿化垃圾一般每周一次单独收运；对大件垃圾、电子垃圾等，则由用户联系当地垃圾收集商自行解决或由厂商负责回收处理；对于餐厨垃圾、集中产生的食品垃圾（主要来自食品制造商等地），则进行统一收运处理。

新加坡很早就认识到其在固废管理方面面临的主要挑战是土地存量有限，所以其采取一系列措施，用来建立更加可持续的固废管理系统，尽可能减少固废处理对土地的需求。新加坡目前对生活垃圾的常规处理方式为：在生活垃圾产生源头，对上述各类垃圾进行分类和回收处理，剩下的垃圾送至焚烧厂进行焚烧发电处理；焚烧后的灰渣和不能焚化的垃圾，通过大士（Tuas）海洋转运站运到实马高岛垃圾填埋场进行填埋处理，最大限度实现末端填埋减量化。此外，与深圳市将生活源有害废物分出不同，新加坡通过设定“电子设备中有害物质的限制”，对荧光灯管和氧化汞、锌碳、碱性电池中的汞含量进行限制，使其可以卫生、安全地与其他垃圾一起焚烧，铅酸蓄电池则被列为工业有害废物，因此，居民不需要对生活源有害废物进行分类投放。除通过分类回收和焚烧处理实现减量化外，新加坡还通过减少源头产生的方式实现减量化。新加坡通过实施“自愿包装协议”，要求该协定中的商家自发制定可以减少包装数量的标准。截至2016年，该协定已减少了32 000吨包装垃圾。总而言之，在应对生活垃圾的分类处理上，新加坡主要在于推进对可回收物的回收处理，并不对厨余垃圾单独分类，所以对居民的生活垃圾分类意识培养，主要集中在对可回收物的分类辨别与投放上。

2. 以可燃垃圾、不可燃垃圾、可回收物为基础的分类方式

日本很早就将焚烧作为主要的生活垃圾处理方式，并逐渐推进基于焚烧的垃圾分类模式。在第二次世界大战结束前，由于填埋能力不足，日本的垃圾处理基本完成了由以填埋为主转向以焚烧为主的末端处理方式。与新加坡不同，日本各区市町村均根据实际产生情况制定不同的垃圾分类政策，如大阪与新加坡的分类方式类似，东京都则不同。

日本东京都在都内将生活垃圾分为可燃垃圾、不可燃垃圾、大件垃圾、有害垃

圾、资源类垃圾（可回收物）五大类，各市町村根据实际情况进一步细化，属于典型的焚烧处理导向型的分类模式。其中，东京都的资源类垃圾被分为纸类、纺织类、金属类、玻璃类和塑料类，这些类别会被继续细分，如纸类垃圾被细分为纸包、报纸、杂志、纸板和其他，金属类垃圾被细分为混合金属瓶、钢罐、铝罐和其他金属类，玻璃类垃圾被细分为混合收集、按颜色收集等。东京都内各市町村会依照各自产生情况等在上述分类基础上，对分类模式进行细微调整，如不回收纸包或添加其他回收类别，如修剪过的枝叶、小型家电等。此外，东京都对有害垃圾单独分类，并且通常会将其细分为荧光灯管、干电池、喷雾罐、盒式磁带、水银温度计、打火机和其他。

东京都对于各类垃圾的回收通常按照垃圾种类单独收集，各地区对不同的垃圾都设有各自的回收频次和回收时间。以八王子市为例，该市垃圾分类收集委托给东京多摩广域资源循环组合负责，其对可燃垃圾、不可燃垃圾均采用各户收集方式，并指定相应的垃圾袋，其中可燃垃圾每周两次，不可燃垃圾每月两次；对大件垃圾的收运，需要居民申请并粘贴大件垃圾处理券；对有害垃圾，则分别收集，需要使用透明或半透明塑料袋盛装；对资源垃圾，采取每月两次的回收频率，并且对玻璃、金属瓶混合收集，不收集聚苯乙烯泡沫塑料托盘。对于垃圾收费方式，可燃或不可燃垃圾的收费方式通常为对超出免费范围的部分按重量收费和对可燃、不可燃垃圾随袋收费（按体积收费）两种，通常还会收取运输费用；对大件垃圾的收费方式包括按照品类收处理费和按重量收运输费两种；对资源类垃圾不收费。如八王子市对可燃、不可燃垃圾采用随袋收费的方式，价格为9日元/5升~75日元/40升，运输费用为35日元/千克；对大件垃圾，则按点数收费（1点100日元，点数与大件垃圾种类有关），运输费用为35日元/千克。

在处理方式上，可燃垃圾通常直接进入焚烧厂处理，焚烧产生的灰渣资源化或直接填埋处理；不可燃和大件垃圾进入大件垃圾处理设施进行分拣、拆解处理等，资源类垃圾进入相应资源垃圾处理设施，有害垃圾进入其他处理设施。日本东京都2017年整体回收利用率达27.2%，减量化达92.26%。

3. 以可回收物、有机垃圾、其他垃圾为基础的分类方式

与新加坡、日本因土地稀缺而将减量化和资源化作为垃圾处理的重点不同，德国将环境保护作为垃圾处理的重点，辅以对生态、技术、经济和社会方面影响的考虑，强调尽量减少废物的产生，最大限度地回收利用和安全无害地处理其他垃圾。德国统一的国家废弃物处置法《废弃物管理法》规定，从2015年开始，必须单独收集纸张、玻璃、塑料和家庭有机废物，这也是目前德国普遍的垃圾分类方式。2018年，德国城市生活垃圾人均产量为1.25千克/（人·天），单独收集可回收物0.40千克/（人·天）、有机垃圾0.33千克/（人·天）。

就生活垃圾收运处理方式而言，德国虽然采用填埋、焚烧并行的处理方式，但并不允许生活垃圾直接进入填埋场，而是需要经过热处理（焚烧）或机械生物处理。其中，机械生物处理会通过干燥、检测、分类等方式将不可回收且不可燃物质送入填埋场，对可回收物进行分拣回收，可燃物进入电厂或水泥生产中，所以德国全部固体废物减量化通常可以达到86%以上。

在生活垃圾尤其是包装垃圾回收利用方面，德国有着成功的生产者责任延伸制的应用——绿点公司。在德国，包装的生产商、运输商、代理商和销售批发商等向绿点公司支付相应的许可费，以获得在其产品上标注“绿点”标志的权利；绿点公司利用这些许可费，负责对相关企业的包装垃圾进行收集和循环利用。企业为减少“绿点”许可费，会尽可能改善和优化其产品包装，从源头上减少包装废弃物的产生。

3.2.3　我国垃圾分类的历史探索

我国早在20世纪末就开始了垃圾分类的探索。1995年出台的《固体废物污染环境防治法》就已经提出城市生活垃圾要逐步进行分类收集和运输。2000年6月，原建设部确定了北京、上海、南京、杭州、桂林、广州、深圳、厦门8个城市为城市生活垃圾分类收集试点城市，目标是首先对废纸和废塑料实行分类与回收。政策出台后，各试点城市陆续制定了本市的垃圾分类标准，颁布了相关政策、法规，组

建了监督管理机构，开始了对垃圾分类的探索。与此同时，作为中央主管部门的原建设部相继出台了《城市生活垃圾分类及其评价标准》《城市生活垃圾管理办法》等政策文件，对于垃圾分类的评价标准、管理流程、实施规划等进行了规定。

然而，经过十余年的探索，试点城市的垃圾分类效果并未达到预期。在8个城市中，仅有北京和上海在分类设施建设和公众意识提升方面取得了一定的成果，实际分类效果均不尽如人意。到2008年，大部分试点城市的生活垃圾分类率仍然低于15%，试点工作趋于停滞，分类政策并未起到规范居民分类投放行为、降低生活垃圾产生水平的作用。分析这一阶段垃圾分类推进困难的原因，主要有以下几点：

① 宣传工作的深度不够，对垃圾分类的意义和价值解释程度不够。

② 垃圾分类的规定对居民的约束力不强。这一阶段出台的法规、政策多以倡导性为主，各城市并未采取强制性措施，居民参与分类的自主意识不强。

③ 试点城市的分类运输、分类处理设施建设尚未完全，混装混运现象普遍存在，在一定程度上影响了居民的分类积极性。

3.2.4　全国生活垃圾分类的开展现状

1. 近年来出台的指导生活垃圾分类的政策和法规

2016年12月，习近平总书记在中央财经领导小组第十四次会议上提出，要“普遍推行垃圾分类制度”，加强生活垃圾分类的全链条系统建设，“形成以法治为基础、政府推动、全民参与、城乡统筹、因地制宜的垃圾分类制度”。生活垃圾分类工作再次被提上日程，在全社会引发了广泛的关注。

2017年3月，国家发改委、住建部发布了《生活垃圾分类制度实施方案》，确定在全国46个重点城市的城区范围内试点生活垃圾强制分类，目标是到2020年基本建立起生活垃圾分类相关的法律法规和标准体系，形成一套“可复制、可推广的生活垃圾分类模式”，试点城市覆盖直辖市、省会城市和确定的示范城市，规划出了我国未来推进生活垃圾强制性分类的路线。

2019年，习近平总书记在指导垃圾分类工作时再次强调，推行垃圾分类关键是要“加强科学管理、形成长效机制、推动习惯养成”。这一系列政策都着重强调体系建设，为垃圾分类的工作重点指明了方向。

2020年4月，修订后的《固体废物污染环境防治法》通过，要求坚持“政府推动、全民参与、城乡统筹、因地制宜、简便易行”的原则推行生活垃圾分类制度，规定了垃圾产生者应当履行生活垃圾源头减量和分类投放义务，地方政府要建立生活垃圾处理收费制度。

2020年8月，《城镇生活垃圾分类和处理设施补短板强弱项实施方案》出台，对46个试点城市提出了更进一步的要求，即到2023年全面建成生活垃圾分类收集和分类运输体系，基本实现原生生活垃圾“零填埋”，同时要完善对居民的收费机制，加大征收力度。该方案规划出了未来一段时间内我国垃圾分类的发展方向，即从推广模式的探索转向体系的建设。

同年9月，中央深改委第十五次会议通过了《关于进一步推进生活垃圾分类工作的若干意见》，强调了推进垃圾分类要从“落实城市主体责任、推动群众习惯养成、加快分类设施建设、完善配套支持政策”方面入手，规定了政府、群众的多元主体责任。

2021年3月，《中华人民共和国国民经济和社会发展第十四个五年规划和2035年远景目标纲要》正式发布，再次提到要建成全链条的生活垃圾分类处理系统，垃圾分类在未来一段时间内仍是我国着力推进的工作。

截至2020年年底，46个试点城市，除广元市和石家庄市外，其他城市都出台了垃圾分类相关的地方性法规或地方政府规章，并开始施行，试点城市的第一阶段目标已经基本达成。从法规条文的角度看，各地在制定政策时均考虑到了垃圾分类投放、收集、运输、处理的各个环节，对相关责任人和惩罚措施也进行了明确的划分，建立起了较为完整的政策框架。但目前配套的相关专项政策尚待出台，部分城市的分类标准存在混淆的可能，仍需在实践中不断丰富完善。

从实施效果来看，各地垃圾分类新规的相继实施在社交媒体上掀起了多次讨论热潮，“垃圾分类”一词甚至成为2019年度中国媒体的十大热词之一，热度之高可见一斑。推行一段时间以后，各地政府通过强有力的宣传、桶前值守等监督措施，迅速使垃圾分类意识在居民中得到了普及，源头分类初见成效，但也仍然存在一些问题。以上海市为例，政府大力加强基础设施建设，提升基层执法力度，但当强制力减弱时，民众的分类积极性又出现了回落。这说明当前的措施在长效性方面仍有待提高。此外，调动了大量人力的推广模式需要政府投入大量的财力，持续性较弱，要建立起一套完善的垃圾分类管理体系仍然需要进一步探索和实践。

2. 国内各城市的垃圾分类开展情况

（1）北京市

北京市作为全国垃圾分类的首批试点城市之一，早在2011年就出台了《北京市生活垃圾管理条例》，是我国首个颁布垃圾分类地方性法规的城市。这一版条例对于垃圾分类的制度建设已经较为完善，成为其他城市出台地方性法律法规的重要参考。尽管北京市关于垃圾分类的制度建设较为完善，但大多只是原则性的规定，分类的实际效果并未达到预期。在2019年上半年研究团队对北京市大兴区、通州区城市管理部门走访后发现，基层在推进垃圾分类工作时仍然存在较多困难，主要表现为：

①垃圾分类投入费用较高，政府难以承担全部管理成本；

②试点区推行一段时间后居民积极性显著降低，宣传效果不佳；

③“两网融合”推行效果不佳，再生资源去向不明。

自2018年起，北京市生活垃圾无害化处理率达到100%，分类处理设施的建设也逐渐完善。全市共有后端处理设施44项，总设计处理能力为32 711吨/天，其中，焚烧占比为51%，生化处理占比为25%，结构非常合理。这意味着北京市已经具备了更好开展垃圾分类工作的基础设施。2019年11月，修改后的《北京市生活垃圾管理条例》通过，并于2020年5月1日正式实施。新版条例在旧版条例的基础上强化了对不按规定分类的单位和个人的处罚措施，加强了对垃圾源头减量的规定，对原有的监督制度也进行了完善。

新版条例实施一段时间后，北京市城管委的统计数据显示，全市的厨余垃圾分出量达到3 700吨/天，分出率约为17%，较条例实施前大幅增长，“不合格不收运”的倒逼机制初见成效。目前，北京市整体生活垃圾回收利用率约为33%，已基本达到了中央政府设立的35%的目标。不过，新版条例的长期效果还有待检验。从目前采取的措施来看，与10年前的探索相比，法治建设、基础设施建设、监督体制等方面都有所加强，但仍未制定出有效的收费制度，责任体系的划分也不够明朗，部分社区存在人力、物力不足的问题，还有较大的改进空间。

（2）上海市

上海市作为一个经济发达、人口密集的大城市，在垃圾分类的第一阶段试点期间就取得了一定的成果，其创新性地推出“绿色账户制度”，建立起积分奖励的网络平台，有效激发了市民参与垃圾分类的热情，到2015年覆盖率已经超过90%。但由于基础设施建设的滞后和后续推进工作的乏力，居民的参与积极性逐渐回落，到2017年，绿色账户的活跃率已不足10%。基层在深入推广垃圾分类时的资金压力也很大，垃圾分类并未实现在全市范围的普及。近年来，随着外卖、快递等新兴行业的兴起，上海市的生活垃圾增速不断加快，垃圾处理和再生资源回收行业都面临着巨大的挑战。考虑到上海市设立的原生生活垃圾零填埋目标，城市生活垃圾管理需要得到进一步加强。

2019年7月1日，《上海市生活垃圾管理条例》正式实施，在全国范围内引发了广泛的讨论。作为46个试点城市中较早开始施行强制分类的城市，上海市以严格的奖惩措施和完善的监管体系在短时间内让垃圾分类在居民间得到了迅速普及。根据2020年6月的统计结果，条例实施1年以来，上海市有害垃圾、可回收物、湿垃圾的清运量分别同比增长了1 120%、71.09%、38.52%，而干垃圾的清运量同比减少19.75%，分类成果十分显著。但是，随着垃圾分类工作的深入，上海市当前的推广模式暴露出了管理成本较高、居民积极性和自觉性逐渐下降的问题。垃圾分类的经济成本及可持续性是各地在深入推进垃圾分类时都需要解决的问题。

上海市还对分类后生活垃圾处理的全流程成本进行了计算，结果表明，在现有分类体系下，上海市的前端垃圾分类成本为390元/吨，垃圾收运过程的成本为

290元/吨，末端处理环节成本平均为305元/吨，其中，焚烧处理成本为300元/吨，生物处理成本为380元/吨，全流程的平均成本为985元/吨。2019年，上海市生活垃圾清运量约为750万吨，按照现阶段的投入水平，政府1年用于生活垃圾分类管理的费用高达73.9亿元。若单纯以政府财政负担，垃圾分类的长期推广存在困难。

（3）深圳市

深圳市同样是2000年原建设部规定的8个试点城市之一，但与北京市相比，其在第一阶段探索中的效果并不理想。2012年，深圳市再次启动垃圾分类的探索工作，主要以垃圾减量为目标。在这一阶段的工作中，深圳市加强对垃圾分类的宣传和试点单位的建设，实现了生活垃圾的全量无害化处理，这为后续垃圾分类的进一步推广奠定了基础。

2020年9月，《深圳市生活垃圾分类管理条例》正式实施，开启了独具特色的“大分流、细分类”垃圾分类模式的探索，在“可回收物、厨余垃圾、有害垃圾、其他垃圾”四分类的基础上，对集中产生的餐厨垃圾、绿化垃圾和果蔬垃圾实行大分流收运，对家庭源的可回收物、厨余垃圾、有害垃圾、废旧家具、年花年橘和废旧织物进行细分类收运。《深圳市生活垃圾分类管理条例》实施3个月后，深圳市生活垃圾中的低值可回收物、有害垃圾、厨余垃圾等垃圾种类的回收量都得到了不同幅度的提升，生活垃圾回收利用率达到41%。

深圳市是全国较早开始探索生活垃圾按量收费的城市。早在2006年，深圳市就出台了《深圳市城市生活垃圾处理费征收和使用管理办法》，对居民生活垃圾采用排污水量折算系数法进行按量计费。2020年，深圳市进一步推进生活垃圾按量计费工作的开展，并开始了试点区域的顶层设计工作，对居民区产生的其他垃圾采用随袋征收的模式。这是生活垃圾处理按量收费制度在我国的更进一步探索。

（4）宁波市

宁波市自2013年起就与世界银行开展合作，在全市范围内开始垃圾分类的探索，并且出台了《宁波市生活垃圾分类处理与循环利用工作实施方案五年行动计划》。2017年，宁波市被原住建部确定为46个垃圾分类试点城市之一。在2019年的考核中，宁波市取得的成果在试点城市中排名前列，已经实现了全市城市生活垃圾无害化处理率100%，垃圾分类基本全覆盖，生活垃圾的资源化利用水平达到近40%。

宁波市在开展垃圾分类的过程中非常注重全链条的分类管理。在立法方面，宁波市在2019年出台了《宁波市生活垃圾分类管理条例》，随后出台了18项配套政策，对投放、收集、设施维护等进行了全面系统的规定。在基础设施建设方面，宁波市现建有焚烧厂5个、填埋场3个、厨余厂6个，此外还有250余项厨余垃圾分散式就地处理设施，能有效实现城市生活垃圾的分类处置。宁波市还对全市的生活垃圾投放点、垃圾转运站进行了全面改造。在分类管理方面，宁波市对居民日常产生的厨余垃圾和其他垃圾实行“定时定点定线”分类收运模式，有效促进了居民的源头分类行为，对大件垃圾和园林垃圾的收运模式和资源化利用也进行了探索。

在可回收物方面，宁波市的做法非常值得学习和借鉴。宁波市政府与当地的再生资源回收利用企业联合，推出了智能回收平台“搭把手”，对可回收物开展“全品类，全天候”回收服务，计划3年内在全市范围内覆盖。居民将可回收物投入回收箱后能获得相应的报酬，企业将对可回收物进行后续的分拣、运输、再生工作。这一平台对传统回收行业从业者进行择优收编，实现体系化管理，改变由个体回收者主导的回收行业“散、乱、差”的现象，建成了由政府推动的系统化再生资源回收体系，提高了居民源头分类的积极性，充分调动了企业的积极性，实现了再生资源的更高效回收利用。不过，这一平台目前仍需要政府的财政补助来帮助企业实现盈利，居民的分类积极性更多由利益驱动，是否具备长效性还有待时间的验证。

从以上4个城市近年来的垃圾分类探索过程中可以看出，我国城市在推进垃圾分类工作时，遵循立法先行的原则，同时以宣传教育和行政手段改变居民的投放行为；但从实施一段时间后的结果来看，普遍存在居民的积极性易回落、分类持续性较差的问题，仍需要探索能够实现垃圾分类体系长效运转的有效手段。

3.3 深圳市生活垃圾投放、收运、处理各环节LCA分析

3.3.1 深圳市生活垃圾收运处理量现状及预测

深圳市现行垃圾分类体系主要由两大部分构成，分别为：

第一，再生资源系统，是指流入市场的可回收物的收运处理体系，基于废品回收站等市场化运营方式进行收集处理，主要为高价值的可回收物，可回收金属、塑料、纸类和少部分玻璃，主要由深圳市商务部门负责日常监督和数据统计。

第二，环卫系统，包括分流分类系统和其他垃圾收运处理体系。前者指深圳市分流分类系统中的各类垃圾的收运处理体系，包括大部分可回收玻璃、极少部分的可回收金属塑料纸类、全部可回收纺织、大件垃圾、绿化垃圾、果蔬垃圾、餐厨垃圾、厨余垃圾、有害垃圾。由于这些垃圾回收处理的盈利不高或无盈利，所以通过政府购买服务或特许经营发放补贴等方式对上述各类垃圾进行回收处理，主要由城管局下垃圾分类管理事务中心负责日常监督和数据统计。后者为深圳市的“其他垃圾”的收运处理体系，即通过直运（极少部分）或中转站转运的方式将其他垃圾送至焚烧发电厂或卫生填埋场，主要由深圳市城管局负责日常监督和数据统计。

1. 再生资源系统的收运量现状及预测

再生资源系统回收过程通常为拾荒人员/清洁工/相关工作人员→回收站→资源再生利用企业，回收行为常受市场调控，其中回收量常为生活源可回收物和工业源可回收物混合收运量，所以目前尚无生活源可回收物单独统计量。相关主管部门曾

分别于2017年和2020年委托深圳腾创环保技术有限公司和节能与资源综合利用专家联合会调查深圳市生活源再生资源回收现状。

深圳腾创环保技术有限公司通过主管部门、街道数据、回收网点等多种方式，推算2018年生活源再生资源约为5 370吨/天，年均增长率约为5.16%。

深圳市节能与资源综合利用专家联合会通过对深圳市100余家生活源再生资源回收站点的回收量进行统计，以分层抽样估计的方式估算出深圳市2020年8月生活源再生资源回收量为22.7万吨，其中，废纸回收量为11.3万吨，废塑料、橡胶回收量为3.06万吨，废金属回收量为8.07万吨，废弃电子产品回收量为0.14万吨，废玻璃回收量为0.12万吨。由于深圳市属于移民城市，流动人口多，特别是每年1—3月生活垃圾产量大幅降低，所以城管局清运数据显示，每年8月生活垃圾日均产量约为全年日均产量的1.1倍，由此估算出深圳市再生资源系统回收量约为玻璃35.2吨/天、金属2 369.7吨/天、橡塑898.5吨/天、纸类3 318.1吨/天，合计约为6 621.5吨/天。

考虑到年均增长量，两份报告对再生资源系统生活源回收量的估算结果相差不大，所以可认为2020年深圳市再生资源系统生活源回收量合计约为6 621.5吨/天，年均增长率为5.16%，再生资源系统清运量的计算公式为：

$$M_x = 6\,621.5 \times (1 + 5.16\%)^{x-2020} \tag{3-1}$$

式中：M_x表示第x年深圳市两个系统生活垃圾日清运量，单位为吨/天；x表示预测年份，单位为年。

2. 环卫系统的收运量现状及预测

深圳市由城管局负责的生活垃圾环卫系统主要包括两部分：分流分类系统和其他垃圾收运处理体系。

（1）分流分类系统

深圳市近些年逐步开展分流分类系统构建，其各类垃圾收运量数据相对更加准确。本研究收集了2017年至2020年10月深圳市分流分类系统垃圾收运量（见表3-1）。

表3-1　2017年至2020年10月深圳市分流分类系统垃圾收运量　单位：吨/天

时间	玻金塑纸垃圾	有害垃圾	餐厨垃圾	厨余垃圾	大件垃圾	果蔬垃圾	绿化垃圾	纺织垃圾	合计
2017	29.9	0.48	1 100	0.0	529	106	221	9.6	1 995
2018	26.9	0.47	800	18.6	610	227	570	10.3	2 263
2019	77.9	0.58	1 264	81.2	751	290	575	13.0	3 053
2020.1—2020.8	90.5	0.43	976	298.0	394	800	551	14.5	3 124
2020.9	157.9	0.55	1 469	831.2	459	1 023	652	16.2	4 609
2020.10	255.2	0.42	1 678	1 560.4	991	721	746	18.4	5 970

从表3-1中可以看出，各垃圾类别收运量变化有一定差别，但基本在后期收运量迅速增长。这是由于分流分类系统在构建初期会存在快速增长阶段。根据深圳市城管局2018年和2020年分类收集数据，分流分类系统中可回收物以玻璃和纸类为主，目前玻金塑纸比例分别近似为42.7%、13.5%、9.6%、34.1%。此外，深圳市自2020年9月开始实施《深圳市生活垃圾分类管理条例》，开启垃圾强制分类时代，所以在2020年9月、10月，厨余垃圾突然增加，但后续增长可能不会如此迅速，甚至在监督不到位后有可能存在收运量下降的情况，所以在后几年的数据增长表现上，与生活垃圾清运量和再生资源系统不同，无法用相对稳定的年均增长率衡量，而且实际分类投放增长中受到目前的其他垃圾的资源化潜力限制。以2020年为例，基于对2020年其他垃圾组分的推断，目前生活垃圾的资源化潜力为厨余垃圾8 134.81吨/天、玻璃垃圾522.19吨/天、金属垃圾241.14吨/天、橡塑垃圾769.99吨/天、纸类垃圾992.47吨/天、纺织垃圾295.47吨/天、有害垃圾115.44吨/天；但其中大部分可回收物品质不高、难以辨认或被食品污染，如玻璃中未清洗的调料瓶、金属中小件的指甲刀等、有害垃圾中的药品包装袋等占据了这些可挖掘潜力的大部分，使可回收物的回收利用率不可能达到100%。

（2）其他垃圾收运处理体系

通过深圳市城管局的公开数据，可以得到深圳市十多年的生活垃圾清运量，包括填埋、焚烧和集中收集处理的餐厨垃圾，结合分流分类系统收运数据，可得到环卫系统生活垃圾清运量及人均产量（如图3-4所示）。2018年及以前，其他垃圾主要进行填埋处理；自2019年后，3个焚烧厂投产使用，深圳市逐渐进入“全量焚烧”时代，填埋比例从2017年的59.0%迅速降至5.3%。随着分流分类系统的逐渐推进，2020年10月，其他垃圾清运量比2019年下降了12.2%，实现了末端处理减量化。

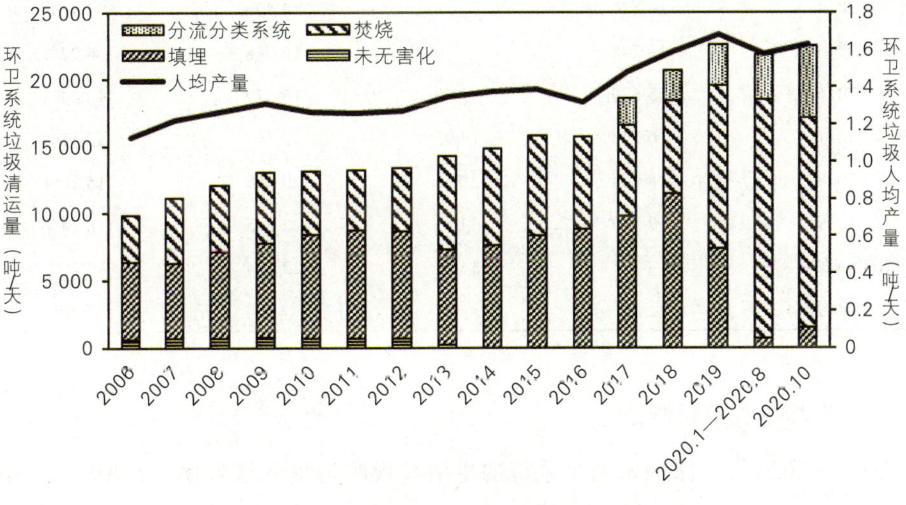

图3-4　环卫系统生活垃圾清运量及人均产量

由于分流分类系统和环卫/中转站系统处理对象均为盈利较少或无盈利能力的生活垃圾，图册在未搭建分流分类系统前，该部分垃圾应被并入环卫/中转站系统中共同处理，所以两者之和可使用常用的增长量预测方法进行预测，如通过年均增长率进行推算，也可以通过地区生产总值、常住人口数、社会消费品零售总额等进行回归分析。此外，由于分流分类系统通常对厨余垃圾过量收集，使部分厨余垃圾即使在前期进入分流分类系统，在后端由于餐厨处理厂处理能力不足，仍会进入焚烧厂或填埋场处理，所以这两个系统在厨余部分存在重合现象，在合计时去除了重合部分。深圳市10年间的环卫/中转站系统清运量、分流分类系统增长量及两者合计的年增长率参见表3-2。

表3-2 深圳市生活垃圾清运量

时间	环卫/中转站系统	分流分类系统	总计	年增长率
2010	12 421	0	12 421	1.01%
2011	12 541	0	12 541	0.96%
2012	12 767	0	12 767	1.80%
2013	14 058	0	14 058	10.12%
2014	14 826	0	14 826	5.46%
2015	15 748	0	15 748	6.22%
2016	15 679	0	15 679	-0.44%
2017	16 548	1 995	17 743	13.17%
2018	18 404	2 263	20 458	15.30%
2019	19 519	3 053	22 245	8.74%
2020（估算）	18 375	3 959	22 334	0.40%
平均				5.70%

（1）年均增长率预测法

2010—2020年，深圳市两个系统的生活垃圾收运量的增长率为5.70%。以估算得到的2020年生活垃圾清运量作为基准值，将5.70%作为增长率，可预测未来深圳市两个系统的生活垃圾清运量之和为：

$$M_x = 22\,334 \times (1 + 5.70\%)^{x-2020} \tag{3-2}$$

式中：M_x表示第x年深圳市两个系统生活垃圾日清运量，单位为吨/天；x表示预测年份，单位为年。

（2）线性回归法

与生活垃圾产生量有关的数据多为人口、经济、消费指标，所以对X1——年份、X2——年末常住人口数（万人）、X3——地区生产总值（亿元）、X4——人均地区生产总值（元/人）、X5——社会消费品零售总额（亿元）、X6——居民可支配收入（元/（人·年））、X7——居民年均消费性支出（元/（人·年））与Y——两个系统生活垃圾日清运量（吨/天）进行相关性分析，其相关系数见表3-3。

表3-3　　生活垃圾清运量预测相关系数表

	X1	X2	X3	X4	X5	X6	X7	Y
X1	1.000							
X2	0.977	1.000						
X3	0.992	0.982	1.000					
X4	0.994	0.959	0.992	1.000				
X5	0.996	0.977	0.998	0.995	1.000			
X6	0.987	0.978	0.987	0.978	0.990	1.000		
X7	0.990	0.987	0.997	0.985	0.993	0.987	1.000	
Y	0.954	0.979	0.969	0.937	0.965	0.962	0.968	1.000

从表中可发现，上述代表人口、经济的社会数据之间的相关性极强，导致自变量共线性情况严重，即由这样的自变量因素计算得到的多元回归分析式子的拟合效果好，但是各个自变量t检验的p值远高于0.05，证明自变量与因变量的相关关系不显著，所以通过人口、经济等多指标估算生活垃圾清运量不适用于多元线性回归分析。由此，本研究使用单一变量的线性回归分析，根据相关系数，选择X2——年末常住人口数作为自变量进行回归分析，通过社会消费品零售总额预测深圳市生活垃圾产生量为：

$$M_x = 14.46 \times X - 4\,017 \tag{3-3}$$

式中：X表示年末常住人口数，单位为万人；M_x表示两个系统生活垃圾日清运量，单位为吨/天；14.46和4 017为拟合常数。

年末常住人口数可按照年均增长率进行计算，基于深圳市2010—2020年的年末常住人口数，可知深圳市2010—2020年人口增长率为5.46%，2020年深圳市年末常住人口数为1 763.38万人，则生活垃圾日清运量预测为：

$$M_x = 14.46 \times 1\,763.38 \times (1 + 5.46\%)^{x-2020} - 4\,017 \tag{3-4}$$

式中：x表示预测年份，单位为年；M_x表示两个系统的生活垃圾日清运量，单位为吨/天；14.46和4 017为拟合常数。

此外，与Y相关性较强且有数据支持的是地区生产总值。深圳市提出，到2035年，城市综合经济竞争力世界领先，经济总量、人均地区生产总值在2020年的基础上翻一番，即15年间深圳市地区生产总值年均增长率为4.73%，2020年，深圳市地区生产总值为27 759亿元，所以根据地区生产总值预测深圳市两个系统的生活垃圾日清运量为：

$$M_x = 0.589 \times 27\,759 \times (1 + 4.73\%)^{x-2020} + 5\,195 \tag{3-5}$$

式中：x表示预测年份，单位为年；M_x表示两个系统生活垃圾日清运量，单位为吨/天；0.589和5 195为拟合常数。

此外，也可以通过生活垃圾人均产生率和人口增长量预测生活垃圾产生量，但由于相关系数矩阵显示人均增长率与其余各项指标相关性均不强，所以不适用此方法进行预测。上述3种预测方法的预测结果如图3-5所示。观察图中数据的拟合效果，发现线性回归-人口的预测方式拟合效果更好，所以本研究将采用这个方法对生活垃圾清运量进行预测。

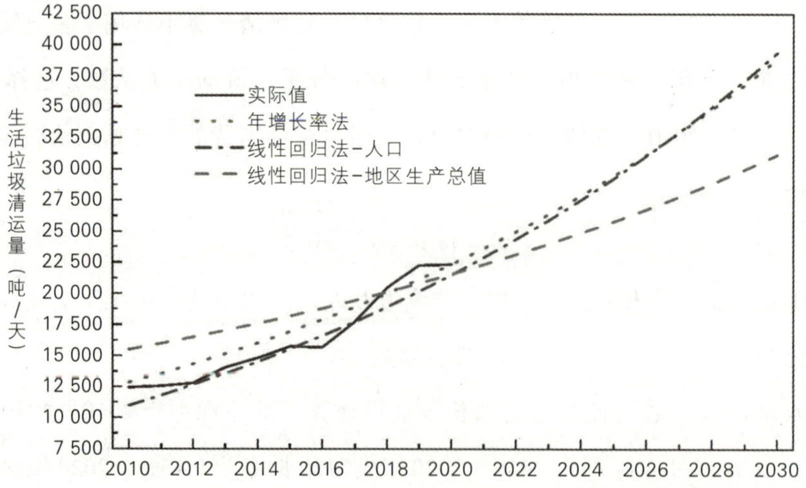

图3-5 深圳市环卫/中转站系统和分流分类系统生活垃圾清运量预测

3.3.2 各分类模式的LCA评价结果分析

1. 历史模式

（1）物质流分析

2017年深圳市生活垃圾分类收运处理的物质流如图3-6所示。从图中可以看出，2017年深圳市仍处在以卫生填埋为主的处理方式，厌氧处理能力仅达到407吨/天，分流分类系统中除大件垃圾处理系统相对完善外，其他基本处于初建设状态。

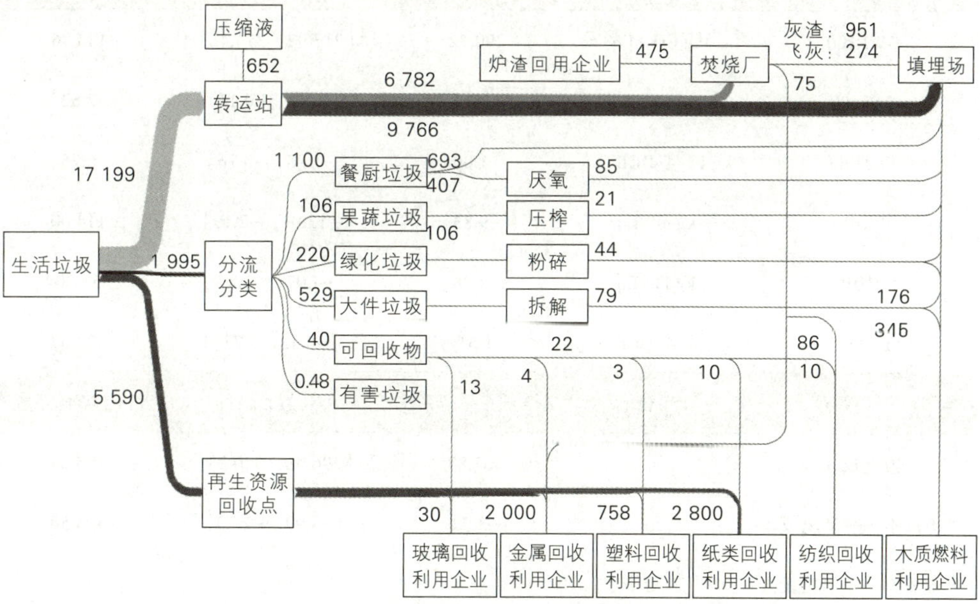

图3-6 2017年深圳市生活垃圾物质流（单位：吨）

（2）LCA分析

根据图3-6，对历史模式进行LCA环境影响和经济效益分析，并根据Ecoinvent 3.6数据库的数据质量表，确定本研究中各项数据的不确定性，对历史模式使用蒙特卡洛分析，经过10 000次迭代，不包含再生资源系统的历史模式在95%置信区间的环境影响和经济效益。历史模式的环境影响及经济效益和95%置信区间参见表3-4，其中置信区间显示基本各项的偏差范围在±30%左右，但HTPinf的偏差范围超过了±100%。此外，从表中可知，再生资源系统对该模式的环境影响和经济效益影响都很大，仅再生资源系统的各项数据就基本超过了不含此系统的结果。因此，为了展示由城管局及政府调控下的生活垃圾分类模式的情况，后续分析如不提及，则默认不包含再生资源系统。

表3-4　　历史模式环境影响及经济效益评价（每吨生活垃圾）

环境影响	单位	不含再生资源系统	95%置信区间	含再生资源系统
GWP100	kg CO_2-Eq	290.72	[217.92，376.42]	-133.96
TAP100	kg SO_2-Eq	-0.14	[-0.18，-0.11]	-2.62
FETPinf	kg 1，4-DCB-Eq	-1.00	[-1.28，-0.76]	-6.76
FDP	kg oil-Eq	-9.83	[-13.01，-7.19]	-114.00
MDP	kg Fe-Eq	-2.88	[-4.07，-1.87]	-51.00
HTPinf	kg 1，4-DCB-Eq	1.61	[-0.42，3.77]	-233.52
经济效益	**单位**	**不含再生资源系统**	**95%置信区间**	**含再生资源系统**
内部成本	元	407.82	[296.98，540.23]	-195.34
外部成本——环境成本	元	-3.02	[-3.99，-2.20]	-304.50
外部成本——居民投入	元	—	—	—
外部成本——土地占用成本	元	3 893.17	[2 851.25，5 132.59]	3 893.17

对历史模式的各环节的环境影响和经济效益占比进行分析，其结果如图3-7所示，其中各环节不包括再生资源系统。从表3-4和图3-7中可知，在不考虑再生资源系统时，历史模式的环境影响仅有GWP100和HTPinf为正影响，即环境损害，其

他指标由于资源能源的回收，均被补偿为负影响。从图中可以看出，各处理环节对各指标的影响不一：在历史模式下，生活垃圾填埋主要贡献了该模式的GWP100、HTPinf和土地占用成本；焚烧则主要贡献了GWP100、TAP100、HTPinf和环境成本；绿化/大件垃圾燃料化则对TAP100、FETPinf、MDP均有较大好处；投放与中转环节，虽然对于各项环境指标影响不大，却占据了内部成本的主要部分，是生活垃圾处理系统运行的主要开支。

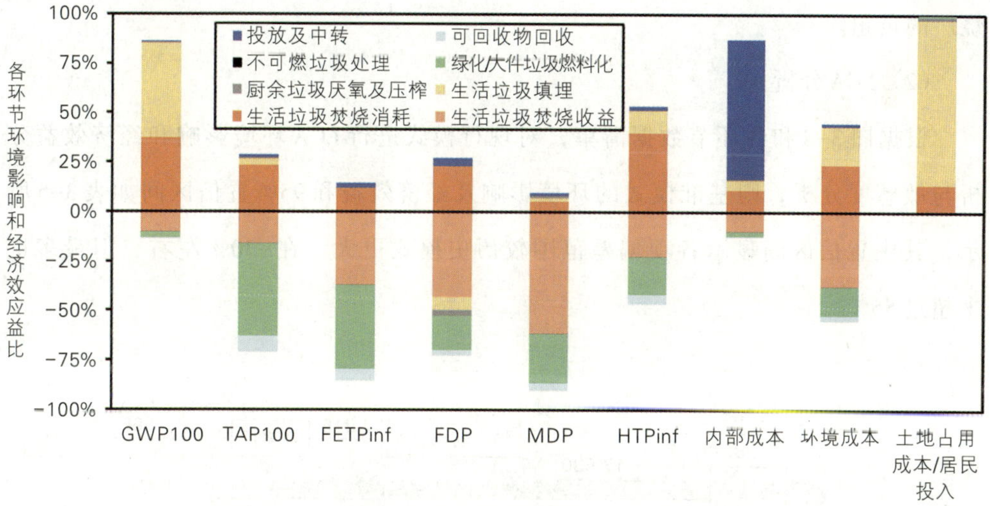

图3-7 历史模式下各环节环境影响及经济效益占比

2. 现行模式

本研究的现行模式为深圳市目前正在应用的分类模式，即生活垃圾分类收运处理体系，其中包括从N1至N5共5个场景：N1，参考2020年1—8月推算至2020年全年的生活垃圾分类收运处理情况；N2，参考2020年10月推算至2020年全年的生活垃圾分类收运处理情况；N3，督导减弱，分类效果变差；N4，持续督导，分类效果提升；N5，极限分类情况。

（1）物质流分析

上述5个场景中的深圳市生活垃圾分类收运处理的物质流如图3-8所示。从图中可以看出，现行分类模式下深圳市基本处于全量焚烧的状态。《深圳市生活垃圾分类管理条例》实施后，N2与N1相比，餐厨垃圾和厨余垃圾收运量均有了一定提升，果蔬垃圾减少，可能是由于部分果蔬垃圾混入厨余垃圾中；绿化垃圾基本不变，大件垃圾提升1倍，可回收物还是主要依靠再生资源回收系统进行回收。从N3至N5可知，在现行分类模式下，分类比例的提升或降低会造成中转系统收运量的变化，但即使是假设分类效果最差的N3模式，填埋手段仍仅占13.4%，可见深圳市现行的分流分类系统可以达到很好的源头减量效果，减轻焚烧厂的负担。

（2）LCA分析

根据图3-8和各环节数据清单，对现行模式进行LCA环境影响和经济效益分析与敏感度分析，则基准模式的环境影响及经济效益和95%置信区间如表3-5所示，其中置信区间显示各项偏差范围较历史模式更大，在±30%左右，但最多也未超过55%。

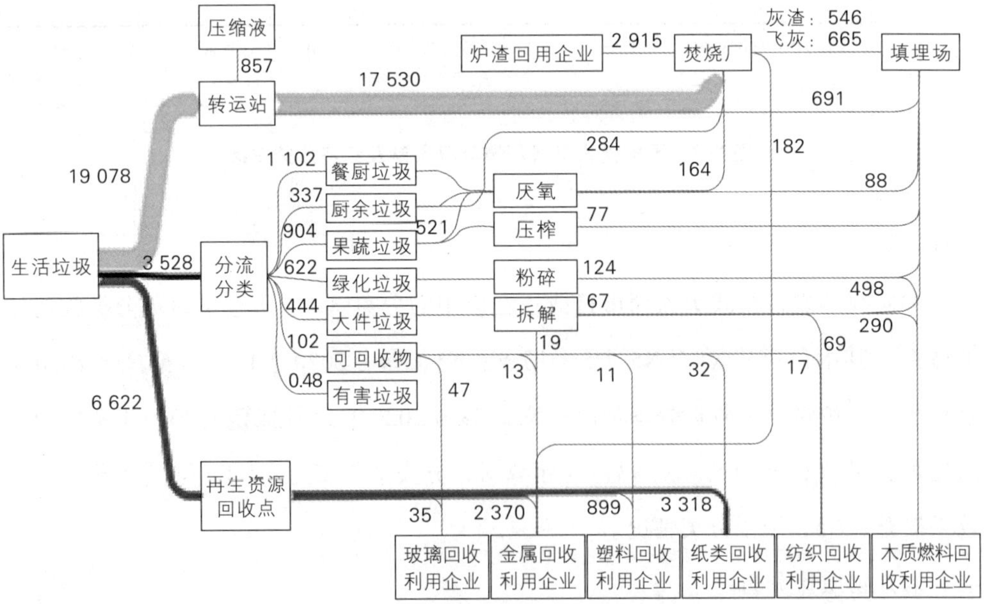

N1

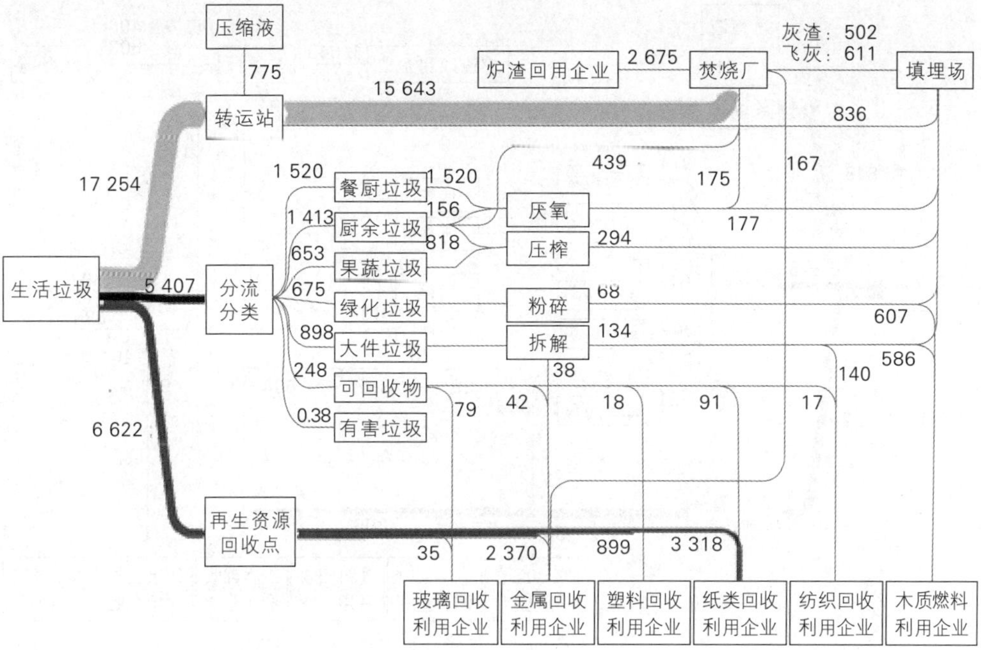
压缩液
775
炉渣回用企业
2 675
焚烧厂
灰渣：502
飞灰：611
填埋场
15 643
转运站
836
17 254
439
167
175
1 520
1 520
餐厨垃圾
1 413
156
厨余垃圾
厌氧
177
818
653
压榨
294
果蔬垃圾
生活垃圾
5 407
分流
分类
675
绿化垃圾
粉碎
68
607
898
大件垃圾
拆解
134
586
248
38
140
可回收物
79
42
18
91
17
0.38
有害垃圾
6 622
再生资源
回收点
35
2 370
899
3 318
玻璃回收
利用企业
金属回收
利用企业
塑料回收
利用企业
纸类回收
利用企业
纺织回收
利用企业
木质燃料
利用企业

N2

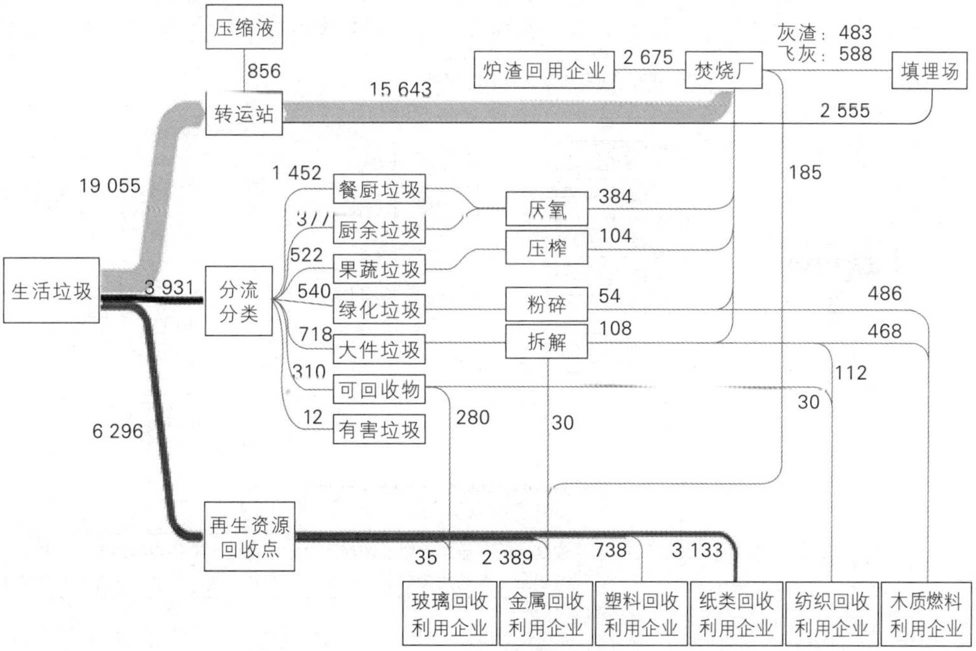
压缩液
856
炉渣回用企业
2 675
焚烧厂
灰渣：483
飞灰：588
填埋场
15 643
转运站
2 555
19 055
185
1 452
餐厨垃圾
377
厨余垃圾
厌氧
384
522
压榨
104
果蔬垃圾
生活垃圾
3 931
分流
分类
540
绿化垃圾
粉碎
54
486
718
大件垃圾
拆解
108
468
310
可回收物
112
30
12
有害垃圾
280
30
6 296
再生资源
回收点
35
2 389
738
3 133
玻璃回收
利用企业
金属回收
利用企业
塑料回收
利用企业
纸类回收
利用企业
纺织回收
利用企业
木质燃料
利用企业

N3

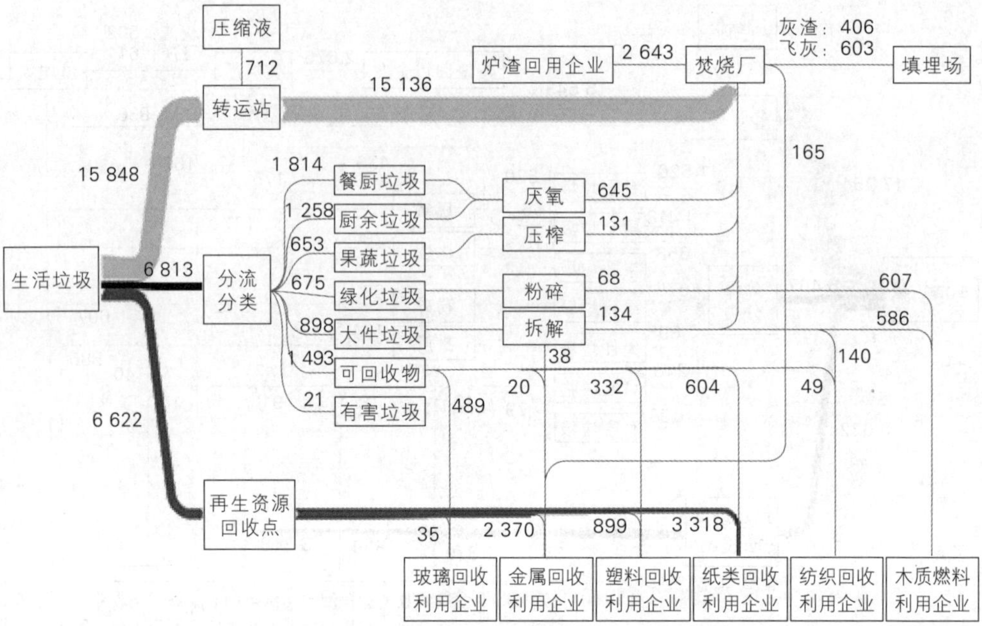

N4

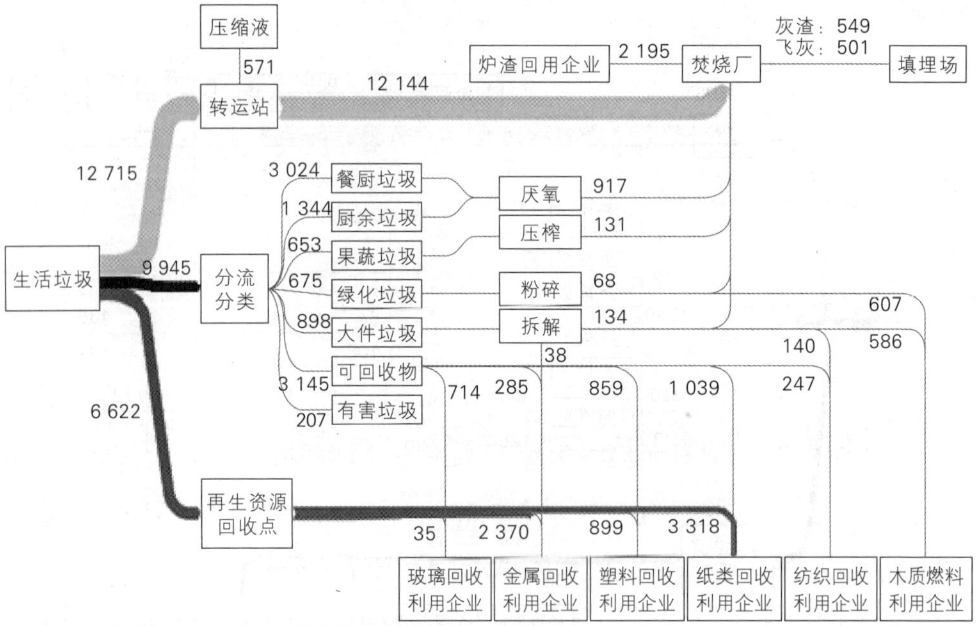

N5

图3-8　深圳市现行分类模式生活垃圾物质流（N1至N5模式）（单位：吨）

表3-5　　前基准模式环境影响及经济效益评价（每吨生活垃圾）

环境影响	单位	N1		N2		N3	
		不含再生资源系统	95%置信区间	不含再生资源系统	95%置信区间	不含再生资源系统	95%置信区间
GWP100	kg CO_2-Eq	206.07	[134.77，291.32]	175.22	[112.75，249.16]	203.12	[140.22，278.37]
TAP100	kg SO_2-Eq	-0.13	[-0.18，-0.10]	-0.29	[-0.37，-0.22]	-0.15	[-0.21，-0.12]
FETPinf	kg 1，4-DCB-Eq	-1.89	[-2.44，-1.44]	-2.26	[-2.91，-1.72]	-1.84	[-2.36，-1.40]
FDP	kg oil-Eq	-24.00	[-30.76，-18.24]	-25.99	[-33.22，-19.77]	-22.26	[-28.59，-16.98]
MDP	kg Fe-Eq	-6.52	[-8.94，-4.51]	-7.23	[-9.97，-4.92]	-6.07	[-8.34，-4.19]
HTPinf	kg 1，4-DCB-Eq	-0.98	[-3.22，1.16]	-8.68	[-12.88，-5.10]	0.31	[-7.93，8.42]
经济效益	单位	不含再生资源系统	95%置信区间	不含再生资源系统	95%置信区间	不含再生资源系统	95%置信区间
内部成本	元	394.66	[287.83，524.74]	444.88	[322.00，592.63]	357.47	[259.29，474.99]
外部成本——环境成本	元	-13.35	[-17.71，-9.71]	-19.67	[-26.09，-14.28]	-11.58	[-15.42，-8.44]
外部成本——居民投入	元	507.15	[363.95，669.7]	999.85	[728.16，1 324.53]	510.05	[370.76，678.50]
外部成本——土地占用	元	1 302.23	[948.32，1 738.32]	1 345.28	[974.46，1 788.51]	1 669.35	[1 214，2 224.53]

续表

环境影响	单位	N4		N5	
		不含再生资源系统	95% 置信区间	不含再生资源系统	95% 置信区间
GWP100	kg CO_2-Eq	99.64	[42.36，166.40]	-22.45	[-79.85，33.45]
TAP100	kg SO_2-Eq	-0.65	[-0.81，-0.51]	-1.28	[-1.59，-1.00]
FETPinf	kg 1，4-DCB-Eq	-3.32	[-4.21，-2.55]	-5.37	[-6.80，-4.16]
FDP	kg oil-Eq	-43.97	[-55.95，-34.01]	-74.39	[-93.83，-57.75]
MDP	kg Fe-Eq	-7.77	[-10.47，-5.51]	-11.31	[-15.17，-8.13]
HTPinf	kg 1，4-DCB-Eq	-42.52	[-55.91，-31.20]	-83.74	[-107.81，-63.23]
经济效益	单位	不含再生资源系统	95% 置信区间	不含再生资源系统	95% 置信区间
内部成本	元	388.05	[285.92，512.14]	1 110.25	[808.92，1 471.40]
外部成本——环境成本	元	-23.91	[-31.78，-17.47]	-45.40	[-60.24，-33.04]
外部成本——居民投入	元	1 675.06	[1 226.08，2 232.11]	8 262.44	[6 001.14，10 950.13]
外部成本——土地占用	元	1 024.72	[745.63，1 364.23]	994.90	[724.91，1 322.54]

比较《深圳市生活垃圾分类管理条例》实施前后N1、N2模式的差别，N2模式在环境影响上普遍优于N1模式，说明《深圳市生活垃圾分类管理条例》实施后，各项垃圾分类处理量更多，这样更有利于减少对环境的影响，外部成本中的环境成本也更少；但相对地，由于为保证《深圳市生活垃圾分类管理条例》顺利实施以及分类效果的提升，内部成本和外部成本的居民投入各增长了12.7%和97.2%，外部成本中的土地占用成本也略有增长。就经济效益而言，维持N2模式需要支付更多的成本。这是由于刚刚开始实施垃圾分类，正处在投入资金和精力培养居民习惯之际，并非稳定的状态，后续N3、N4模式对应两种未来的发展情况。

比较N3至N5模式，可以看出，从环境影响方面看，分类效果越好，环境影响评价各指标表现越佳，且该变化在置信区间内表现明显。比较从N3至N5模式的环境影响加权结果，也可发现，当回收利用率自N2模式的40%降低至N3模式的35%时，环境影响加权结果增加了33.2%；当回收利用率自N2模式的40%提升至N4模式的46%时，环境影响加权结果自-0.787变为-0.159，降低了79.8%。因此，强化督导促进了垃圾分类率这一方法，可以有效减少生活垃圾处理系统对环境产生的影响。就经济效益而言，内部经济由成本和收入构成，生活垃圾回收利用率的提升会导致成本和收益同时增加。两者共同作用，导致当回收利用率自N3模式的36%升至N4模式的46%时，运行费用仅增加8.6%；但是，当回收利用率自N4模式的46%升至N5模式的56.6%时，运行费用增加了186.1%。因此，在回收利用率较低的时候，如36%，投入人工成本提升回收效果和回收收益，可以在一定程度上实现收支平衡；但当回收利用率达到一定限度的时候，如46%，再进行分类回收，只会事倍功半。在外部经济方面，分类率提升的代价是居民时间投入成本增加，但也会使土地占用成本降低。其主要原因在于，其他垃圾焚烧处理的占地成本仅次于填埋和厌氧处理的占地成本，提升回收利用率可以降低焚烧处理量和灰渣、飞灰填埋量，降低土地占用成本。

对N1至N5模式的各环节的环境影响和经济效益占比进行分析，其结果如图3-9所示，各环节不包括再生资源系统。从图中可知，在不考虑再生资源系统时，现行模式的环境影响也仅有GWP100和N3模式的HTPinf为正，即环境损害，其他指标由于资源能源的回收，均被补偿为负影响。从图3-9中可以发现，比较N1至N5模式，大部分环境指标的主要区别是由生活垃圾焚烧量、绿化/大件垃圾燃料化处理量和可回收物处理量变化引起的，厨余垃圾处理主要影响FDP指标，填埋处理主要影响GWP100指标，其余环节，如投放、中转和填埋，在环境影响评价上基本占比很小；从经济指标上看，很明显，在内部成本和居民投入/土地占用成本中，人工成本和居民投入外部成本占比提升，与表中数据表现相符。

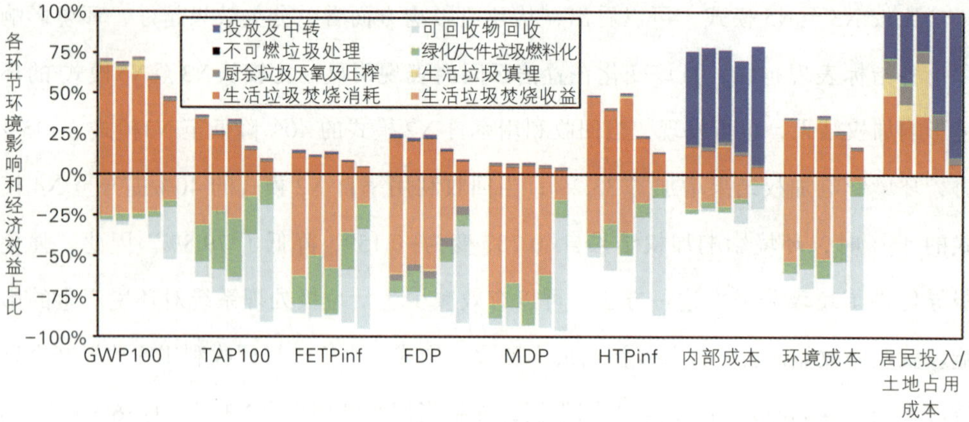

图3-9　各环节环境影响及经济效益占比（从左至右：N1至N5模式）

比较图3-9中各处理环节在各项指标中的占比可发现，对于受到广泛关注的GWP100，即100年内的全球变暖潜势，在一定程度上可以表征该系统的碳排放量，其主要影响环节为焚烧、填埋和可回收物回收。以N3、N4模式为例，N3模式中生活垃圾填埋仅占13.4%，贡献了21.0%的GWP100；N4模式中可回收物仅占5.1%，贡献了32.7%的GWP100环境补偿，可见，减少填埋、增加玻金塑纸织类可回收物是有效降低碳排放的方法。其余各指标也受到关键环节的影响。可回收物的回收利用为每个环境影响指标和环境成本的关键影响因素，绿化/大件垃圾处理对于TAP100和FETPinf有较大影响。对于经济指标，内部成本中投放及中转成本为生活垃圾系统运行中的主要支出项，可回收物回收为主要收益项，N4模式设置的分离率可以较好地平衡两者之间的关系。居民时间投入成本随分类效果提升而提升，但也存在居民习惯养成熟练后下降的可能。土地占用成本则受到填埋处理量的影响。N3模式中生活垃圾填埋仅占13.4%，贡献43.1%的土地占用成本。因此，末端全量焚烧处理是减缓土地侵占的最佳途径，在全量焚烧的基础上，提升分类效果，减少焚烧厂入炉垃圾量，也可以减少土地占用成本。

3. 可能的模式

可能的分类模式共包括4个场景，分别为O1至O4模式，主要探讨对于不同回收利用率下不可燃垃圾分类和厨余垃圾分类的环境影响和经济效益。O1模式为在N2模式基础上增加不可燃垃圾分类收运填埋；O2模式为在N2模式基础上不进行厨余垃圾分类；O3模式为在N4模式基础上增加不可燃垃圾分类收运填埋；O4模式为在N4模式基础上不进行厨余垃圾分类。

（1）物质流分析

4种分类模式的深圳市生活垃圾分类收运处理的物质流如图3-10所示。从图中可以看出，目前深圳市不可燃垃圾在其他垃圾中的可分出量仅为1.7%，但分出不可燃垃圾后，O1模式展示出目前的分类效果可以使填埋量降为328吨；但以目前的分类处理量，若不进行厨余垃圾分类，则填埋量会增长1倍。因此，就物质流分析而言，目前的分类效果适合尝试进行不可燃垃圾分类，而不适合取消厨余垃圾分类。相比基于现实情况的O1和O2模式，基于高回收利用率的O3和O4模式则不同，首先高回收利用率，特别是玻璃的回收利用，导致O3模式的不可燃垃圾分出量降为0.9%，而且高回收利用率下即使取消厨余垃圾分类，焚烧厂仍可以基本完成全量焚烧的目标，所以仅就物质流分析，在高回收利用率下，不可燃垃圾分类难度上升且收运处理量减少，可能不适合进行不可燃垃圾分类。

（2）LCA分析

根据上述物流图和数据清单，对4种可能分类模式进行LCA环境影响和经济效益分析与敏感度分析，则其环境影响及经济效益和95%置信区间如表3-6所示。

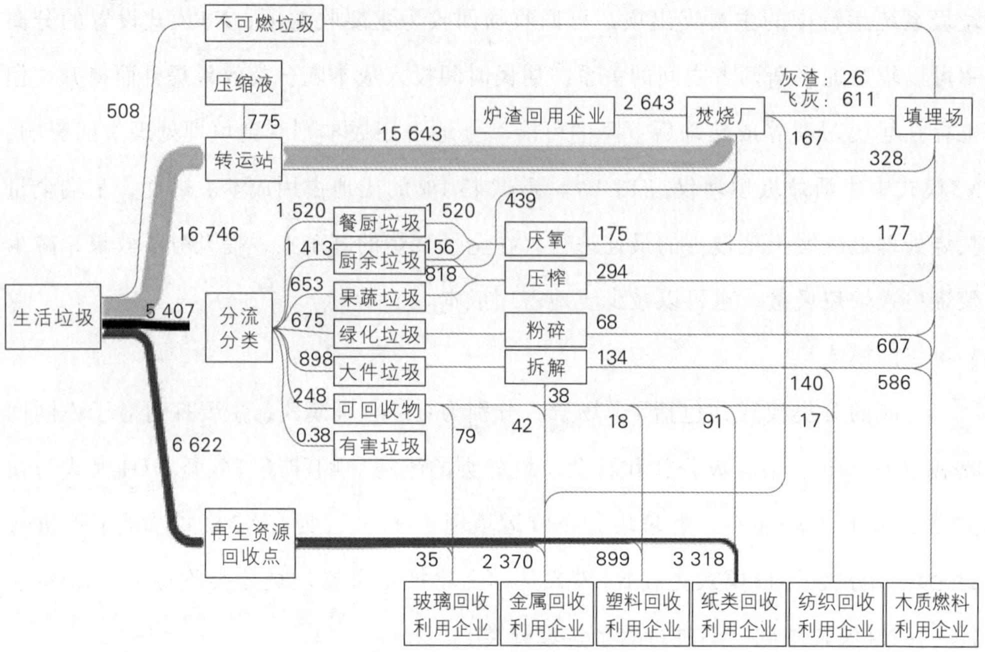
不可燃垃圾
压缩液
508
775
炉渣回用企业
2 643
焚烧厂
灰渣：26
飞灰：611
填埋场
转运站
15 643
167
328
16 746
1 520
餐厨垃圾
1 520
439
厌氧
175
177
1 413
厨余垃圾
156
818
压榨
294
653
果蔬垃圾
生活垃圾
5 407
分流
分类
675
绿化垃圾
粉碎
68
607
898
大件垃圾
拆解
134
586
140
248
可回收物
38
0.38
有害垃圾
79
42
18
91
17
6 622
再生资源
回收点
35
2 370
899
3 318
玻璃回收
利用企业
金属回收
利用企业
塑料回收
利用企业
纸类回收
利用企业
纺织回收
利用企业
木质燃料
利用企业

O1

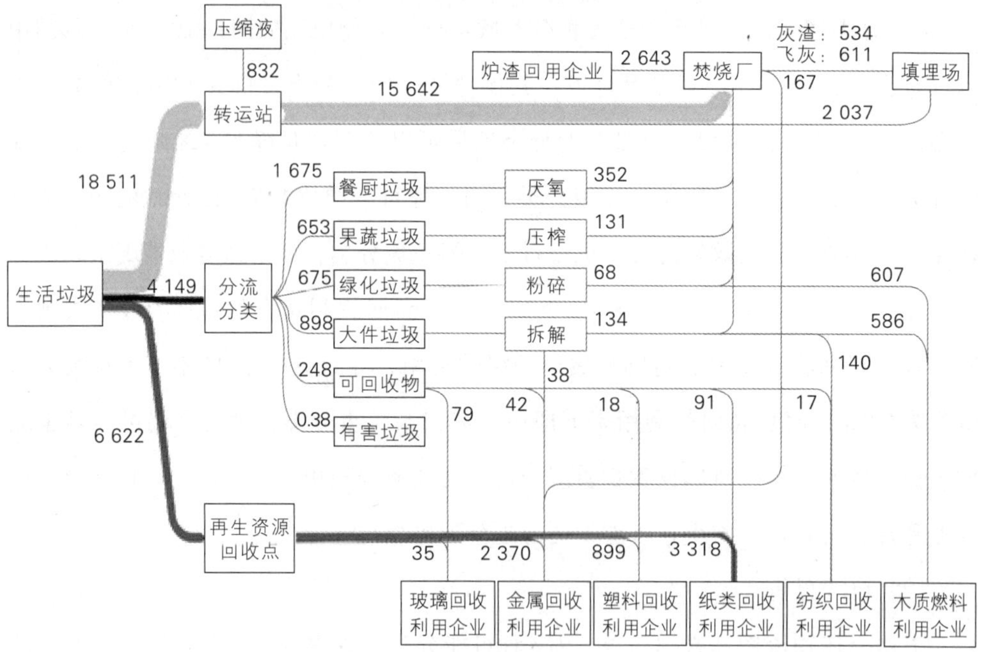
压缩液
832
炉渣回用企业
2 643
焚烧厂
灰渣：534
飞灰：611
167
填埋场
转运站
15 642
2 037
18 511
1 675
餐厨垃圾
厌氧
352
653
果蔬垃圾
压榨
131
生活垃圾
4 149
分流
分类
675
绿化垃圾
粉碎
68
607
898
大件垃圾
拆解
134
586
140
248
可回收物
38
79
42
18
91
17
0.38
有害垃圾
6 622
再生资源
回收点
35
2 370
899
3 318
玻璃回收
利用企业
金属回收
利用企业
塑料回收
利用企业
纸类回收
利用企业
纺织回收
利用企业
木质燃料
利用企业

O2

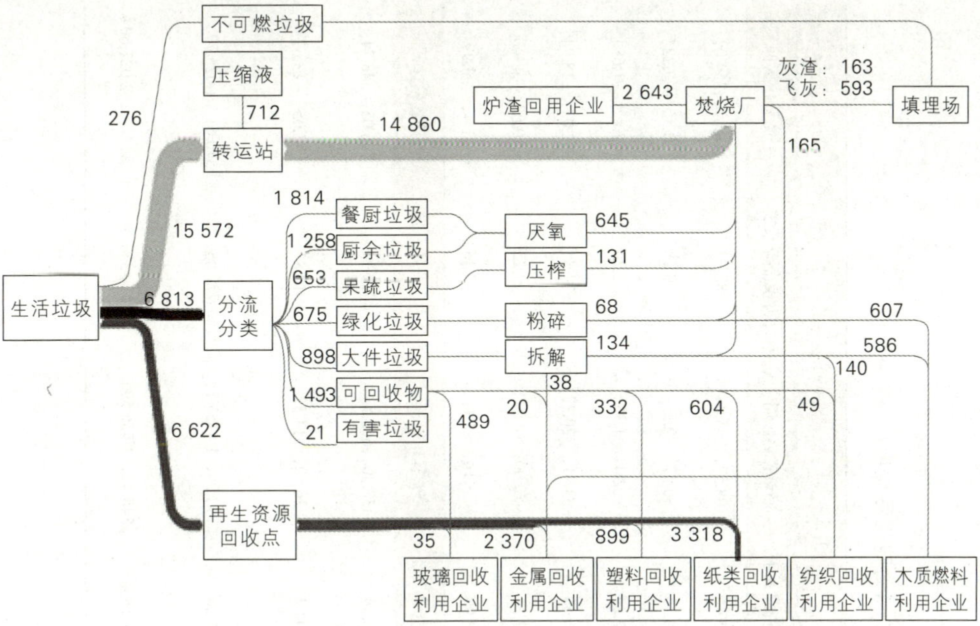

O3

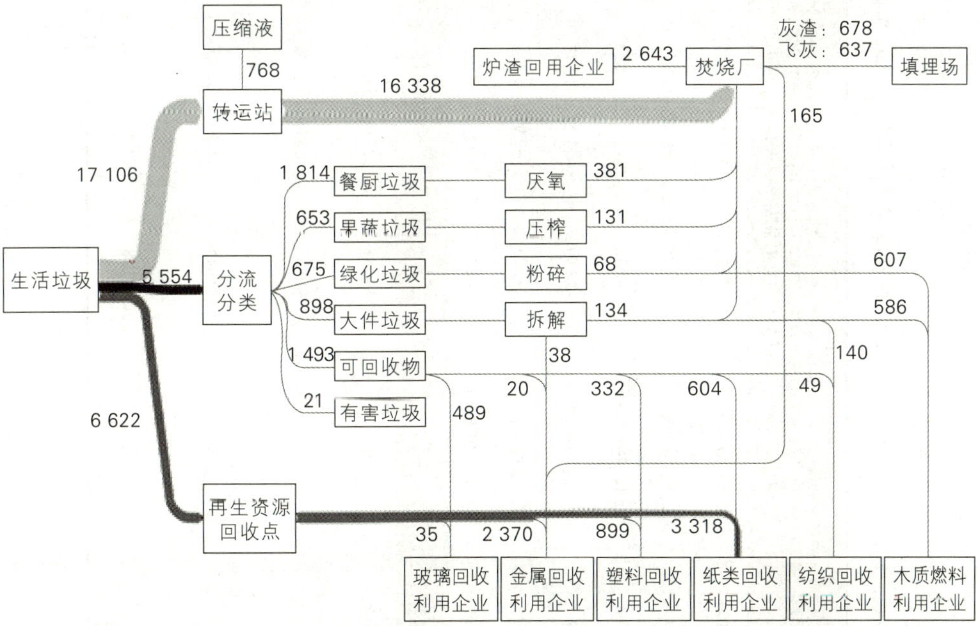

O4

图3-10　其他分类模式（O1至O4模式）生活垃圾物质流（单位：吨）

表3-6　前基准模式环境影响及经济效益评价（每吨生活垃圾）

环境影响	单位	N2		01		02	
		不含再生资源系统	95%置信区间	不含再生资源系统	95%置信区间	不含再生资源系统	95%置信区间
GWP100	kg CO_2-Eq	175.22	[112.75，249.16]	171.45	[108.59，245.44]	180.33	[118.67，254.09]
TAP100	kg SO_2-Eq	-0.29	[-0.37，-0.22]	-0.29	[-0.37，-0.23]	-0.28	[-0.36，-0.22]
FETPinf	kg 1，4-DCB-Eq	-2.26	[-2.91，-1.72]	-2.29	[-2.94，-1.75]	-2.20	[-2.82，-1.68]
FDP	kg oil-Eq	-25.99	[-33.22，-19.77]	-26.46	[-33.71，-20.22]	-24.86	[-32.02，-18.94]
MDP	kg Fe-Eq	-7.23	[-9.97，-4.92]	-7.23	[-10.00，-4.94]	-7.23	[-10.05，-4.93]
HTPinf	kg 1，4-DCB-Eq	-8.68	[-12.88，-5.10]	-8.99	[-13.14，-5.41]	-7.46	[-11.42，-3.99]
经济效益	单位	不含再生资源系统	95%置信区间	不含再生资源系统	95%置信区间	不含再生资源系统	95%置信区间
内部成本	元	444.88	[322.00，592.63]	458.44	[338.90，603.53]	446.94	[326.05，588.74]
外部成本——环境成本	元	-19.67	[-26.09，-14.28]	-20.02	[-26.50，-14.52]	-18.82	[-25.05，-13.67]
外部成本——居民投入	元	999.85	[728.16，1 324.53]	1 084.26	[792.98，1 435.47]	777.86	[570.61，1 025.77]
外部成本——土地占用	元	1 345.28	[974.46，1 788.51]	1 162.19	[848.42，1 536.59]	1 524.33	[1 111.36，2 022.60]

续表

环境影响	单位	N4		03		04	
		不含再生资源系统	95%置信区间	不含再生资源系统	95%置信区间	不含再生资源系统	95%置信区间
GWP100	kg CO_2-Eq	99.64	[42.36，166.40]	98.7	[42.02，166.08]	99.71	[42.22，164.67]
TAP100	kg SO_2-Eq	−0.65	[−0.81，−0.51]	−0.65	[−0.81，−0.51]	−0.64	[−0.81，−0.50]
FETPinf	kg 1，4-DCB-Eq	−3.32	[−4.21，−2.55]	−3.32	[−4.19，−2.57]	−3.31	[−4.21，−2.54]
FDP	kg oil-Eq	−43.97	[−55.95，−34.01]	−44.06	[−55.59，−34.10]	−41.91	[−53.03，−32.48]
MDP	kg Fe-Eq	−7.77	[−10.47，−5.51]	−7.77	[−10.47，−5.55]	−7.79	[−10.48，−5.58]
HTPinf	kg 1，4-DCB-Eq	−42.52	[−55.91，−31.2]	−42.76	[−56.23，−31.57]	−41.36	[−54.71，−30.18]
经济效益	单位	不含再生资源系统	95%置信区间	不含再生资源系统	95%置信区间	不含再生资源系统	95%置信区间
内部成本	元	388.05	[285.92，512.14]	394.16	[289.713，519.77]	387.93	[285.47，512.09]
外部成本——环境成本	元	−23.91	[−31.78，−17.47]	−24.13	[−32.16，−17.50]	−23.19	[−30.80，−16.98]
外部成本——居民投入	元	1 675.06	[1 226.08，2 232.11]	1 743.79	[1 267.90，2 301.99]	1 351.33	[994.74，1 801.22]
外部成本——土地占用	元	1 024.72	[745.63，1 364.23]	978.42	[712.09，1 301.89]	1 018.97	[742.26，1 358.46]

对于不可燃垃圾分类进行与否，比较O1模式与N2模式，发现仅在土地占用成本上O1模式比较明显地优于N2模式，降低13.6%，其余指标的优势表现在置信区间内均不明显，所以现行分类模式在现在的回收利用率39.6%下进行不可燃垃圾分类，可以在减少土地占用上得到回报。鉴于深圳在垃圾处理上面临的最大问题为土地矛盾，所以在现在的回收利用率下，可以尝试进行不可燃垃圾分类。但比较O3和N4模式，发现土地占用成本的提升降低为4.5%，所以在回收利用率（46%）较高，特别是玻璃的分类效果很好时，不可燃垃圾分类的环境影响和经济效益就会降低。

对于厨余垃圾分类进行与否，比较O2模式与N2模式的各指标。由于目前取消厨余垃圾分类会导致填埋量的增加，所以在GWP100和环境影响加权结果上分别再增加了2.2%和2.3%，运行费用增加0.5%，土地占用成本增加了6.1%。因此，对于深圳市而言，在如今的回收利用率下，进行厨余垃圾分类还是十分必要的。在高回收利用率和全量焚烧的前提下，即比较O4和N4模式，可发现不进行厨余垃圾分类，其GWP100基本不变，环境影响加权结果提升1.15%，经济效益方面，运行成本和土地占用成本基本不变，但环境成本提升了3.0%，居民时间投入成本降低了18.7%。因此，此时是否进行厨余垃圾分类对环境和经济的影响已经微乎其微了，可根据厨余垃圾实际分类效果和末端处理设施处理规模判断是否取消厨余垃圾分类。

对N2、O1、O2模式的各环节的环境影响和经济效益占比进行分析，其结果如图3-11所示。对N4模式、O3模式、O4模式的各环节的环境影响和经济效益占比进行分析，其结果如图3-12所示。从图3-11中可以看出，除取消厨余垃圾分类导致填埋对GWP100和土地占地成本的变化外，其余各环节占比基本不变。从图3-12中可以看出，在全量焚烧的前提下，增加不可燃垃圾对生活垃圾收运处理全系统各环节的占比影响很小，取消厨余垃圾分类仅对FDP、内部成本中的投放及中转成本和居民时间投入成本、厨余垃圾处理的土地占用成本有所影响。可见，在未实现全量焚烧的情况下，厌氧处理规模一定，厨余垃圾超出部分压榨处理的前提下，是否进行不可燃垃圾分类或厨余垃圾分类，主要是通过对生活垃圾填埋量的影响间接影响生活垃圾收运处理系统的环境和经济评价；在实现全量焚烧、厌氧处理规模充足的情况下，进行N4模式时，是否进行不可燃垃圾分类所造成的环境影响在生活垃圾全系统中的占比很低，最高为居民投入/土地占用成本指标，也仅占1%，所以此时就无须进行不可燃垃圾分类了。

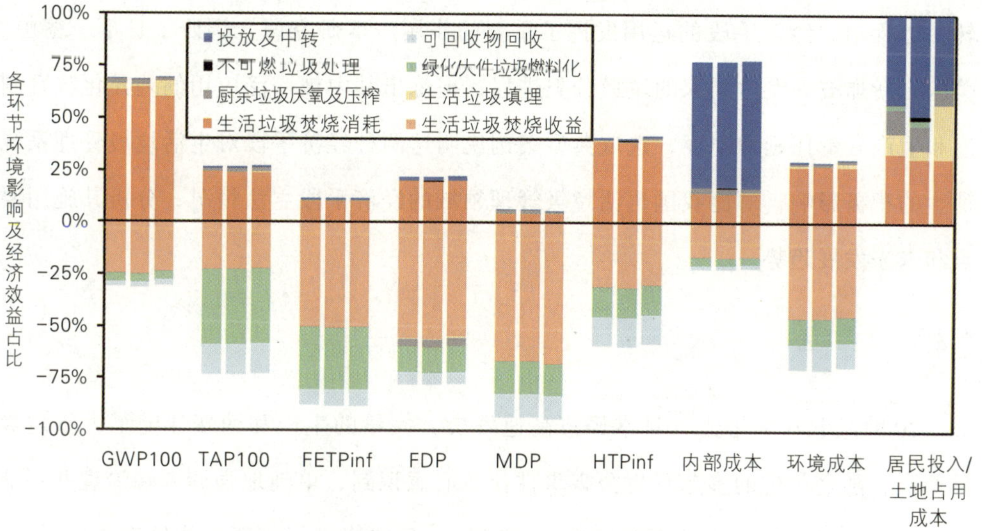

图3-11　各环节环境影响及经济效益占比（左→右：N2、O1、O2模式）

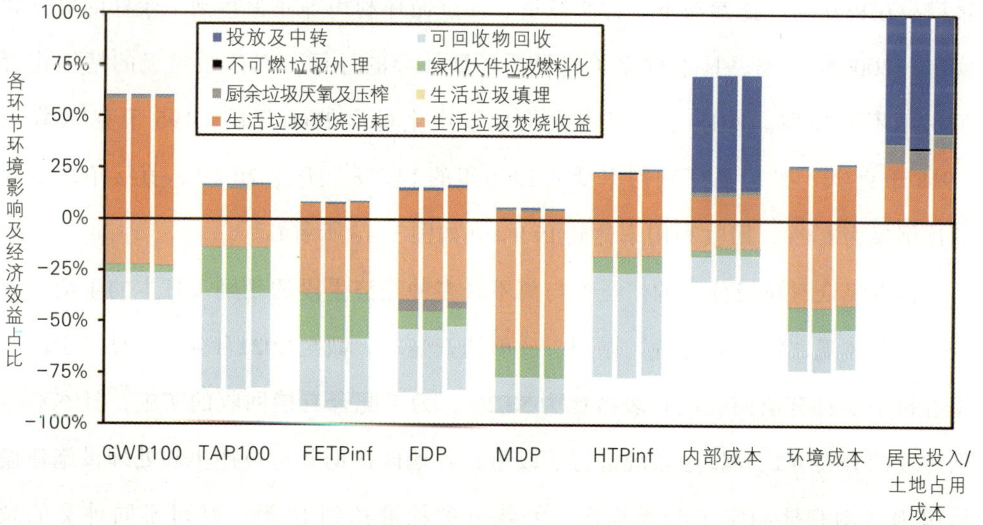

图3-12　各环节环境影响及经济效益占比（左→右：N4、O3、O4模式）

3.4 发达国家生活垃圾管理中的典型经济手段分析

与中国相比，发达国家垃圾分类的开展历史较长，在从末端治理到源头分类的转变历程中，经济手段的运用发挥了重要的作用。本研究深入调研了日本、德国、美国、新加坡等发达国家的垃圾分类进程，提炼出其中被广泛应用的差异化收费制度和生产者责任延伸制度，选取典型案例说明这两种经济手段对生活垃圾管理系统产生的积极影响，对比我国生活垃圾管理领域的经济手段立法情况，分析其施用要点和未来发展趋势。

3.4.1 日 本

20世纪七八十年代，日本经济高速发展，大量的生产和消费伴随了大量垃圾的产生，随之产生的多起环境公害事件让政府意识到，单纯地强调末端治理并不能改变全国垃圾处理面临的困难境地。1976年，日本修订了《废弃物处理法》，第一次提出要在全国范围内开展垃圾分类。20世纪80年代，垃圾分类在日本开始全面推广，在民众的广泛参与下，源头减量、促进循环利用等政策得到了较好的贯彻和实施。2000年以来，日本确立了建设循环型社会的目标，对生活垃圾的精细化管理水平不断提高。2018年，日本人均垃圾产生量由2000年的1.195千克/天降至0.918千克/天，垃圾循环利用率则从2000年的14.3%上升至20.2%，直接填埋处理的比例仅为1.1%，回收利用率达到19.9%（如图3-13所示）。

日本民众对垃圾分类的广泛参与离不开多种经济手段的激励。日本的生活垃圾处理充分体现“污染者付费”原则。一项调查显示，截至2021年4月，日本全国的市町村中实行有偿回收的垃圾占比为58.2%。为了配合有偿回收的实施，日本对生活垃圾的分类方式和收运系统进行了改革，各地区根据其垃圾产生和处理设施建设情况因地制宜地制定了分类标准，平均分类标准达到10类，针对不同种类的垃

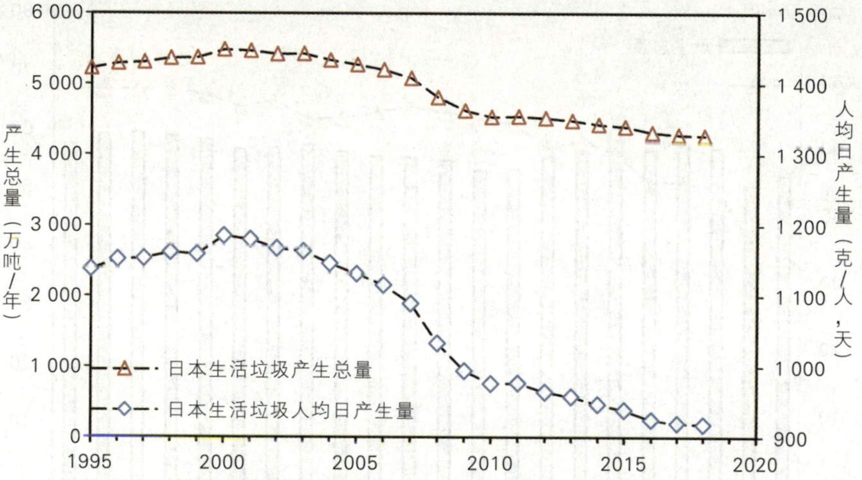

图3-13　1995—2018年日本生活垃圾产生总量和人均日产生量

圾采用不同频次在不同时间点收集的策略，大部分地区不再设路边垃圾桶。这种管理方式有效促进了家庭垃圾的分类行为。除了针对居民的收费制度，日本政府还通过生产者责任延伸制度对企业进行约束，对废旧产品和包装物等明确了居民、政府和企业应分别承担投放、收集和回收处理的责任。同时，政府对于发展循环经济有成就的企业给予税收优惠，并建立了补助金制度，经济手段约束和激励并行，大大提高了企业在垃圾分类管理事业中的参与度。

3.4.2　德　国

德国对垃圾分类的倡导起始于1972年颁布的《废弃物处理法》（2012年升级为《废弃物管理法》）。经过多年的发展，德国目前的垃圾分类处理水平和资源化利用程度在世界上都处于领先地位。根据德国环保署的数据，2018年，德国全国城市固体废物的回收利用率已经达到了67%，居于世界前列（如图3-14所示）。而根据德国联邦统计局的数据，2018年，德国人均家庭废物（包括剩余废物、有机废物、贵重材料和大件垃圾）产生量为1.25千克/天，产生水平近十几年变化不大。

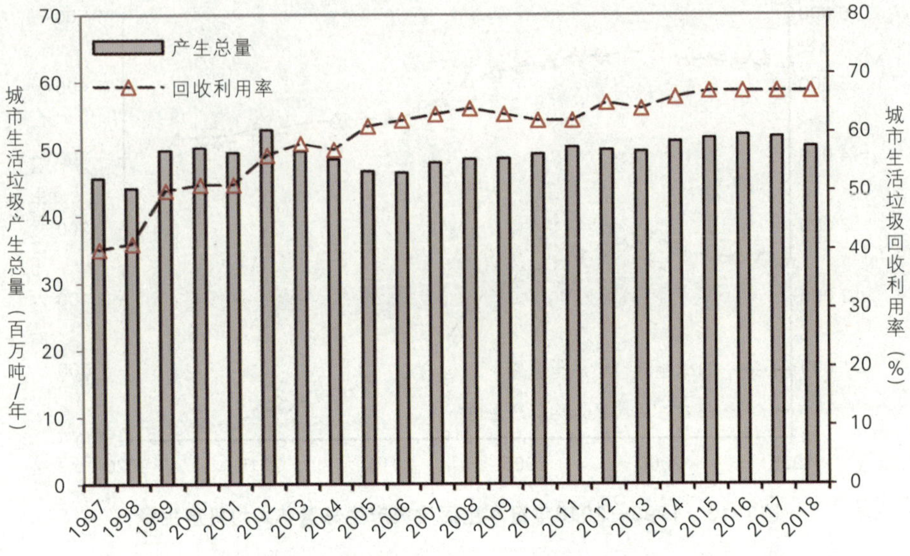

图3-14 1997—2018年德国城市生活垃圾产生总量和回收利用率

在德国，政府通过大力发展循环经济产业来实现生活垃圾分类管理的长久推进。目前，德国的循环经济产业体系占到了全国经济产出的1.5%。在德国，政府和市场都需要为生活垃圾的处理承担责任。在垃圾回收利用过程中，私人公司发挥了重要的作用。政府通过法律、政策严格地约束了居民的分类投放行为，加之财政优惠政策，使得从事回收的公司保持可观的盈利。在包装废弃物回收方面，德国建立了影响非常深远的双元回收系统（DSD），这是由政府组织、企业出资共同成立的回收利用包装废弃物的机构，其成立标志着废弃物回收领域的市场化和产业化发展。该系统实施以来，德国包装废弃物的回收利用率显著提高，近年来均维持在75%以上。这一模式在瑞典、法国等其他欧洲国家也得到了广泛的应用。

除了通过良好的市场化运行与企业合作外，德国还通过一系列利益驱动手段刺激民众参与到垃圾分类中。德国大多地区的生活垃圾采取差异化收费的政策，可回收垃圾不收费，其余生活垃圾按量计费，有效促使居民进行源头减量和分类工作。对于塑料瓶、易拉罐等包装物，德国实行押金制，出售的饮品中均包含0.15~0.25欧元的押金，只有将包装物投放到指定回收点方可退回。完善的收费制度保障了垃圾回收行业的基础资本来源，是其得以市场化运行的基础。

3.4.3 美　国

美国作为一个经济发达的大国，其人均垃圾产生量近年来均在2千克/天左右。面对如此庞大的垃圾产量，美国政府制定了“源头减量、循环利用、焚烧利用、填埋处置”垃圾分级管理战略[64]，力求提高垃圾的资源化利用效率。在源头分类方面，美国规定了可回收物、有机垃圾、特殊垃圾和其他垃圾的分类标准。其中，可回收物采取源头粗分，后续进入材料回收设施（material recycling facility，MRF）进一步细分的模式；对于有机垃圾，尤其是庭院垃圾，政府鼓励将其就地堆肥或集中堆肥，部分州出台了政策限制或禁止其进入垃圾填埋场；对于其他普通垃圾，其处理费用则完全由居民承担，收取方式有直接收取或以房产税、市政税等的方式体现，部分城市则采取了按量或按类别收取的模式。

美国的生活垃圾收运和处理系统中市场化程度很高，大多采用政府购买服务的模式，通过招投标的方式将服务承包给私人公司。政府则通过对居民收取垃圾处理费、对饮料瓶等包装物收取押金、对从事循环利用的公司给予税收优惠等方式保障市场的良好运行。一项对美国垃圾收集成本的调查显示，私人公司承包比政府直接提供服务降低了约25%的成本，市场化运作大大提高了美国垃圾收运体系的效率。

总体而言，美国结合自己的国情，选取了相对粗放的垃圾管理模式。美国环境保护署（EPA）统计的美国城市生活垃圾处理方式的变化情况如图3-15所示。目前，美国仍有半数以上的垃圾进入填埋场处置，回收和堆肥利用率仅为35%，低于大部分工业化国家。从短期来看，美国土地资源丰富，能够满足生活垃圾大量填埋的需求；但从长远看，仍然需要加强生活垃圾的源头管理，节约资源，降低其处理过程的环境影响。针对此，美国环境保护署近些年来开展了一系列行动对食品废弃物、包装废弃物的回收体系建设作出了规划，要求加强处理设施建设，提高其回收利用水平，力求减少进入填埋场的垃圾数量。

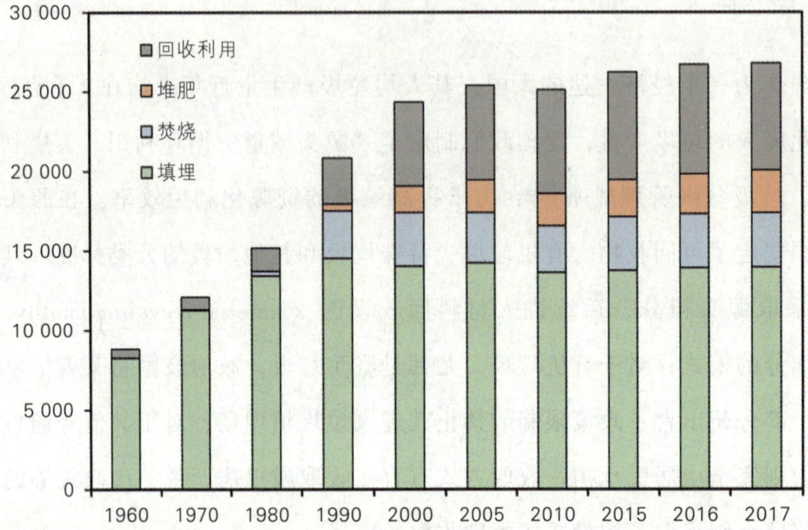

图3-15 1960—2017年美国城市生活垃圾处理方式的变化情况（单位：万吨）

3.4.4 新加坡

新加坡是一个城市岛国，经济发展水平很高，同时土地资源紧张，人口密度大，特殊的自然地理条件让新加坡对城市固体废物采取了统筹管理、全量焚烧的策略。新加坡面临的废物管理难题与我国的大城市有一定相似之处，因此，其独具特色的城市固体废物管理模式对我国城市开展垃圾分类管理有很大的借鉴意义。在新加坡，废物管理的首要优先级是废物减量化，因此，对城市固体废物采取了全量焚烧的处理策略。新加坡共有4个大型焚烧发电厂，用来处理全国产生的所有可燃垃圾、焚烧飞灰和底渣，以及不可燃垃圾，均运至新加坡唯一的填埋场——圣马高垃圾填埋场进行填埋处理，而填埋场即将满负荷是新加坡目前固体废物管理面临的新挑战之一。

在全量焚烧的基础上，新加坡同样注重城市固体废物的回收利用。政府设计了一系列基金项目鼓励企业和社会组织自主探索废物的循环利用，不过这些探索大多集中在工业固废领域。对于居民生活垃圾，政府仅在社区内设立了废旧衣物、废玻璃等可回收物的专门回收站点，供居民自行投放。2019年，新加坡全国的城市固体废物回收率为59%，而生活垃圾的回收利用率仅为17%。

从20世纪90年代起，新加坡在垃圾收运行业就开始使用政府购买服务的方式。政府对申请从事垃圾收运工作的企业进行审查并颁发资格牌照，获得牌照的企业可以参与地区政府的公开招投标项目，获取该地区一段时间内的垃圾收运资格。政府会帮助企业向居民征收垃圾处理费，费用通常随水、电费一起缴纳，因此收缴率很高。政府还负责整个流程的监督，保障企业正常履行职责，同时促进市场的充分竞争。

总体而言，新加坡由于其特殊的地理条件和对废物减量程度的较高需求，对城市固体废物采用了非常集约化的处理模式，这对我国大型城市垃圾分类的开展有一定的借鉴意义。但由于资源的限制，新加坡生活垃圾的回收利用水平并不高。而对于我国的大型城市，往往可以采取与周边区域联合开展再生资源回收的模式，因此，对于新加坡的经验，要有选择地进行吸收。

3.4.5 发达国家经济手段运用情况总结

通过对日本、德国、美国、新加坡以及其他发达国家的生活垃圾分类管理经验进行总结，我们可以发现，合理地利用经济手段是这些国家垃圾分类顺利开展并最终实现垃圾减量化的一个重要因素。经济手段能够有效激发公民、企业等多个主体，是驱使其进行垃圾分类和减量的内在动力，也是整个垃圾分类管理系统能够长效运行的重要保障。表3-7总结了发达国家和地区针对垃圾产生者、消费者、生产企业和从事回收工作的企业等主体使用的经济策略及其作用机制。

总结以上经济策略可以发现，发达国家在垃圾分类推广过程中普遍使用了差异化收费制度和生产者责任延伸制度这两种经济手段。其中，垃圾处理收费能够直接为垃圾的后端处理募集资金，减轻政府财政压力，同时有效激励居民进行源头减量和分类。生产者责任延伸制度主要是针对产品生产者，要求其对产品废弃后的回收处理过程负责，这样能有效刺激企业进行源头减量，同时增强其产品的回收利用程度。

表3-7　发达国家生活垃圾管理领域的经济策略运用情况

经济策略	使用领域	作用主体	作用机制	实施国家和地区
垃圾处理收费	生活垃圾	垃圾产生者	筹集垃圾处理资金，促进减量和分类	日本、德国、美国、新加坡、欧盟等
直接经济奖励	生活垃圾	垃圾产生者	激励单位或个人分类投放	日本、美国等
罚款	生活垃圾	垃圾产生者	强制措施促进分类，养成习惯	日本、德国等
押金制	容器包装	消费者	促进产品的分类回收	德国、美国、瑞典等
生产者责任延伸制度	电子产品、包装物等	生产企业（和消费者）	促进企业源头减量，提高循环利用程度	日本、德国、美国、瑞典等
税收减免		生产企业、收运处理企业和资源化利用企业	鼓励有利于环境友好和循环社会建设的经营行为	日本、德国、美国等
特许经营		私营收运企业	鼓励私营企业进入，推进市场化	美国等
循环利用信贷		生产企业、收运处理企业和资源化利用企业	鼓励有利于环境友好和循环社会建设的经营行为	日本、美国等

目前，我国正处在推进垃圾分类管理的关键时期，要深入学习发达国家相对成熟的管理经验，并针对我国国情加以运用。经济手段运用和利益机制构建是我国目前生活垃圾管理中的薄弱环节，也是想要长效推行垃圾分类的必要举措。其中，差异化收费制度和生产者责任延伸制度是两种对主体约束作用很强的经济手段，且在发达国家已经取得了较为成功的试用成果，有必要对这两种经济手段进行深入研究

和分析，以探索其在我国垃圾分类管理领域的应用前景。

3.5 生活垃圾的差异化收费制度研究

3.5.1 差异化收费制度

1. 制度发展历程

生活垃圾差异化收费制度是建立在污染者付费原则之上的。所谓污染者付费原则（Polluter Pays Principle）指的是产生污染的个人或单位应当为污染的处理缴纳一定的费用。这是一种在国际上被广泛应用的立法准则，最早在20世纪70年代由经济合作与发展组织（Organization for Economic Cooperation and Development，OECD）提出，在1992年的联合国环境与发展会议上被确认为一项基本的立法原则。

在生活垃圾管理领域，污染者指的就是居民，因此居民应当为垃圾处理过程中所需的费用负责，其目的在于使环境外部成本内部化。生活垃圾问题的产生主要是由于在传统模式下，人们排放垃圾不需要支付相应的经济成本，这种行为产生了不由他们本人支付的成本，就导致社会边际成本和私人边际成本发生了偏离。而在环境整体容量有限的情况下，个人排放垃圾带来的负面效应会在环境中积累，最终由整个政府花费巨大的社会成本来解决这种负面影响。市场失灵是导致环境成本外部化的原因，因此需要对政府施加干预，将环境成本内部化。

差异化收费制度对于促进生活垃圾源头减量的作用已经得到了多方研究者的论证。早在1976年，Wertz的模型研究结果就表明，与传统的定额收费制度相比，按量收费更能够起到促进源头减量的作用。Miranda等通过对美国21个社区居民进行调研发现，以单位定价为基础的社区回收计划在生活垃圾管理领域有巨大的应用潜力，同时引入市场机制能够用更低的环境成本实现更高水平的环境治理。Dijkgraaf

等估算了荷兰实行差异化收费对垃圾收运体系的影响，发现采用单位计价制能有效减少剩余垃圾和可堆肥垃圾的产生，促进可回收物的循环利用；同时，基于指定垃圾袋的收费模式更具有公平性，成本也较低。Dahlen和Lagerkvist对瑞典开展生活垃圾按量收费的效果进行了评估，发现采取按量收费的城市人均生活垃圾产生量比未采取这一政策的城市低了20%，按量收费促进了居民自发进行回收利用行为。Reichenbach调研了德国萨克森州试点按量收费制度的效果，发现制度实施仅半年后，该州的人均生活垃圾收集量就下降了12%，分出的可回收物组分也明显增多，实施效果十分显著。

按量收费制度涉及居民身份识别、体积/重量测定和单位定价等多个环节，管理较为复杂，如何更好地向居民传达信息和如何科学地进行制度设计都是这一政策应用的难点。Brown和Johnstone调查了美国家庭对于差异化收费制度的态度，结果表明，政策实行之初居民可能会出于对公平性的担忧或维持现状的愿望而对政策产生一定的抵制态度，但随着政策的推行和对制度的了解会逐渐转为支持态度。Elia等对按量收费制度进行了整体化的考虑，认为目前最易于推广的模式是基于体积的预付费模式，即通过统一设置家庭垃圾箱或垃圾袋的方式按体积进行收费，对居民的信息和垃圾去向的可追溯也是这一政策顺利实施的重要前提。

2. 案例一——日本生活垃圾按量收费制度

日本是世界上实行垃圾处理收费制度较为成功的国家之一。2000年9月至2021年4月，日本市町村的垃圾收费推进情况如图3-16所示。从图中可以看出，2000年9月至2006年10月，垃圾处理收费在日本得到了快速的推进，之后的推进速度有所放缓。截至2021年4月，日本815个市町村中有479个实行了生活垃圾收费制度，占全国市町村总数的近60%。这些地区的垃圾处理费收取方式各有不同，其中有455个地区选择了居民购买垃圾袋进行按量征收的方式，这是在日本应用最为广泛的方式。垃圾袋的收费标准由地方政府根据当地情况确定，价格从10日元到80日元不等，平均来看，一个大号垃圾袋（约40升）的价格为40~

50日元（约合2~2.5元人民币）。对于无法装入垃圾袋的大件垃圾，则使用垃圾处理票进行处理。

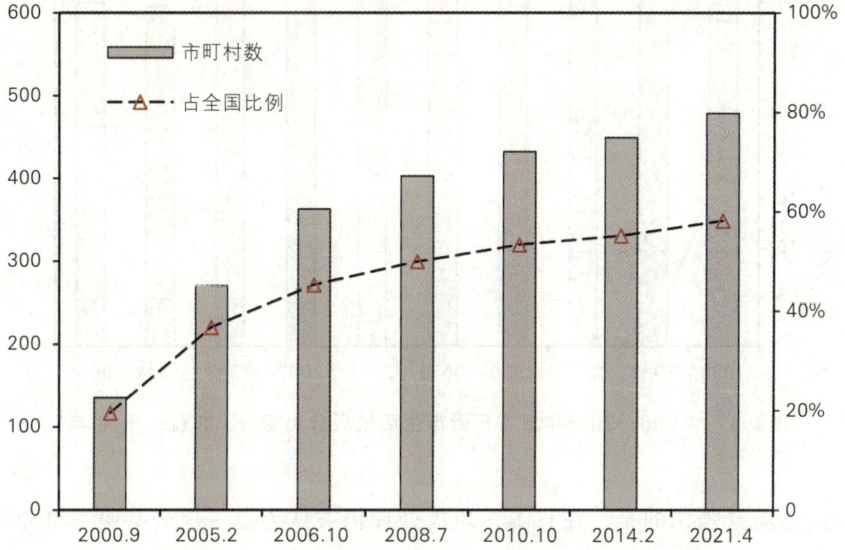

图3-16　2000年9月至2021年4月日本垃圾收费推进情况

以日本东京都日野市为例分析垃圾处理收费对垃圾产生和处理情况的影响。该市在1998年就开始了垃圾处理收费的试点，采用按袋计费的模式，但实行一段时间之后发现减量效果并不理想。于是，当地政府在2000年将平均收费标准由1.2日元/升提高至2日元/升，其中，居民分拣出的资源物，政府可以进行免费回收，在此标准下每户每月的垃圾处理费支出约为500日元。配合垃圾按量收费的实施，日野市还对垃圾收运方式进行了改革，撤去了全市道旁垃圾箱，改为定时定点上门收集，不同类型的垃圾采用不同的收集时间和频次。日野市1996—2005年生活垃圾分出组分如图3-17所示。此次改革对居民的源头减量效果较为明显，人均垃圾日产量下降了近0.2千克。与收费前相比，居民生活垃圾中资源物的分出比例提高了4倍，进入终端填埋场的垃圾量减少为原本的一半，政府因此节省了17%左右的垃圾处理财政支出。

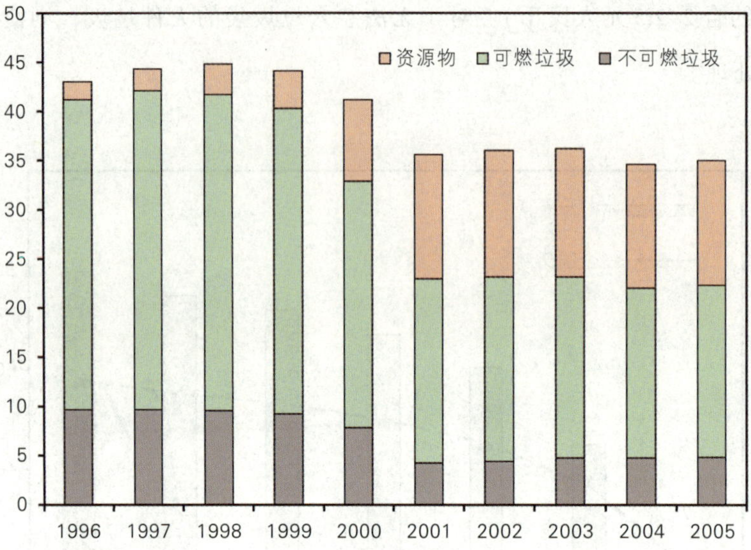

图3-17　1996—2005年日本日野市生活垃圾分出组分（单位：千吨/年）

不过，需要强调的是，在日本，垃圾处理仍被认为是一项公共服务事业，居民无须支付垃圾处理所需的全部费用，按量收费的目的更多的是激励居民进行源头减量。

3. 案例二——美国生活垃圾收费制度

美国的生活垃圾按量计费制度通常被称为Pay-As-You-Throw制度（简称PAYT制度）或Unit Pricing制度，在20世纪八九十年代得到了快速的普及和发展。到2006年，美国有7 095个社区采用了PAYT制度，占美国社区总数的约1/4，覆盖了美国50个州中的48个。从实施结果来看，经济越发达、教育水平越高的地区，PAYT制度实施得越广泛。

美国各州的法律对PAYT制度的推行都有一定程度的鼓励政策，部分州还出台了强制执行的规定。该制度下收取的垃圾处理费的性质是一种附加税，用来覆盖生活垃圾处理的费用。费用通常由两部分组成：一部分是固定费用；一部分是可变费用，除可回收物可以被免费收运外，其他垃圾的投放都应按量缴纳处理费。从实施效果来看，PAYT制度对于生活垃圾的减量效果十分显著，在实行PAYT制度的社区，人均生活垃圾最终处置量是未实行这一制度的社区的一半。

在美国，PAYT制度的实施主要有3种形式：

一是通过垃圾桶收取，每户居民需要向当地固废管理部门申领专用的垃圾桶，垃圾桶的数量、大小和种类对应不同的价格。

二是通过垃圾袋收取，居民在市政网点或零售商店购买印有统一标志的垃圾袋，只有装在这种垃圾袋中的垃圾才会被收运。

三是通过标签或贴纸收取，居民需要向当地的固废管理部门购买专门的标签或者贴纸，并将其贴在自己的垃圾袋上，不同类型的贴纸对应不同尺寸的包装。

这3种方式都体现出按量收费的原则。考虑到美国居民的居住情况，通过垃圾桶进行征收的方式是应用最为广泛的。

在实际应用中，按量收费大多体现为按体积计费，即按照垃圾桶或垃圾袋的体积定量收取，也有少部分社区通过对垃圾称重进行按量收取。美国环保署对不同社区的按量收费政策效果进行评估后认为，按重量计费对于居民的源头减量能起到更加直接的激励效果，但往往成本较高，需要先进技术的辅助；按体积计费的操作和管理成本较小，可以通过指定塑料袋、标签等方式实现，但居民可能会通过压缩垃圾体积来减少交费，不利于减量化的推进。目前，扫码识别、自动称重等技术的普及在很大程度上降低了按重量计费的操作成本，这种收费模式未来可能会得到更为广泛的应用。

3.5.2 差异化收费的实施路径分析

在明确了生活垃圾收费制度的基础上，如何进行差异化收费是决定政策实施效果的关键。从前期调研结果来看，居民的生活垃圾产生总量主要受生活水平的影响，收费对其形成的直接减量效果有限。只有与分类相结合，对厨余垃圾、其他垃圾、可回收物分别采取不同的收费策略，促进居民的源头分类行为，才能最终降低进入后端处理设施的垃圾量。不同的实施路径将产生不同的分类效果，进而影响进入不同处理设施的垃圾数量和质量，最终影响设施运行的成本效益情况。同时，不同的实施路径自身需要不同的成本投入，影响了垃圾处理系统的成本效益情况。国内外对垃圾处理收费的实践已经形成了多种差异化收费的实施路径，现选取其中在中国可行的路径进行分析比较。2019年，北京市生活垃圾分类处理量和处理能力具体数值见表3-8，假设不同类型处理量的变更在这个基础上进行，无须新建处理设施。

表3-8　　2019年北京市生活垃圾分类处理量和处理能力

处理方式	处理量（万吨）	处理能力（万吨）
填埋处理	292	273
焚烧处理	495	582
生物处理	170	297

1. 差异化收费的实施路径构建

（1）S1：传统模式

在传统模式下，居民并未对垃圾进行源头分类，生活垃圾被混装混运后在转运站进行简单的筛分，其中有机质含量较高的筛分中层被运往生物处理设施进行集中处理，而进行生物处理的组分杂质含量过高是导致目前生物处理成本居高不下的一个重要原因。居民的垃圾处理费收取额度为3元/户/月，对居民的投放和分类行为基本不产生影响。

（2）S2：强制分类模式

目前，我国开展垃圾分类试点的城市基本采用了强制分类模式，即通过宣传、监督等方式要求居民进行垃圾分类，对违规投放行为勒令改正或处以罚款，但并未以差异化收费的方式加以约束。在这种模式下，政府要加大对源头分类端人工和宣传成本的投入，考虑计算分类督导员补贴及宣传外包项目费用，源头分类的成本大约为38.12元/吨。同时，由于定时定点的清运模式尚未形成，设备购入、清运频次增加等因素将导致生活垃圾收集运输成本的增加，增幅约为30%。据北京市城市管理委员会2021年的统计数据，在强制分类模式下，居民端的厨余垃圾分出率可达17%，且分出质量较此前明显提高，厨余垃圾处理厂的运行情况得到改善，运行成本约可下降20%。厨余垃圾的分出降低了进入后端处理设施的垃圾的含水率和有机质含量，焚烧厂和填埋的运行成本也相应降低，各自下降幅度为10%。

（3）S3：折合排污量收费模式

折合排污量收费模式是指按照居民的用水量乘以“排污水量折算系数”征收垃圾处理费，目前深圳市的生活垃圾处理费采用了这种收缴模式。这种收费方式操作简便，能实现较高的收缴率，以居民用水量估算垃圾产生量，具有一定的合理性；但这种收费模式对于居民的减量和分类行为基本不具有刺激作用。假设通过这种模式实现了148.39元/吨的收费额度，垃圾组分和后端处理成本效益与传统模式相比未发生变化。

（4）S4-1：按量收费（体积折算）模式

在发达国家被广泛验证可行的一种差异化收费方式是通过体积折算的方法进行按量收费，同时针对不同类别的垃圾采取不同的收费标准，一般是可回收物不收费，厨余垃圾收费标准低于其他垃圾。在这种收费形式下，居民的分类积极性能够得到调动。体积折算一般通过购买统一垃圾袋或租用统一垃圾桶来实现。在日本，90%以上的垃圾处理收费都是通过购买统一垃圾袋来实现，欧洲、美国的许多地区则采用了居民向政府租用统一垃圾桶的收费形式。考虑到中国大部分城市居民的住房以楼房为主，使用统一垃圾袋的形式更为可行。居民需要购买统一的垃圾袋或标签，不同种类垃圾使用的垃圾袋或标签定价不同，环卫部门仅会对使用规定垃圾袋或标签投放的垃圾进行收运。在这种模式下，清运环节的垃圾袋成本和清运过程中的识别分拣成本有所增加，增加额度约为25元/吨。从发达国家的经验来看，这种模式能够实现厨余垃圾大约50%的分出。厨余垃圾组分的分出将导致生物处理的成本效益进一步优化，同时焚烧和填埋的成本相应降低。

（5）S4-2：按量收费（智能称重）模式

差异化收费的另一种实施途径是通过直接称重进行按量收费。由于上门称重的成本过高，一般采用在社区布置智能称重垃圾桶的形式实现。居民通过扫码等方式将垃圾投入垃圾桶中，不同类别的垃圾采取不同的收费标准。由于监管的相对困难，这种收费方式一般在分类较为成熟的阶段实施，目前仅在欧洲、美国的部分社区有试点。从其他学者的研究来看，这种模式下居民垃圾排放的价格弹性会略高于按体积折算，厨余垃圾组分的分出率可以达到60%。但是，在目前的技术水平下，一组智能称重垃圾桶的价格一般在5 000~20 000元不等，这将导致清运环节的成本上升约150元/吨。

2. 系统成本效益变化

根据场景设计，对5种模式下生活垃圾处理的成本效益情况进行计算（如图3-18所示）。计算结果表明，从模式实施后系统的总成本来看，只有S2模式的效益成本比S1模式有所降低，这是因为S2模式未对居民提高收费标准，而分类的进行本身带来了收运和分类成本的增加，尽管垃圾处理的效益在分类的情况下得到改善，但整体而言成本的增加是主要因素。而在S3模式下，尽管对居民进行了收费，但由于收费过程不涉及分类别差异化收费，按量收费又通过用水量间接折算，对居民很难起到刺激作用。S4-1和S4-2两种差异化收费模式均能带来效益成本比的增加，其中S4-1模式的效果最好，这是因为在这种模式下执行相对容易，又能对居民起到显著的刺激作用。而在S4-2模式下，尽管厨余垃圾的分出率达到最高的60%，但清运成本也随之大幅增加，整体效益并非最优。在效益最优的S4-1模式下，生活垃圾处理成本降低6%，同时收益提高37%，效益成本比达到0.29。

另一个值得注意的点是，在分类水平较高的S4-1和S4-2模式下，垃圾处理的成本缺口仍然达到了300元/吨以上。这主要来自清运体系的成本和垃圾处理设施的建厂成本，难以通过提高设施效益实现全覆盖。Rosaria等对日本生活垃圾处理成本的核算结果也佐证了这一点。此外，由于我国生活垃圾中的可回收物长期以来大部分并未进入垃圾处理系统中，通常被居民出售或被拾荒者捡拾，因此，在单一实行差异化收费制度的讨论下，暂不考虑收费对可回收物分出率的影响。

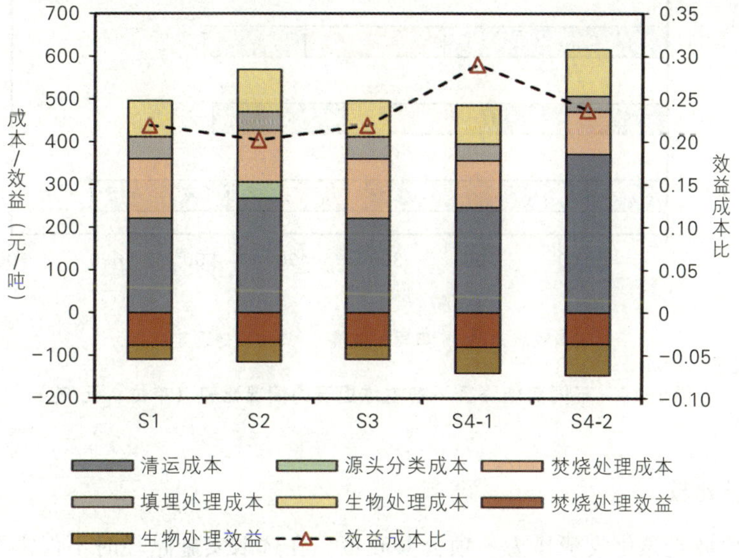

图3-18　不同实施路径下单位生活垃圾处理成本效益情况

3. 各主体担责情况变化

在不同的差异化收费实施路径下，居民的缴纳水平不同，系统产生的进入各处理设施的垃圾数量和质量也不同，垃圾处理的成本和效益不同，系统需要政府补贴的金额也随之变化。图3-19对5种实施路径下政府、居民和垃圾处理利润对垃圾处理成本的覆盖情况进行了对比，结果表明，在未实行收费制度的S1和S2路径下，政府对垃圾处理成本的覆盖率达到了约75%；在实行收费制度的后3种路径下，政府对垃圾处理成本的覆盖率分别降低到了48%、40%和52%，政府的财政负担得以减轻。其中，S4-1模式在政府支付补贴金额最少的同时获得了系统总成本的最低，政府、居民、企业以40%、31%、29%这一较为均衡的比例承担了垃圾处理的全部成本。这说明采用适当的收费手段刺激了居民的源头分类行为，能够在减少政府财政支出的同时，提高整个垃圾处理系统的效率。

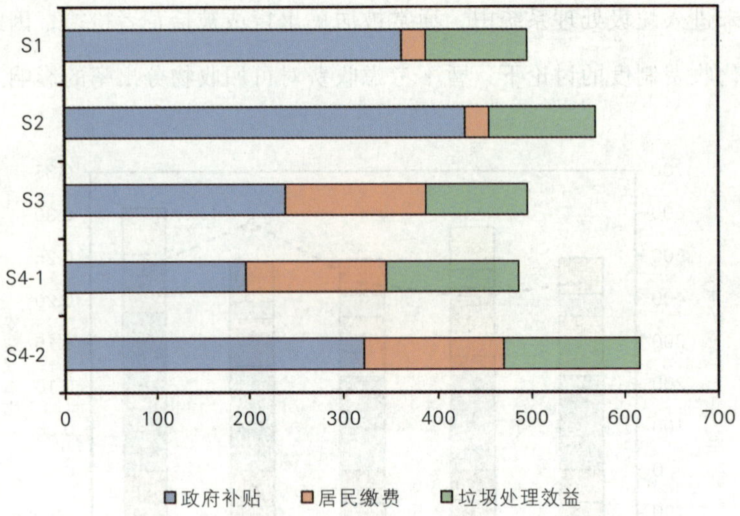

图3-19 不同实施路径下各主体担责的情况比较（单位：元/吨）

4. 可操作性比较

生活垃圾差异化收费作为一项公共政策，在选取实施路径时不仅需要考虑其对系统的成本效益影响和对各主体担责情况的调整效果，还需要结合政策执行的公平性、可操作性等综合考量。

表3-9对不同实施路径下能实现的垃圾处理费收缴水平及公平性、可操作性等性质进行了对比。现阶段大多数城市实行的强制分类同时定额收费的模式，尽管可操作性较强，但上门收缴的形式导致了较低的收缴率和较高的收缴成本，对减量的促进效果较差，也难以保证公平性，亟待进行改革。S4-1和S4-2两种实施路径的减量化效果好，能保证公平性，但收缴成本较高，在目前的技术和管理条件下可操作性不强。而折合排污量收费模式虽然对减量的促进效果不佳，但因其操作简便，可以迅速地进行推广和实施。综上讨论，针对生活垃圾的差异化收费仍需要经历一个逐步发展的阶段，在垃圾分类开展初期，可先通过折合排污量收费的方式提高收缴率和收缴额度，弥补垃圾分类推进过程中的政府大量投入；同时，通过宣传逐渐让居民接受垃圾处理收费的理念。随着垃圾分类的深入开展，可通过试点的方式进

行按体积收费和按重量收费的探索，结合大数据技术和智能识别技术等降低按量收费的成本，逐步实现精细的生活垃圾差异化收费管理。

表3-9　　不同实施路径的可操作性比较

编号	实施路径	收缴率	收缴成本	减量效果	公平性	可操作性
S2	强制分类，定额收取	较低	较高	较差	弱	较强
S3	折合排污量收费	高	低	差	较强	强
S4-1	折合体积分类收费	较高	较高	较好	较强	较弱
S4-2	智能称重分类收费	较高	高	好	强	弱

3.6　结论与政策建议

本研究得出的主要结论如下：

① 我国人均生活垃圾产生量和人均GDP整体上均呈现出不断增长的趋势。面对这种形势，近年来我国的生活垃圾无害化处理也得到了快速的发展，垃圾收运体系日趋完善，后端处理设施的数量和处理能力不断增强。垃圾分类推行一段时间以来，各地政府通过强有力的宣传、桶前值守等监督措施，迅速地让垃圾分类意识在居民中得到了普及，源头分类初见成效。

② 基于深圳市的实际情况，从LCA对不同分类模式的各场景的环境影响和经济效益评价结果可知，在现行模式下，若将垃圾回收利用率自40%提升至46%，可以使环境影响加权结果降低101%，运行成本降低12.8%，土地成本和环境成本也分别降低23.8%和21.6%，但居民时间投入成本增加了68%。对于不可燃垃圾分类与否，目前的分类现状进行不可燃垃圾分类可降低13.6%的土地占用成本，高回收利用率（46%）下环境影响和经济效益变化在置信区间内不敏感。对于厨余垃圾分类与否，目前取消厨余垃圾分类可降低22.2%的居民时间投入成本，但环境影响增加了2.3%，土地占用成本增加了6.1%。在高回收利用率下，不进行

厨余垃圾分类，环境影响提升1.2%，环境影响成本提升3.0%，居民时间投入成本降低18.7%，但除居民时间投入成本外，其余均在置信区间内表现不敏感。综合评价结果显示，在目前的回收利用率下，进行不可燃垃圾分类评分高于现行模式，高回收利用率下现行模式更优，取消厨余垃圾分类在现今或高回收利用率下的表现均不如现行模式。

③ 在发达国家开展垃圾分类的过程中，经济手段对从“末端治理”模式向“源头管理”模式的转变起到了重要的作用。恰当地运用经济手段，能够为生活垃圾的处理提供资金来源，充分调动居民、企业等责任主体，最终实现源头减量，提高资源化利用水平。其中，针对生活垃圾的差异化收费制度和针对其中可回收物的生产者责任延伸制度是两种应用最为广泛的经济手段，二者均以“污染者付费”为原则，对原有垃圾处理的管理和利益链条进行了调整。

④ 差异化收费制度以“多排放多付费”“不分类多付费”为原则设计。在多种差异化收费的实施路径中，按体积差异化收费对系统的成本效益改善情况最好，能使生活垃圾处理成本降低6%，同时收益提高37%。同时，按体积差异化收费对各主体担责的调整效果也最好，能够实现系统成本和政府补贴的同时降低。不过，考虑到前期成本和可操作性，可选择由折合排污量收费逐步过渡至更精准的按量计费。

参考文献

[1] DING Y，ZHAO J，LIU J W，et al. A review of China's municipal solid waste （MSW） and comparison with international regions：Management and technologies in treatment and resource utilization [J]. Journal of Cleaner Production，2021，293（10）：126144.

[2] QY A，MAA B，RZ B，et al. China's green future and household solid waste：Challenges and prospects [J]. Waste Management，2020，105：328-338.

[3] WANG K，ZHAO X，PENG B，et al. Spatio-temporal pattern and driving factors of municipal solid

waste generation in China: New evidence from exploratory spatial data analysis and dynamic spatial models [J]. Journal of Cleaner Production, 2020, 270: 121794.

[4] A comparison study of 'motivation-intention-behavior' model on household solid waste sorting in China and Singapore [J]. Journal of Cleaner Production, 2019, 211 (Feb. 20): 442-454.

[5] LI Y, JIN Y, BORRION A, et al. Current status of food waste generation and management in China [J]. Bioresource Technology, 2019, 273: 654-665.

[6] ZHOU M H, SHEN S L, XU Y S, et al. New policy and implementation of municipal solid waste classification in Shanghai, China [J]. International Journal of Environmental Research and Public Health, 2019, 16 (17).

[7] LI L, YUE G, XINQUAN G, et al. Exploring the residents' intention to separate MSW in Beijing and understanding the reasons: An explanation by extended VBN theory [J]. Sustainable Cities and Society, 2017, 37: 637-648.

[8] ZHENG P, ZHANG K, ZHANG S, et al. The door-to-door recycling scheme of household solid wastes in urban areas: A case study from Nagoya, Japan [J]. Journal of Cleaner Production, 2017, 163: S366-S373.

[9] ELIA V, GNONI M G, TORNESE F. Designing pay-as-you-throw schemes in municipal waste management services: A holistic approach [J]. Waste Management, 2015, 44: 188-195.

[10] BROWN Z S, JOHNSTONE N. Better the devil you throw: Experience and support for pay-as-you-throw waste charges [J]. Environmental Science & Policy, 2014, 38: 132-142.

[11] LUPPI B, PARISI F, RAJAGOPALAN S. The rise and fall of the polluter-pays principle in developing countries [J]. International Review of Law & Economics, 2012, 32 (1): 135-144.

[12] TAI J, ZHANG W, CHE Y, et al. Municipal solid waste source-separated collection in China: A comparative analysis [J]. Waste Management, 2011, 31 (8): 1673-1682.

[13] DAHLEN L, LAGERKVIST A. Pay as you throw: Strengths and weaknesses of weight-based billing in household waste collection systems in Sweden [J]. Waste Management, 2010, 30 (1): 23-31.

[14] MIRANDA M L, EVERETT J W, ROY B, et al. Market-based incentives and residential municipal solid waste [J]. Journal of Policy Analysis & Management, 2010, 13 (4): 681-698.

[15] REICHENBACH J. Status and prospects of pay-as-you-throw in Europe - A review of pilot research

and implementation studies [J]. Waste Management, 2008, 28 (12): 2809-2814.

[16] LISA A, SKUMATZ. Pay as you throw in the US: Implementation, impacts, and experience [J]. Waste Management, 2008, 28 (12): 2778-2785.

[17] GRADUS E. Cost savings in unit-based pricing of household waste: The case of the Netherlands [J]. Resource and Energy Economics, 2004, 26 (4): 353-371.

[18] BAI R, SUTANTO M. The practice and challenges of solid waste management in Singapore [J]. Waste Management, 2002, 22 (5): 557-567.

[19] WERTZ K L. Economic factors influencing household production of refuse [J]. Journal of Environmental Economics & Management, 1976, 2 (4): 263-272.

[20] WEN Y Q L Y. A comparative study of garbage classification practice in different countries [C]. The Fourteenth International Conference on Management Science and Engineering Management, 2020.

[21] THE NATIONAL ENVIRONMENT AGENCY. Waste management [EB/OL]. (2020-05-26) [2021-03-20]. https://www.nea.gov.sg/our-services/waste-management.

[22] 王振宏. 上海生活垃圾分类实施难点解决路径 [J]. 中国资源综合利用, 2020, 38 (12): 150-153.

[23] 董丽丽. 北京垃圾分类工作现存问题与对策建议 [J]. 再生资源与循环经济, 2021, 14 (2): 19-21.

[24] 张蓓佳. 中国城市生活垃圾分类政策的结构特征——基于46个试点城市的政策文本分析 [J]. 中共福建省委党校(福建行政学院)学报, 2021 (1): 134-143.

[25] 于书尧, 杜兵, 巴黑多拉, 等. n-Al/CaO分散混合体应用于生活垃圾焚烧飞灰的重金属固定与六氯苯脱氯效果研究 [J]. 环境卫生工程, 2020, 28 (6): 96.

[26] 浙江省委政研室产业处. 宁波垃圾分类智能化的探索与启示——"搭把手"再生资源回收体系运行情况调查 [J]. 政策瞭望, 2020 (6): 26-27.

[27] 王涵, 李欢, 殷铭, 等. 深圳市生活垃圾源头排放规律与资源化路径分析 [J]. 环境卫生工程, 2020, 28 (3): 21-27.

[28] 鲁圣鹏, 杜欢政. 城市生活垃圾治理"两网融合"实现路径与建议 [J]. 科学发展, 2019 (10): 63-69.

[29] 杜欢政. 上海生活垃圾治理现状、难点及对策 [J]. 科学发展, 2019 (8): 77-85.

[30] 肖雄. 生活垃圾卫生填埋场渗滤液的控制及处理方案探讨 [J]. 中国资源综合利用, 2019, 37 (6): 35-37.

[31] 韩冬梅，次俊熙，金欣鹏. 市场主导型农村生活垃圾治理的美国经验及启示［J］. 经济研究参考，2018（33）：33-39.

[32] 曾玉竹. 德国垃圾分类管理经验及其对中国的启示［J］. 经济研究导刊，2018（30）：159-160.

[33] 张黎. 德国生活垃圾减量和分类管理对我国的启示［J］. 环境卫生工程，2018，26（6）：5-8.

[34] 王桂琴，张红玉，王典，等. 北京市城区生活垃圾组成及特性分析［J］. 环境工程，2018，238（4）：137-141.

[35] 宋薇，蒲志红. 美国生活垃圾分类管理现状研究［J］. 中国环保产业，2017（7）：63-65.

[36] 吴健忠，周旭捷，严小芳，等. 上海城市垃圾分类减量绿色账户制度的成效与优化建议［J］. 上海大学学报（自然科学版），2016，22（2）：197-202.

[37] 吕维霞，杜娟. 日本垃圾分类管理经验及其对中国的启示［J］. 华中师范大学学报（人文社会科学版），2016，239（1）：39-53.

[38] 刘梅. 发达国家垃圾分类经验及其对中国的启示［J］. 西南民族大学学报（人文社会科学版），2011，32（10）：98-101.

[39] 尹秀丽. 日本的生活垃圾收费及减量效果分析——"日野模式"考察［J］. 环境卫生工程，2007，15（4）：19-21.

[40] 宋晓琪. 全流程视角下A市生活垃圾分类管理的困境及优化路径［D］. 苏州：苏州大学，2020.

[41] 于利民. 二战后日本普通废弃物分类回收体系剖析［D］. 苏州：苏州大学，2017.

[42] 曾英武. 深圳生活垃圾治理的困境及其治理模式构建［D］. 深圳：深圳大学，2017.

[43] 朱晓毅. 中国城市垃圾分类回收及资源化管理的现状及对策研究［D］. 上海：复旦大学，2016.

[44] 杭正芳. 邻避设施的区位选择与社会影响研究［D］. 西安：西北大学，2013.

[45] 吴进进. 我国城市生活垃圾分类试点困境研究——基于政策执行的视角［D］. 厦门：厦门大学，2012.

[46] 曹娜. 我国城市生活垃圾处理收费价格研究［D］. 北京：中国地质大学，2010.

第4章 绿色创新虚拟集群对创新绩效的作用机制：基于全球水利产业的实证分析

许冠南 康宁 李高雅 张健赢 周源

4.1 引 言

健康高效的产业集群是提升企业创新能力、推动绿色产业创新发展的重要载体。2021年，国务院《关于加快建立健全绿色低碳循环发展经济体系的指导意见》也提出，要强化企业创新主体地位，支持企业整合高校、科研院所、产业园区等力量建立市场化运行的绿色技术创新联合体。依托集群内部的专业分工和学习网络，集群企业能够通过优化制造工艺、生产技术等方式来加快绿色创新。[1] 但在开放式创新背景下，单纯依靠地理邻近的集群无法满足绿色创新的复杂需求，跨越地理边界的虚拟集群能为企业绿色创新提供更大的资源与成本优势。虚拟集群内的企业不仅能获得不同文化和制度背景下的绿色技术、节能减排工艺和环境规制等相关知识，使产品的绿色属性与消费者的多样化需求相匹配，还能通过信息技术与其他企业在网络空间交流协作，实现成本的有效规避。因此，探究跨越地理边界的绿色创新虚拟集群如何推动绿色创新极为必要。

而现有理论对于虚拟集群的研究较为有限，特别是通过定量方法对虚拟集群作用机制的探索。已有集群相关研究集中在传统地理邻近的产业集群。普遍认为，地理邻近能够推动创新主体间的互动[2]，为信息流动和知识溢出创造有利条件[3]，集群中企业能够在学习和模仿的过程中以更高的效率进行创新[4-5]。随着信息技术的发展及企业创新需求的增强，企业需要突破地理藩篱在更大的范围内探索创新资源[6]，跨越地域限制的虚拟集群（virtual cluster）应运而生。因此，超越实体空间的虚拟产业集群逐渐成为产业发展的新业态，研究其对创新绩效的作用机制具有重要意义。已有研究对虚拟集群进行了初步探索，但大多数研究使用定性方法讨论虚拟集群的概念、成因与内部机理。[7-9] 只有少数学者探讨了虚拟集群的特征如何对企业的绩效与成长产生影响，如虚拟集聚网络规模、互联性和角色多样性等。[10] 但虚拟集群中的不同企业可能拥有异质性的网络关系，并对企业的行为绩效产生不同的影响。因此，虚拟集群对创新绩效的影响机制需要通过定量方法进行更深入的研究。

为解决上述现实问题并弥补理论缺口，本研究构建企业虚拟集群网络特征影响机制的概念模型，进一步剖析虚拟集群内企业网络特征与创新绩效之间的关系。本研究基于1987—2019年全球水利产业涵盖7 429个主体的专利数据，构建大规模组织间网络，之后借助拓扑聚类算法对绿色创新虚拟集群进行识别，最后利用负二项回归对121家核心企业进行回归分析，以验证假设。研究结果表明，企业的虚拟集群内中心度和结构洞均对其创新绩效具有正向影响，且企业规模越小，虚拟集群内中心度对创新绩效的促进作用越强。

本研究主要有以下贡献：

首先，本研究弥补了现有研究对绿色创新虚拟集群探索的不足，通过强调虚拟集群对创新的促进作用，进一步丰富了绿色产业集群相关研究。

其次，本研究打开了绿色创新虚拟集群影响机制的黑箱，对企业在虚拟集群内网络特征对创新绩效的影响机制展开实证研究，同时探索了企业规模在其中的调节作用。

最后，本研究提供了绿色创新虚拟集群识别的有效方法，以大规模专利数据为基础，利用拓扑聚类算法对虚拟集群进行定量识别与剖析。本研究也为绿色产业利用虚拟集群提高创新绩效提供实践与政策启示。

4.2 绿色创新虚拟集群相关研究综述

4.2.1 绿色创新虚拟集群相关概念

关于虚拟集群，已有研究从理论层面对相关含义进行了探讨，类似概念包括“虚拟产业集群”“虚拟企业集群”“虚拟集聚”“集群虚拟化”等。1997年，巴西圣保罗大学等7所大学组成的课题组提出全球虚拟业务（global virtual business, GVB）框架模型，首次提出了虚拟产业集群的概念，认为虚拟产业集群是由具有一定专长等企业组成的集合体。国内2000年最早提出虚拟企业集群的概念，认为新兴网络化信息技术是经济技术前提之一[11]，企业不再受地理位置的限制，能够突破地域边界进行合作，虚拟集群可以被看作传统地理集群的发展与突破[6, 12]。也有学者更强调虚拟集群以合作创新和共同发展为内容和目的[6]，且集群内成员间的合作竞争与知识创新呈现正反馈关系[13]。伴随着组织在信息网络空间中更加紧密耦合，近年来学者借助网络分析方法对虚拟集群中组织间关系进行描绘。[10, 14-15]

由于虚拟集群内的创新主体可以在全球范围内进行学习与交流，所以与传统集群相比，更具有资源和成本方面的优势。从资源角度来看，虚拟集群内的组织能够在更大范围内整合创新。随着知识等资源的分布越来越广[16]，信息技术的发展使得虚拟集群中的组织能够打破地理空间的限制，与全球的伙伴进行合作交流，获得不同文化和制度背景下的技术知识[17]，在全球市场中协同创新。而地理邻近的传统集群聚集在一个地区，缺乏地区开放性，相对封闭的环境弱化了集群内企业的学习能力，导致集群内的组织更易陷入闭门造车的局面[6]，导致集群锁定[18]，不利于其持续创新。因此，虚拟集群能有效避免路径依赖，是获取广泛资源、谋求创新发展的选择。

从成本角度来看，虚拟集群有助于实现创新成本的有效规避。一方面，虚拟集群中的沟通交流在网络空间即可实现，创新要素流动的效率是空前的，分散各地的组织在虚拟层面“面对面”进行协作创新，交易成本大大降低[9]；另一方面，虚拟集群中的创新知识溢出不再依赖地理邻近，企业不需要处于共同的地理位置，缓解了高昂生产要素成本带来的压力。而传统集群中企业的集聚会产生资源拥塞效应[9]，有限地理空间内的土地、劳动力等价格均会上涨，企业面临的资源压力越来越明显，给创新带来巨大的障碍。企业的跨群合作也会因为高昂的交易成本而受到阻碍，无法及时获取更加具有异质性的资源，限制了企业持续创新。因此，虚拟集群的发展成为必然，是进行创新的低成本选择。

对于绿色产业而言，其特有的路径依赖性与双重外部性[19]更促使企业在虚拟空间集聚进行创新。

一方面，绿色产业中创新路径依赖经常出现[19]，虚拟集群是推动绿色创新突破升级的重要途径。绿色创新的生产和采纳都具有较强的网络效应和高昂的转换成本，企业在进行绿色创新时常常依赖过去的发展路径，还会在惯性的作用下不断自我强化，即使新路径也源于已有路径的发展，更易产生锁定效应，路径僵化成为绿色创新的阻碍。因此，对于绿色产业而言，虚拟集群有利于企业突破现有机制和固定模式的路径枷锁进行创新。

另一方面，绿色创新具有独特的双重外部性[20]，虚拟集群能够降低创新成本，提高创新收益。绿色创新同时具有由“知识溢出”“环境溢出”产生的外部性。[20]知识溢出主要有利于同行业，环境溢出则有利于企业所在城市及其居民等利益相关者。但对于创新主体本身来说，无法获得外部性带来的社会收益，且私人获益有限。这进一步妨碍了企业进行绿色创新的意愿，使得企业层面的绿色创新缺乏动力。在这种情况下，企业通过在虚拟空间集聚来进行创新，能够进一步降低成本，使得其获得足够的创新收益。

4.2.2 绿色创新虚拟集群对创新的影响

绿色创新虚拟集群将从两个方面对企业创新绩效产生影响。从资源基础观的视角来看，虚拟集群内成员间紧密的关系使得企业获取并整合资源的成本更低，是绿色创新的低成本选择。虚拟集群企业间的较短距离和紧密联系使企业间相互沟通的难度更小[21]，企业可获取的虚拟集群内部的关键创新资源相对易吸收。特别是对于绿色产业而言，由于企业绿色创新具有特殊的双重外部性特征，同时具有创新收益和环境收益的外溢效应，企业开展绿色创新活动相对于一般创新活动的成本更高、投入风险更大。因此，企业在虚拟空间的集聚能够有效降低创新资源获取和整合的成本，更有利于组织进行绿色创新。

从制度逻辑的视角来看，虚拟集群内密切的联系也会使企业产生制度压力，企业会主动或被动地采取绿色创新行为，并对其绩效产生影响。一方面，企业在寻求合法性和竞争优势的过程中，会发现自身与其他合作伙伴之间的差距，积极学习以提高声誉，面对竞争对手的压力主动选择绿色创新行为。另一方面，企业间密集的互动使得虚拟集群内企业面临更强的模仿压力。有研究发现，同行企业绿色创新会通过产业集群网络影响集群中其他企业的绿色创新行为[22]。因此，虚拟集群中的企业会受到压力的影响，被迫采取创新行为并开展绿色创新。

与此同时，虚拟集群与创新绩效之间的关系也可能受到企业特征的调节。以水利产业为例，其企业规模差异较大，产能从不到1兆瓦到22 500兆瓦不等。[23] 此外，不同规模的企业具有不同的创新能力。[24] 在这种情况下，本研究进一步探讨了企业规模对虚拟集群内网络特征和创新绩效之间关系的调节作用。

4.3 概念模型与研究假设

基于虚拟集群与网络研究的相关文献，本研究构建概念框架（如图4-1所示），并提出研究假设，以探索企业虚拟集群网络特征对创新绩效的影响。同时，企业网络关系为创新绩效的提高提供了潜在机会[25-26]，而这些机会能否实现也取决于企业自身特征[27]等其他权变因素。企业规模作为重要特征，是创新和管理领域的重要调节变量[28-29]，可以反映组织拥有的财务、技术等资源，这会对企业虚拟集群网络特征和创新绩效之间的关系产生影响[24]。因此，本研究进一步考虑了企业规模在企业虚拟集群网络特征对创新绩效的影响机制中的调节作用。

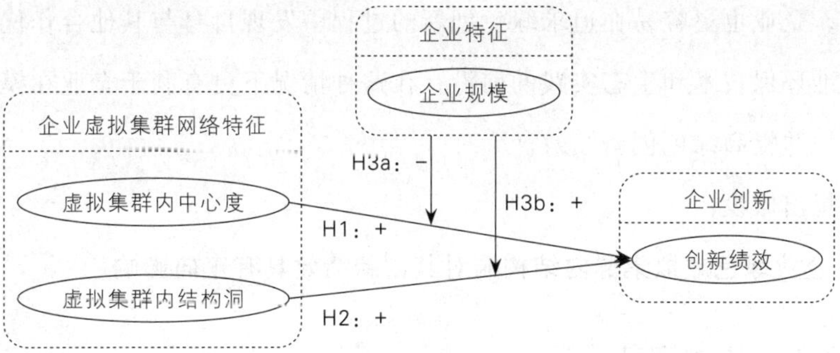

图4-1　概念框架

4.3.1　绿色虚拟集群对企业创新的影响

绿色虚拟集群内广泛的联系有益于企业创新绩效增长。一方面，拥有广泛联系的企业可以轻松地与同一虚拟集群内其他成员交换丰富的信息和知识，在优质资源获取方面具有显著优势，能够增强它们的创新知识基础[30]，这对企业绿色创新发展至关重要。同时，绿色创新活动相对于一般创新活动投入更大，虚拟集群内中心度较高的企业能够依靠声誉效应进行深度合作，有助于为信息和知识的解释提供更多细节性线索，从而降低企业绿色创新的风险。另一方面，高中心度的企业在虚拟集群中面临更大的制度压力，更多的直接合作伙伴传递了更强的竞争压力，暗含着对绿色行业前景及发展契机的判断，有助于企业更为准确地评估实施绿色创新行为的可行性。基于此，提出以下假设：

H1：企业绿色虚拟集群内中心度对其创新绩效具有正向影响。

绿色虚拟集群内丰富的结构洞有益于企业创新绩效增长。一方面，占据结构洞的企业享有信息利益。[31] 通过与同一虚拟集群中不直接相连的企业进行合作，处于结构洞位置的企业能够获得多样化的非冗余信息作为创新知识源[32]，增大了绿色创新重组的可能性[33]，为企业提升绿色创新绩效提供了知识基础。另一方面，位于结构洞的企业同时享有控制利益。[34] 由于其获得了信息访问渠道，能够在企业间进行交换资源和共享知识的过程中发挥中介作用，对比不同合作伙伴提供资源的真实性，企业也更容易在追求绿色创新的过程中发现自身与其他合作伙伴之间的差距，瞄准环保技术和生态实践的前沿，在这种情况下更有利于企业在模仿中获取竞争优势，并提高绿色创新绩效。[35]

据此提出假设：

H2：企业绿色虚拟集群内结构洞对其创新绩效具有正向影响。

4.3.2 企业规模的调节作用

企业规模负向影响虚拟集群内中心度与创新绩效之间的关系。企业在虚拟集群内中心度所产生的创新优势主要来自丰富的绿色技术知识与更大的同群竞争压力。然而，大规模企业可能已经累积充足的创新资源[24]，通过与虚拟集群内其他企业建立直接联系以获取浅层知识、提高创新能力对于大企业而言已不再那么重要。同时，大规模企业通常具有先进的绿色技术与工艺流程，在虚拟集群中面临的竞争压力较小，因此，制度压力对绿色创新的激励作用有限。此外，维持许多组织间关系的成本很高，甚至可能超过其正面影响。[36-37] 在这种情况下，虚拟集群内中心度对创新绩效的积极影响会减弱。而小规模绿色创新企业可能更具灵活性与创造力[38-39]，更可能将获取的虚拟集群内浅层次绿色资源即时转化为环境友好型产品和绿色创新工艺，从而扩大了虚拟集群内中心度对创新绩效的积极影响。

据此提出假设：

H3a：企业规模负向调节虚拟集群内中心度与创新绩效的关系。

企业规模正向影响虚拟集群内结构洞与创新绩效之间的关系。企业在虚拟集群内结构洞所产生的创新优势来自联结不直接相连的合作伙伴而获得的信息利益与控制利益。[31] 从信息利益的角度来看，绿色创新资源需要额外的整合成本才能转化为创新，大规模企业拥有丰富的财务资源和专业的研究人员投资于研发活动，而小规模企业在开展创新活动时面临更多资源限制[40-41]，这都导致大规模企业将各种资源转化为创新的效率更高。从控制利益的角度来看，大规模企业能够利用自身的声誉效应，对比并获取不同合作伙伴提供的优质资源，增强了企业模仿，并获得绿色创新的掌控感，进而规避绿色创新过程中的潜在风险。因此，与小企业相比，大企业在占据结构洞位置时创新效率可能更高。

据此提出假设：

H3b：企业规模正向调节虚拟集群内结构洞与创新绩效的关系。

4.4 基于全球水利产业的绿色创新虚拟集群作用机制实证研究

4.4.1 案例介绍

本研究以全球水利产业为例，对绿色创新虚拟集群展开进一步分析，主要有以下两个原因：

第一，水利产业在过去20多年中迅速发展，在提供电力服务、减缓气候变化等方面发挥了巨大作用[42]，为探索虚拟集群的演变及其对创新绩效的影响提供了充足的窗口期。

第二，水利产业具有运营精细、服务密集的特点[43]，需要价值链上来自全球的承包商、供应商和服务提供商密切合作、协同创新[44]。例如，中国水利集团与欧洲咨询公司、全球制造商（如阿尔斯通）合作在加纳合作建设布维大坝[45]；中国能建葛洲坝国际公司还与美国通用电气公司、意大利普睿司曼集团、韩国水资源公司、希腊Nur-MOH Heliothermal S.A.公司建立了密切的合作关系。可以发现，全球水利产业中的企业开始突破地理界线进行合作，并逐渐形成紧密的虚拟集群以协同创新。

4.4.2 研究方法与数据来源

1. 数据收集与处理

本研究在2020年8月通过德温特世界专利索引数据库（DWPI）检索全球水利产业专利数据。DI（Derwent Innovation）全球专利信息检索平台是一个完整的全球专利数据库，涵盖了USPTO、EPO等40多个权威机构发布的专利信息。因此，从该数据库中获得的水利专利可以反映全球产业的发展趋势。为了准确地识别和获取水利产业专利数据，本研究遵循Jiang等使用的搜索策略。[46] 经过数据清理，共获1987—2019年19 917条水利产业相关专利信息，并基于此构建全球水利产业组织间网络。此外，为了避免专利数据的局限性，本研究还从Osiris数据库中检索了财务数据。通过在Osiris数据库中匹配专利数量前800家企业的名称，本研究最终确定了121家关键企业作为进一步回归分析的样本。此外，还获得了121家企业的3 388条基本财务信息，包括员工人数、资产收益率、研发费用、销售收入等。

本研究基于1987—2019年全球水利产业相关专利数据展开实证研究。图4-2展示了全球水利产业专利数量的动态演变趋势，可以发现，20世纪90年代专利数量较为稳定，2000年后出现较大涨幅。

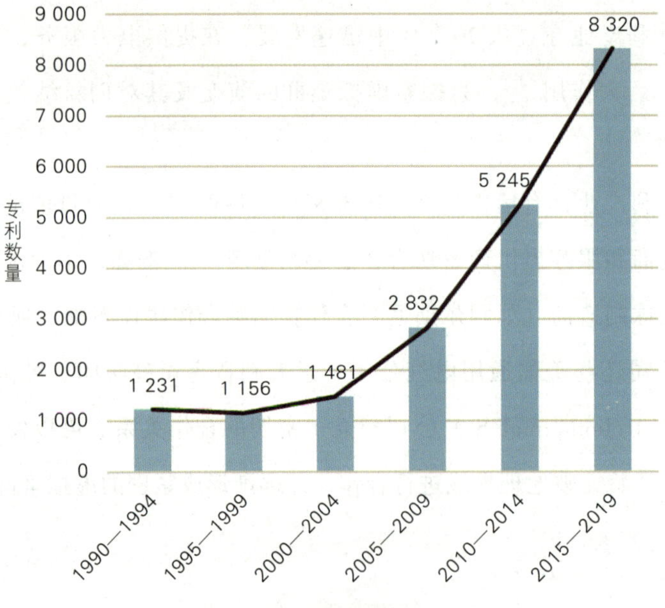

图4-2 1990—2019年每5年全球水利产业专利数量

2. 研究方法

（1）网络构建

本研究基于组织间专利合作关系构建网络。考虑到专利公开年份并不能准确表明合作关系，企业间合作关系可能在专利申请前后存在数年，因此本研究借鉴现有文献以5年为窗口期构建组织间网络[21, 47]，即t年的网络包括（t-4）年至t年内的组织间专利合作关系。本研究以1991—2019年申请过水利产业相关专利的企业为节点，若两家企业为某一专利的共同专利权人，则企业间存在连接，且两家企业共同持有专利的数量为该连接的权重，最终共构建了28个连续的组织间网络。虽然使用专利数据构建网络有一定的局限性，但大量研究证明利用专利数据衡量特定行业的创新活动是有效的[48-49]。因此，利用专利数据探索绿色创新虚拟集群的影响机制具有合理性。

（2）虚拟集群识别

本研究使用拓扑聚类算法来识别虚拟集群。参考已有文献[21, 49-50]，Louvain拓扑聚类算法是群落识别最稳健的方法之一[51]。与传统基于企业属性相似性聚类的方法不同，该方法可以根据网络中节点间的聚集程度将大规模网络划分为多个子群。[21, 52]由于现实中的网络很难提供先验信息，该方法在识别虚拟集群方面更为有效。Louvain聚类算法的优化策略是使划分网络的模块度Q最大化；Q越大，聚类效果越好。模块度Q的定义如下[53]：

$$Q = \frac{1}{2m}\sum_{ij}\left(A_{ij} - \frac{K_i K_j}{2m}\right)^2 \delta\left(c_i c_j\right) \tag{4-1}$$

式中：m表示网络中所有连接的权值之和；A_{ij}表示节点i与节点j连接的权值，如果两个节点没有连接，则$A_{ij}=0$。

（3）变量测度

第一，因变量。

创新绩效（IP）：本研究参考已有研究[54]，利用企业i的专利申请数量表征创新绩效。

第二，自变量。

虚拟集群内中心度（$DCentrality_{WVC}$）：参照已有研究[55]，本研究定义企业i的$DCentrality_{WVC}$计算公式如下：

$$DCentrality_{WVC} = n_i/Clustersize_i - 1 \tag{4-2}$$

式中：n_i表示企业与同一虚拟集群内其他企业具有连接的数量；$Clustersize_i$表示企业所在虚拟集群中的成员总数。

虚拟集群内结构洞（$Structuralhole_{WVC}$）：参考已有研究[31]，本研究定义企业i的$Structuralhole_{WVC}$计算公式如下：

$$Structuralhole_{WVC} = 1 - \sum_{j=1}(P_{ij} + \sum_{q=1} P_{iq}P_{qj})^2 \tag{4-3}$$

式中：企业i、j、q属于同一个虚拟集群，且q ≠ i，j，企业q是企业i和企业j共同邻接的企业，企业i和企业j不邻接；p_{ij}表示在企业i所有邻接的企业中企业j所占的比率，$\sum_{j=1}\left(p_{ij} + \sum_{q=1} p_{iq}p_{qj}\right)^2$为企业i的约束指数。

第三，调节变量。

企业规模（firm size）：为了检验企业规模对虚拟集群网络特征与创新绩效间关系的调节作用，本研究使用员工数量的自然对数对企业规模进行衡量。

第四，控制变量。

为了确保结果稳健，本研究从企业层面和集群层面控制了一系列其他可能对企业创新绩效产生影响的因素。

从企业层面来看：首先，本研究控制了企业的资产回报率（ROA）、研发强度（RDE）和销售额（sales）[21, 56]，并使用其自然对数纠正可能的分布偏度。其次，为了控制企业个体网络位置对其创新绩效的影响，本研究控制了企业的自我网络度中心度（ego network degree centrality），由企业与其他主体直接连接数量与最大可能连接数量的比值来衡量。[30] 最后，本研究控制了企业整体网络密度（global network density），由整体网络中企业间已有连接数量与最大可能连接数量的比值来衡量。[55, 57]

从集群层面来看，本研究控制了虚拟集群的一系列特征[21, 33]，其中集群规模（cluster size）为企业所处虚拟集群的成员总数，集群密度（cluster density）反映了企业所处虚拟集群中企业间已有连接数量与最大可能连接数量的比值。

（4）实证方法

考虑到因变量具有过度分散的特征，本研究采用同时控制个体固定效应和时间固定效应的负二项模型进行回归分析。[58-59] 为了避免潜在的内生性问题，本研究使用（t+1）期因变量 $IP_{i,t+1}$ 对自变量回归以进行因果解释。本研究的回归模型如下：

$$IP_{i,t+1} = \exp\Big(\beta_0 + \beta_1 DCentrality_{WVC\,i,t} + \beta_2 Structuralhole_{WVC\,i,t} + \beta_3 Firmsize_{i,t} + \beta_4 DCentrality_{WVC_{i,t}} \times Firmsize_{i,t} + \beta_5 Structuralhole_{WVC_{i,t}} \times Firmsize_{i,t} + \sum \beta_k Controls_{i,t} + \gamma_{i,t} + \tau_{i,t} + \varepsilon_{i,t}\Big) \quad (4\text{-}4)$$

其中，虚拟集群内中心度、虚拟集群内结构洞和企业规模均进行去中心化处理，以消除不必要的多重共线性。

变量测度的内容总结参见表4-1。

表4-1　　变量测度

项目		变量	测度方式	参考文献	数据来源
因变量		创新绩效 IP	专利数量	[30,60]	DWPI
自变量		虚拟集群内中心度（$DCentrality_{WVC}$）	$n_i/Clustersize_i-1$，其中，n_i表示企业与同一虚拟集群内其他企业具有连接数量；$Clustersize_i$表示企业所在虚拟集群中的成员总数	[55]	DWPI
自变量		虚拟集群内结构洞（$Structuralhole_{WVC}$）	$1-\sum_{j=1}\left(p_{ij}+\sum_{q=1}p_{iq}p_{qi}\right)^2$	[61]	DWPI
调节变量		企业规模（firm size）	员工数量	[30]	Osiris
控制变量	企业层面	资产回报率（ROA）	ROA	[21,56]	Osiris
控制变量	企业层面	研发强度（RDE）	RDE	[21,56]	Osiris
控制变量	企业层面	销售额（sales）	sales	[21,56]	Osiris
控制变量	企业层面	自我网络度中心度（ego network degree centrality）	企业t年已有连接数量与最大可能连接数量的比值	[30]	DWPI
控制变量	企业层面	整体网络密度（global network density）	t年整体网络中企业间已有连接数量与最大可能连接数量的比值	[55,57]	DWPI
控制变量	集群层面	集群规模（cluster size）	企业t年所在虚拟集群中企业数量	[21,33]	DWPI
控制变量	集群层面	集群密度（cluster density）	企业t年所在虚拟集群中企业间已有连接数量与最大可能连接数量的比值	[21,33]	DWPI

4.4.3 全球水利产业的绿色创新虚拟集群识别

1. 全球水利产业的绿色创新网络构建

图4-3显示了全球水利产业组织间网络的基本特征。可以发现，网络中节点数量在2000年后呈现较明显的增长趋势；在2010—2014年达到顶峰，网络中存在2 249个创新主体；最后阶段出现下降趋势，这一趋势可能是由专利数据的限制所导致的。本研究基于专利数据构建了绿色产业的组织间网络[50]，可能会忽略一些专注于创新生态系统中商业活动的组织。此外，产业发展的不同阶段也可能导致创新组织数量的波动。网络中边的数量也呈现出先增长后下降的趋势，在2005—2009年达到最大值，网络中组织间存在2 155条边。

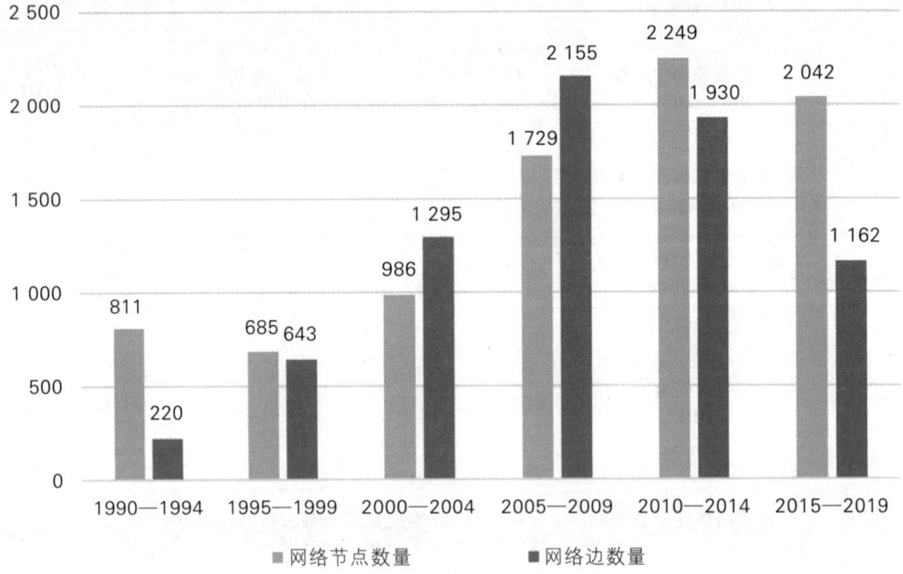

图4-3　全球水利产业组织间网络的基本特征

图4-4显示了全球水利产业组织间网络的网络特征。可以发现，网络密度呈现出先增长后下降的趋势，在1995—1999年达到最大值（0.002745），与网络中边的

变化趋势保持一致。网络的度中心势（0.007426~0.030407）和中介中心势（0.000040~0.009158）都主要处于较低水平，而接近中心势处于较高水平（范围为0.014842~0.117376）。总体而言，3种中心势的增长趋势表明，随着时间的推移，全球水利行业组织间的网络变得更加密集和集中。

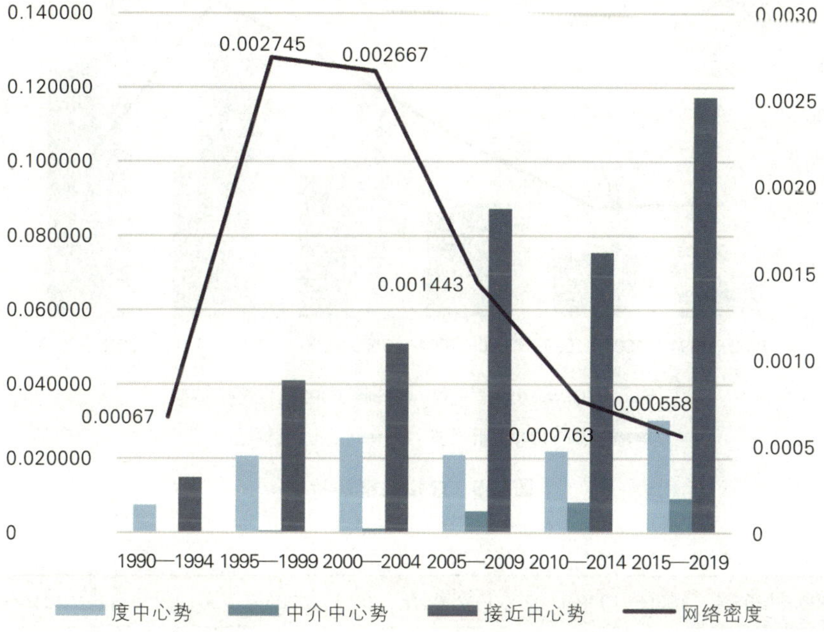

图4-4　全球水利产业组织间网络的网络特征

2. 全球水利产业的绿色创新虚拟集群识别

图4-5显示了虚拟集群的特征。从虚拟集群规模来看，前两个阶段的集群较小，但随着时间的推移，越来越多的孤立组织形成了集群，最后阶段规模前三的集群分别涵盖76、59和56个创新主体。从虚拟集群数量来看，1990—1994年和1995—1999年两个阶段分别有114个和109个虚拟集群，之后虚拟集群数量从2010—2014年的109个持续增加至314个，但在2015—2019年有所下降，共有159个集群。这一现象背后的原因可能是与前一阶段相比，联系更紧密的组

织在最后阶段形成了更大规模的虚拟集群。尤其是近年来，全球水利产业的大型项目迅速增加[62]，导致了更多组织的集聚。这些发现也可以在图4-6中得到验证。

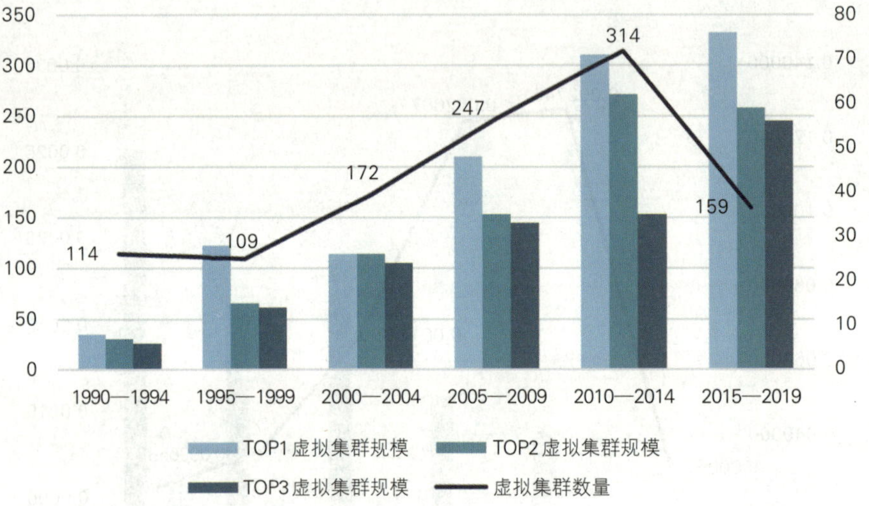

图4-5 虚拟集群的特征

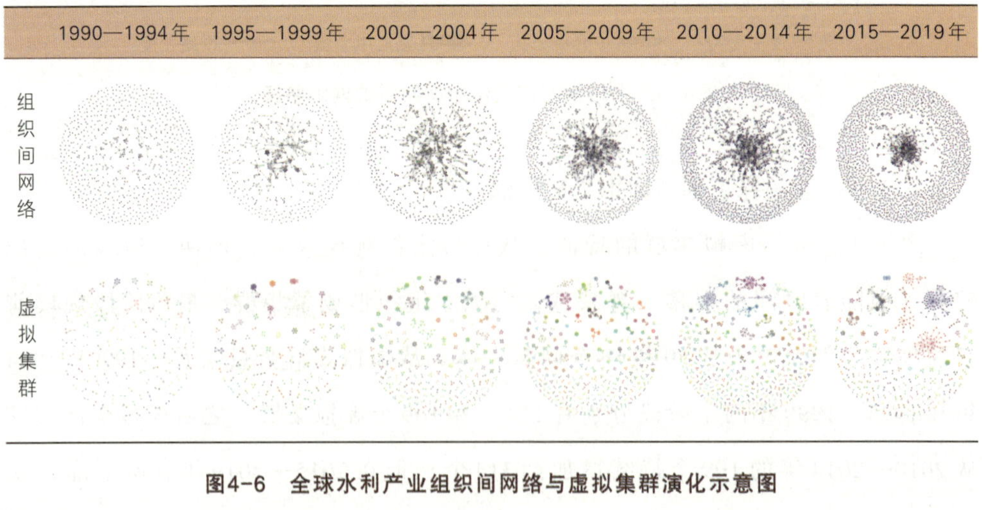

图4-6 全球水利产业组织间网络与虚拟集群演化示意图

4.4.4 全球水利产业的绿色创新虚拟集群作用机制分析

1. 全球水利产业的绿色创新虚拟集群作用机制实证研究

表4-2为变量的描述性统计与相关系数矩阵。可以发现，虚拟集群内中心度与创新绩效之间存在显著的正相关关系（$\beta=0.060$，$p<0.1$），虚拟集群内结构洞与创新绩效之间也存在显著的正相关关系（$\beta=0.430$，$p<0.1$），为假设1和假设2的成立提供了初步证据。

表4-2　　变量描述性统计及相关系数分析

变量	1	2	3	4	5	6	7	8	9	10	11
1.IP	1										
2.ROA [a]	-0.056*	1									
3.RDE [a]	0.054*	0.422*	1								
4.sales [a]	0.061*	0.394*	0.747*	1							
5.ego network degree centrality	0.409*	0.008	0.072*	0.059*	1						
6.cluster size	0.475*	-0.028	0.081*	0.071*	0.533*	1					
7.cluster density	0.042*	0.018	0.025	0.002	0.347*	0.120*	1				
8.global network density	0.109*	0.004	0.145*	0.131*	0.383*	0.248*	0.403*	1			
9.firm size [a]	0.075*	0.331*	0.641*	0.711*	0.059*	0.069*	-0.004	0.106*	1		
10.DCentrality$_{WVC}$	0.060*	0.007	0.077*	0.100*	0.206*	0.017	0.475*	0.685*	0.043*	1	
11.Structuralhole$_{WVC}$	0.430*	-0.016	0.074*	0.057*	0.811*	0.630*	0.194*	0.297*	0.060*	0.115*	1
Mean	0.5369	0.9779	9.6433	13.7891	0.0008	2.9307	0.1760	0.0007	7.6241	0.4472	0.0577
Median	0.0000	1.0526	12.3063	16.2136	0.0000	1.0000	0.0000	0.0006	9.9967	0.0548	0.0000
SD	2.2810	1.0379	5.9223	6.2196	0.0023	9.0357	0.3508	0.0010	4.9024	0.4817	0.1837
Skewness	11.3091	-0.1872	-0.8909	-1.6596	5.3497	5.7372	1.6690	1.1483	-0.8085	0.2086	2.9623

表4-3展示了同时控制个体效应与时间效应负二项模型的回归分析结果。其

中，模型1是基准模型，仅包括控制变量。模型2包括控制变量和调节变量。与先前的研究一致[10]，本研究发现虚拟集群规模对创新绩效具有积极且显著的影响。

表4-3　负二项模型的回归分析结果

	(1) 模型1	(2) 模型2	(3) 模型3	(4) 模型4	(5) 模型5	(6) 模型6	(7) 模型7	(8) 模型8
ROA	-0.015 (-0.272)	-0.015 (-0.265)	-0.023 (-0.399)	-0.008 (-0.141)	-0.017 (-0.293)	-0.032 (-0.561)	-0.017 (-0.304)	-0.032 (-0.566)
RDE	0.005 (0.454)	0.005 (0.459)	0.008 (0.681)	0.007 (0.561)	0.010 (0.811)	0.011 (0.917)	0.008 (0.695)	0.009 (0.791)
sales	0.033*** (2.941)	0.033*** (2.754)	0.032*** (2.629)	0.030** (2.502)	0.029** (2.365)	0.022* (1.827)	0.030** (2.428)	0.023* (1.900)
ego network degree centrality	13.991 (1.186)	13.988 (1.185)	5.958 (0.505)	-11.356 (-0.729)	-22.002 (-1.428)	-9.756 (-0.629)	-23.717 (-1.524)	-11.887 (-0.758)
cluster size	0.025*** (7.990)	0.025*** (7.976)	0.032*** (9.033)	0.022*** (6.561)	0.029*** (7.924)	0.026*** (6.855)	0.029*** (7.943)	0.026*** (6.849)
cluster density	0.153 (1.294)	0.152 (1.291)	0.056 (0.476)	0.163 (1.359)	0.058 (0.479)	0.039 (0.325)	0.061 (0.509)	0.044 (0.362)
global network density	272.222*** (3.957)	272.426*** (3.957)	20.571 (0.226)	258.798*** (3.743)	-6.612 (-0.073)	0.463 (0.005)	-9.017 (-0.099)	-5.149 (-0.057)
firm size		-0.001 (-0.080)	0.001 (0.060)	0.002 (0.168)	0.005 (0.350)	0.067*** (3.330)	0.001 (0.048)	0.063*** (2.977)
$DCentrality_{WVC}$ (a)			0.606*** (3.961)		0.642*** (4.190)	1.353*** (6.020)	0.649*** (4.229)	1.361*** (6.062)
$Structuralhole_{WVC}$ (b)				0.696*** (2.842)	0.773*** (3.180)	0.716*** (2.969)	0.646** (2.070)	0.575* (1.874)
firm size *a						-0.091*** (-4.498)		-0.091*** (-4.513)
firm size *b							0.018 (0.653)	0.020 (0.746)
常数项	-0.810*** (-3.817)	-0.811*** (-3.818)	-1.065*** (-4.771)	-0.857*** (-4.030)	-1.143*** (-5.071)	-1.553*** (-6.135)	-1.117*** (-4.893)	-1.521*** (-5.941)
个体固定效应	Yes	Yes	Yes	Yes	Yes	Yes	Yes	Yes
年度固定效应	Yes	Yes	Yes	Yes	Yes	Yes	Yes	Yes
样本量	3 276	3 276	3 276	3 276	3 276	3 276	3 276	3 276
chi2	220.86	220.81	245.31	226.45	251.90	258.23	254.77	262.17

模型3至模型5检验了本研究的主效应。模型3检验了假设H1，可以发现，企业虚拟集群内中心度对其创新绩效具有显著的正向影响（$\beta=0.606$，$p<0.01$），模型5、6、7和8中的虚拟集群内中心度的影响也显著为正（$p<0.01$），假设H1得到支持。企业在虚拟集群中建立联系能够获得更多浅层次的绿色创新资源和信息，有利于提高企业的创新绩效。[30] 模型4检验了假设H2，可以发现，企业虚拟集群内结构洞对其创新绩效具有显著的正向影响（$\beta=0.696$，$p<0.01$），模型5、6、7和8的结果保持稳健，假设H2得到支持。企业占据虚拟集群内结构洞的位置能够获得可以带来集群内非冗余的绿色信息和知识，为企业创新绩效的提高提供了可能。[31] 与现有研究不同的是[57，63]，企业的自我网络度中心度和整体网络密度并不总是对创新绩效产生显著影响。

模型6至模型7检验了本研究中企业规模的调节效应。模型6检验了假设H3a，可以发现，企业规模与虚拟集群内中心度的交互项对创新绩效具有显著的负向影响（$\beta=-0.091$，$p<0.01$），模型8的结果保持稳健（$\beta=-0.091$，$p<0.01$），假设H3得到支持。这表明企业规模在虚拟集群内中心度与创新绩效之间的关系中起负向调节作用。图4-7也表明，对于小规模企业而言，虚拟集群内中心度对创新绩效的正向影响更大。与现有研究一致，企业网络特征与创新绩效之间的关系受企业自身特征的调节。[24，27] 模型7检验了假设H3b，可以发现，企业规模与虚拟集群内结构洞的交互项对创新绩效的影响不显著（$\beta=0.018$，$p>0.1$），模型8的结果保持一致，假设H3b未得到支持。这表明大规模企业通过虚拟集群内结构洞获得的绿色创新收益并不总是超过小规模企业，原因可能是企业创新转型不仅取决于企业所拥有的资源和声誉，还取决于企业的战略定位。[64] 大规模企业虽然拥有丰富的财力和专业的创新研究人员，但其创新的战略方向并不确定。

2. 研究结论

本研究探索了企业在虚拟集群内网络特征如何影响其创新绩效，同时探讨了企业规模在其中的调节作用，并以全球水利产业为例展开实证研究。本研究主要有以下结论：

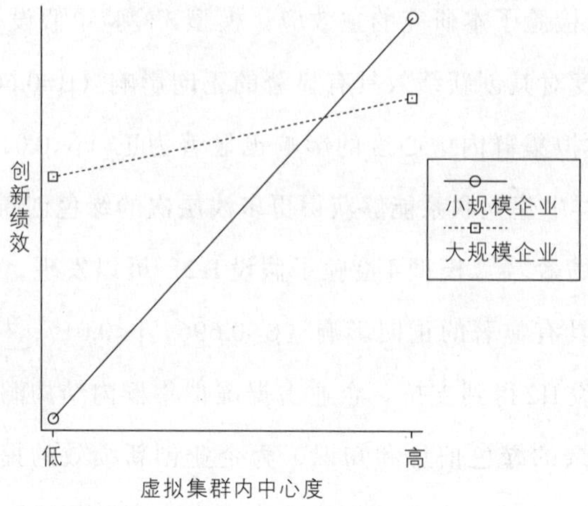

图4-7 虚拟集群内中心度、创新绩效与企业规模之间的相互作用

首先，实证结果表明，当企业在虚拟集群中拥有更高中心度或占据更多结构洞位置时，有更好的创新表现。企业拥有较高虚拟集群内中心度时，能够轻松地与集群内其他成员交换绿色创新知识和其他资源，为创新提供关键材料。同时，在虚拟集群内占据更多结构洞位置的企业可以获得信息和控制优势，进行绿色创新时具有显著优势。

其次，企业规模对虚拟集群内中心度与创新绩效间的关系具有负向调节作用。小规模企业可以充分利用虚拟集群内的网络连接，产生更好的绿色创新绩效。然而，企业规模对虚拟集群内结构洞与创新绩效之间关系的调节作用并不显著，需要进一步分析。

4.5 结论与政策建议

本研究结果对企业实践和政府决策具有重要启示。

绿色产业企业作为重要的创新主体，应借助虚拟集群来突破地理边界的限制进行创新。一方面，企业应在集群内构建更广泛的合作关系，及时了解绿色产业内技术前沿和市场动态，充分挖掘虚拟集群带来的资源和成本优势进行创新；另一方面，企业应当提升自身在集群中的控制力，避开集群内企业间相对同质化竞争，以掌握绿色创新的主动权。此外，企业进行创新时也要考虑自身特征与虚拟集群内网络结构是否匹配。对于小规模企业而言，应充分构建虚拟集群内的连接，吸收集群内部绿色技术相关知识，跟随集群内部龙头企业进行绿色产品生产与环保工艺改造，以迅速掌握先进绿色技术进行创新。

对于政府而言，要加强“自上而下”的引导，加快建设跨区域的绿色产业创新虚拟集群。一方面，要打破行政区划限制，在全国层面统筹绿色产业生产力布局，形成跨区域分工合作和产业协同的创新虚拟集群，打好虚拟集群与传统集群共同发力的组合拳；另一方面，要着力培育一批绿色产业集群大平台，采取政府引导、市场主导的方式提出群落虚拟化转型的思路和方案，充分发挥其在网络中的枢纽作用，有效连接高校、企业及中介机构等组织，实现虚拟集群内各主体互融共生、分工合作、利益共享。

参考文献

[1] 奉小斌，刘皓. 集群企业跨界搜索对绿色创新的影响研究——管理解释的调节作用 [J]. 研究与发展管理，2021，33 (4)：28-40.

[2] POUDER R，ST JOHN C H. Hot spots and blind spots：Geographical clusters of firms and innovation [J]. Academy of Management Review，1996，21 (4)：1192-1225.

[3] BELL G G. Clusters，networks，and firm innovativeness [J]. Strategic Management Journal，2005，26 (3)：287-295.

[4] PORTER M E，STERN S. Innovation：Location matters [J]. MIT Sloan Management Review，2001，42 (4)：28-36.

[5] MALMBERG A，MASKELL P. Localized learning revisited [J]. Growth & Change，2006，37 (1)：1-18.

[6] 吴文华，张琰飞. 企业集群的演进——从地理集群到虚拟集群 [J]. 科技管理研究，2006 (5)：

47-50.

[7] 陈小勇. 产业集群的虚拟转型［J］. 中国工业经济，2017（12）：78-94.

[8] PASSIANTE G，SECUNDO G. From geographical innovation clusters towards virtual innovation clusters：The innovation virtual system［C］. Dortmund：The 42nd Congress of the European Regional Science Association："From Industry to Advanced Services-Perspectives of European Metropolitan Regions"，2002：1-22.

[9] 王如玉，梁琦，李广乾. 虚拟集聚：新一代信息技术与实体经济深度融合的空间组织新形态［J］. 管理世界，2018，34（2）：13-21.

[10] 张睿倩，刘昊倬，谢一臻，等. 虚拟集聚型网络关系、制度逻辑差异与数字赋能型企业成长——基于云计算企业的研究［J］. 科研管理，2021，42（8）：92-101.

[11] 陶维国. 虚拟企业集群：网络经济中规模经济的新形式［J］. 经济管理，2000（12）：27-28.

[12] 孙耀吾，曾德明. 基于技术标准合作的企业虚拟集群：内涵、特征与性质［J］. 中国软科学，2005（9）：98-105.

[13] 高长元，杜鹏. 高技术虚拟产业集群成员企业合作竞争与知识创新的关系研究［J］. 管理学报，2010，7（2）：212-217.

[14] 高长元，王京. 网络视角下软件产业虚拟集群创新扩散模型研究［J］. 管理科学，2014，27（4）：123-132.

[15] 王京，高长元. 软件产业虚拟集群创新网络演化模型及拓扑结构特征研究［J］. 管理评论，2014，26（12）：29-37.

[16] GITTELMAN M. Does geography matter for science-based firms? Epistemic communities and the geography of research and patenting in biotechnology［J］. Organization Science，2007，18（4）：724-741.

[17] PATEL P C，FERNHABER S A，MCDOUGALL-COVIN P P，et al. Beating competitors to international markets：The value of geographically balanced networks for innovation［J］. Strategic Management Journal，2014，35（5）：691-711.

[18] BOSCHMA R. Proximity and innovation：A critical assessment［J］. Regional Studles，2005，39（1）：61-74.

[19] 杨阳，曾刚，葛世帅，等. 国内外绿色创新研究进展与展望［J］. 经济地理，2022，42（3）：10-21.

[20] 李旭. 绿色创新相关研究的梳理与展望［J］. 研究与发展管理，2015，27（2）：1-11.

[21] SYTCH M，TATARYNOWICZ A. Exploring the locus of invention: The dynamics of network communities and firms' invention productivity [J]. Academy of Management Journal，2014，57 (1): 249-279.

[22] 郝祖涛，严良，谢雄标，等. 集群内资源型企业绿色行为决策关键影响因素的识别研究 [J]. 中国人口·资源与环境，2014，24 (10): 170-176.

[23] IHA. 2021 hydropower status report: Sector trends and insights [R]. London: 2021.

[24] ROGERS M. Networks，firm size and innovation [J]. Small Business Economics，2004，22 (2): 141-53.

[25] ADLER P S，KWON S-W. Social capital: Prospects for a new concept [J]. Academy of Management Review，2002，27 (1): 17-40.

[26] SODA G，STEA D，PEDERSEN T. Network structure，collaborative context，and individual creativity [J]. Journal of Management，2019，45 (4): 1739-1765.

[27] SHIPILOV A V. Network strategies and performance of Canadian investment banks [J]. Academy of Management Journal，2006，49 (3): 590-604.

[28] AHUJA G，LAMPERT C M，TANDON V. 1 moving beyond Schumpeter: Management research on the determinants of technological innovation [J]. The Academy of Management Annals，2008，2 (1): 1-98.

[29] LEE J，KIM M. Market-driven technological innovation through acquisitions: The moderating effect of firm size [J]. Journal of Management，2016，42 (7): 1934-1963.

[30] AHUJA G. Collaboration networks，structural holes，and innovation: A longitudinal study [J]. Administrative Science Quarterly，2000，45 (3): 425-455.

[31] BURT R S. Structural holes: The social structure of competition [M]. Cambridge，MA: Harvard University Press，2009.

[32] YANG H，LIN Z，LIN Y. A multilevel framework of firm boundaries: Firm characteristics，dyadic differences，and network attributes [J]. Strategic Management Journal，2010，31 (3): 237-261.

[33] CLEMENT J，SHIPILOV A，GALUNIC C. Brokerage as a public good: The externalities of network hubs for different formal roles in creative organizations [J]. Administrative Science Quarterly，2018，63 (2): 251-286.

[34] VASUDEVA G，ZAHEER A，Hernandez E. The embeddedness of networks：Institutions，structural holes，and innovativeness in the fuel cell industry［J］. Organization Science，2013，24（3）：645-663.

[35] SODA G，TORTORIELLO M，IORIO A. Harvesting value from brokerage：Individual strategic orientation，structural holes，and performance［J］. Academy of Management Journal，2018，61（3）：896-918.

[36] FLEMING L，WAGUESPACK D M. Brokerage，boundary spanning，and leadership in open innovation communities［J］. Organization Science，2007，18（2）：165-180.

[37] SYTCH M，TATARYNOWICZ A，GULATI R. Toward a theory of extended contact：The incentives and opportunities for bridging across network communities［J］. Organization Science，2012，23（6）：1658-1681.

[38] ZHOU Y，XU G，HU W，et al. Exploring network communities in innovation ecosystem：Contingency effects of collaboration orientation［Z］. Research Policy Special Issue Conference "Innovation Ecosystems and Ecosystem Innovation"，2020.

[39] NIETO M J，SANTAMARÍA L. Technological collaboration：Bridging the innovation gap between small and large firms［J］. Journal of Small Business Management，2010，48（1）：44-69.

[40] FELLER I，AILES C P，ROESSNER J D. Impacts of research universities on technological innovation in industry：Evidence from engineering research centers［J］. Research Policy，2002，31（3）：457-474.

[41] FONTANA R，GEUNA A，MATT M. Factors affecting university-industry R&D projects：The importance of searching，screening and signalling［J］. Research Policy，2006，35（2）：309-323.

[42] SUN L，NIU D，WANG K，et al. Sustainable development pathways of hydropower in China：Interdisciplinary qualitative analysis and scenario-based system dynamics quantitative modeling［J］. Journal of Cleaner Production，2021，287（Mar.10）：125528.1-125528.19.

[43] ZHOU Y，MIAO Z，URBAN F. China's leadership in the hydropower sector：Identifying green windows of opportunity for technological catch-up［J］. Industrial and Corporate Change，2020，29（5）：1319-1343.

[44] GABRIELSSON J，POLITIS D，PERSSON K M，et al. Promoting water-related innovation through networked acceleration：Insights from the water innovation accelerator［J］. Journal of Cleaner

Production，2018，171（Jan.10）：S130-S139.

[45] HAN X，WEBBER M. From Chinese dam building in Africa to the belt and road initiative：Assembling infrastructure projects and their linkages［J］. Political Geography，2020，77：102102.

[46] JIANG H，QIANG M，LIN P. A topic modeling based bibliometric exploration of hydropower research［J］. Renewable & Sustainable Energy Reviews，2016，57：226-237.

[47] GUAN J，LIU N. Exploitative and exploratory innovations in knowledge network and collaboration network：A patent analysis in the technological field of nano-energy［J］. Research Policy，2016，45（1）：97-112.

[48] BELENZON S，PATACCONI A. Innovation and firm value：An investigation of the changing role of patents，1985-2007［J］. Research Policy，2013，42（8）：1496-1510.

[49] WANG W，LU S. University-industry innovation community dynamics and knowledge transfer：Evidence from China［J］. Technovation，2021，106：102305.

[50] XU G，HU W，QIAO Y，et al. Mapping an innovation ecosystem using network clustering and community identification：A multi-layered framework［J］. Scientometrics，2020，124（3）：2057-2081.

[51] BLONDEL V D，GUILLAUME J-L，LAMBIOTTE R，et al. Fast unfolding of communities in large networks［J］. Journal of Statistical Mechanics：Theory and Experiment，2008（10）：P10008.

[52] NEWMAN M E J. Fast algorithm for detecting community structure in networks［J］. Physical Review，E. Statistical，Nonlinear，and Soft Matter Physics，2004，69（6 Part 2）：066133.

[53] CLAUSET A，NEWMAN M E J，MOORE C. Finding community structure in very large networks［J］. Physical Review，E. Statistical，Nonlinear，and Soft Matter Physics，2004，70（6 Part 2）：066111.

[54] HALL B H，GRILICHES Z，HAUSMAN J A. Patents and R&D：Is there a lag?［R］. NBER Working Papers1454，National Bureau of Economic Research，Inc.，1984.

[55] FREEMAN C. Networks of innovators：A synthesis of research issues［J］. Research Policy，1991，20（5）：499-514.

[56] GRIGORIOU K，ROTHAERMEL F T. Organizing for knowledge generation：Internal knowledge networks and the contingent effect of external knowledge sourcing［J］. Strategic Management Journal，2017，38（2）：395-414.

[57] GILSING V，NOOTEBOOM B，VANHAVERBEKE W，et al. Network embeddedness and the exploration of novel technologies：Technological distance，betweenness centrality and density [J]. Research Policy，2008，37 (10)：1717-1731.

[58] HAUSMAN J，HALL B H，GRILICHES Z. Econometric models for count data with an application to the patents-R&D relationship [J]. Econometrica，1984，52 (4)：909-938.

[59] HAMILTON B H，NICKERSON J A. Correcting for endogeneity in strategic management research [J]. Strategic Organization，2003，1 (1)：51-78.

[60] LAHIRI N，NARAYANAN S. Vertical integration，innovation，and alliance portfolio size：Implications for firm performance [J]. Strategic Management Journal，2013，34 (9)：1042-1064.

[61] BURT R S. Structural holes：The social structure of competition [M]. Cambridge，MA：Harvard University Press，1992.

[62] LI X-Z，CHEN Z-J，FAN X-C，et al. Hydropower development situation and prospects in China [J]. Renewable and Sustainable Energy Reviews，2018，82 (Part 1)：232-239.

[63] GONZALEZ-BRAMBILA C N，VELOSO F M，KRACKHARDT D. The impact of network embeddedness on research output [J]. Research Policy，2013，42 (9)：1555-1567.

[64] ADAMS P，FREITAS I M B，FONTANA R. Strategic orientation，innovation performance and the moderating influence of marketing management [J]. Journal of Business Research，2019，97：129-140.

第5章　局部个性化冷热调节技术的产业应用情况

曹彬　李思师　范俊珲　范宇宸

我国建筑领域用能占全国总能耗30%以上，其中大部分用于营造舒适健康的室内环境。传统的建筑空调采暖系统，以整体空间为调控对象，既难以满足室内人员差异化的热舒适需求，又带来较高的能源消耗。而作为更加有针对性、个性化的技术方案，局部冷热调节技术近年来得到了较快发展。例如，日本有的大型写字楼内采用了工位隔板辐射降温系统，工作人员可以自行调节适宜的冷辐射温度；美国企业针对住宅开发了新型智能化吊扇，既舒适又节能，其研发工作甚至得到劳伦斯伯克利国家实验室的支持。另一方面，在一些极端环境下，无法使用空调采暖设备，使得便携、可穿戴的局部冷热调节装备的作用更加重要，如可降温医用防护服、冬奥期间的智能保暖加热服等。本章将从上述角度入手，介绍典型的个性化冷热调节技术发展与应用情况。

5.1　适用于办公建筑的个性化冷热调节技术

5.1.1　概　述

目前在办公建筑中，采暖、通风和空调（HVAC）系统运行能耗巨大，也是建筑行业碳排放来源之一。但是在试图降低建筑运行能耗时又以不能损失人员舒适度作为前提。与此同时，传统的HVAC系统面向整个室内环境，不能充分考虑个人差异，即每个人都有不同的冷热偏好。例如，当一个人调低或调高空调温度时，会直接影响其他用户的舒适度。这往往会造成建筑环境热舒适性较差、用户满意度较低等问题。

为了解决此问题，人们提出了个体舒适系统。个体舒适系统只负责调节人员工作区的环境参数，能为人员提供所在区域即时热环境的个性化选择与调节，有助于提高人员热舒适性和减少建筑总能耗。目前适用于办公建筑的个体舒适系统按能源类型主要分为空调冷热源系统和电源驱动。前者主要有工位送风空调、工位辐射空调，后者主要有调温座椅、暖脚器、风扇等。当然，这种分法并不是绝对的，本部分只介绍已实际应用的各种典型系统或设备，除此之外还有其他个体舒适系统（如辐射式降温织物等）正处于实验研发阶段，此处不再介绍。

5.1.2 工位送风空调

工位区是指人员工作活动的主要区域，工位以外的其他区域是背景区。工位送风空调能使工位区的热环境由使用者直接控制，理论上只需保证工位区的环境满足人体热舒适需求即可，而将背景区如过道、走廊等非滞留空间的环境条件保持在一定的可接受程度即可。工位送风空调提出了一种个性化的送风理念，强调个人对工作区环境的控制。个人可以根据自己的需要调节工作区的送风温度、送风量、风速和风向，增强工作区环境的舒适性与提高满意度；至于周围环境，则相对保持不变，这样就可以降低HVAC系统的能耗。

工位送风空调系统按照送风方式可以分为地板工位送风系统、隔板工位送风系统、桌面工位送风系统和顶部工位送风系统。

1. 地板工位送风系统

地板工位送风系统由地板送风系统演变而来，将送风口安装在工作人员周围的地板上，主要承担工位区的热湿负荷。但是地面容易积聚灰尘、杂质，这会污染地板工位送风系统的新风。另外，该送风方式容易在工作人员脚踝处产生吹风感。

图5-1是日本清水建设公司研发的应用于该公司新总部大楼的送风系统示意图[1-2]，该系统采用了顶棚辐射板系统和地板工位送风系统相结合的空调方式。在天花板表面设置辐射板调节房间背景环境，在办公桌下方的地面设置工位空调送风口负责调节人员工位区。如图5-2（a）所示，通过开闭送风口调节气流参数，为在岗的工作人员提供个性化选择，增强办公区环境舒适度。与一般节能建筑相比，这种送风系统的节能效果约为30%。

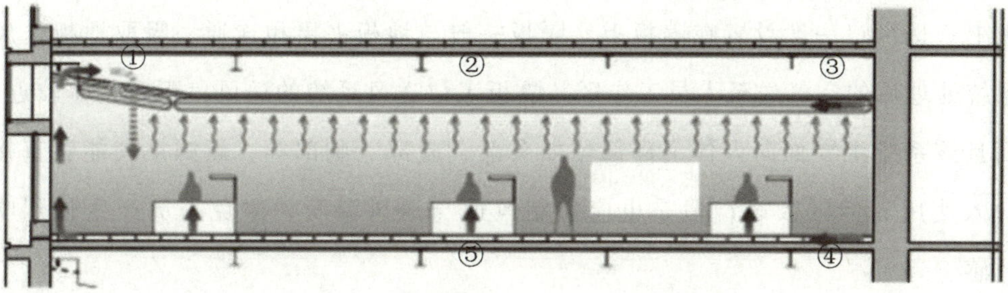

注：①周边混合型辐射板；②中心区顶棚辐射板；③由街区空调设备供应的冷水；④经除湿空调机处理的调温调湿空气；⑤工位地面空调进风口。

图5-1　工位+背景辐射送风系统示意图[2]

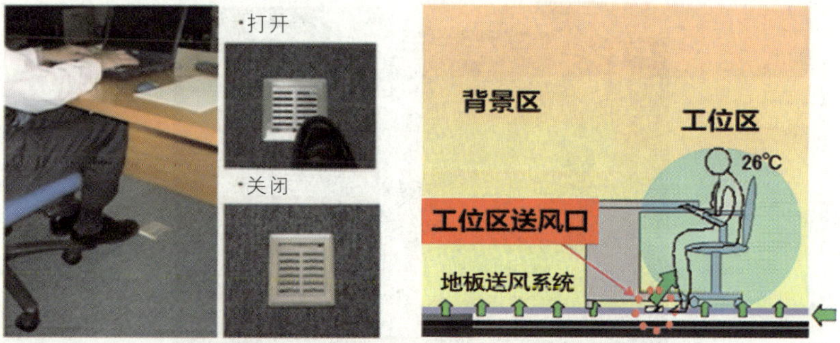

（a）地板工位送风系统送风口　　（b）工位+背景地板送风系统示意图

图5-2　两种送风系统示意图[3]

此外，地板工位送风系统还可以与地板送风系统相结合（如图5-2（b）所示）。该系统也是由日本清水建设公司研发，并被应用于该公司的技术研究所新主楼。[3] 地板送风系统负责调节房间背景环境，而地板工位送风系统只负责调节人员工位区。地板送风系统可以提高室内设定温度，实现节能，而地板工位送风系统以较低温度送风来满足人体热舒适需求。据调查，当室内设定温度由27℃提升至28℃时，人员的热舒适感觉几乎相等，但空调系统总能耗可以降低18%。

2. 隔板工位送风系统

隔板工位送风系统也称工作间工位送风系统。该系统高度集成在工作间隔板上。送风口一般设置在隔板上，隔板一般与地板夹层相连通，吸取地板送风系统处理后的空气送至人员工作区。隔板工位送风系统的送风口距离人体较近，而且该系统主要面向人体上部部位如头部、脸部、胸部等，新鲜空气能够直接送入使用者的呼吸区；但是也应控制风速与送风温度，避免人员产生强烈吹风感。

万宝至马达株式会社总部大楼[6] 采用了地板送风系统与隔板工位送风系统相结合的空调系统。图5-3是隔板工位送风系统送风口实物图，图5-4是隔板工位送风系统示意图。

图5-3 隔板工位送风系统送风口实物图[6]

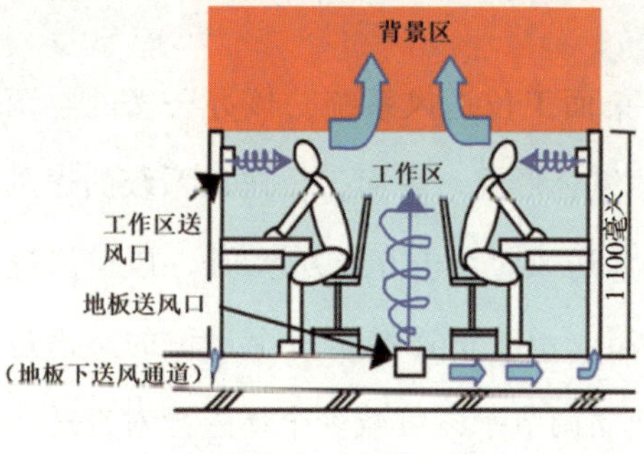

（a）垂直面示意图

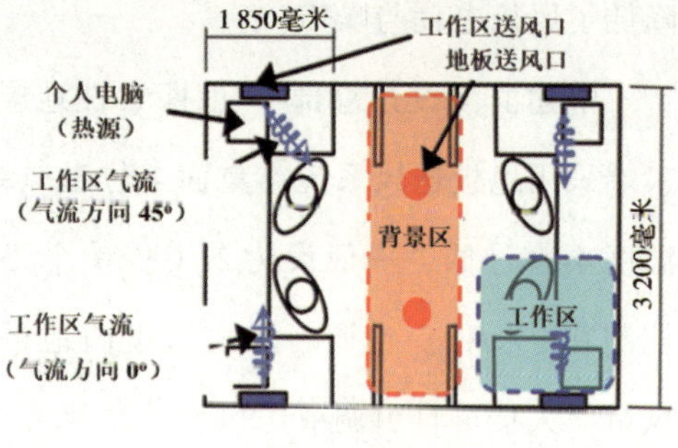

（b）水平面示意图

图5-4　隔板工位送风系统示意图[7]

地板送风系统将气流送至人员活动区（地面以上1.7米）。在垂直方向上，由于温度分层，空调区可划分为人员活动区和非人员活动区。隔板又将人员活动区分为背景区和工位区两个部分，其中工位区利用隔板工位送风系统调节人员占有区的气温。经处理后的空气进入地板夹层，一部分从工位间的隔板送风口处吹出，形成工位空调；另一部分从地板夹层顶端送风口处吹出，形成背景空调。送风量由地板夹层和办公室之间的压差决定。工作区的隔板送风口由个人单独控制，空气速度可由送风口上的百叶窗的开闭来控制，另外可通过移动百叶窗上的格栅叶片将气流的方向控制在0°~45°。

Akimoto等[7]在总部大楼内进行了热舒适主观实验，通过现场测量研究了使用隔板工位送风系统的工作人员的热舒适性。在人员使用并控制该系统时，热感觉大多是中性的，感觉不舒服的人所占比例很小。即使在SET值（标准有效温度值）为29℃~30℃时，工作人员的热舒适投票也是“舒适”的。

3. 桌面工位送风系统

桌面工位送风系统与隔板工位送风系统类似，末端送风口直接安装在工作人员的桌面，能将清洁的低温空气直接送入室内工作人员的呼吸区。工作人员可以控制桌面工位送风系统的送风量、送风方向等参数。

国内三星级绿色建筑深圳建科院总部大楼采用了桌面工位送风系统。[4]该大楼利用“万向钢骨塑料伸缩管”直接替代高阻力的转向送风口，降低风口阻力，进而降低了风机电耗与噪声。

中建滨湖设计总部[5]也探索性地应用了桌面工位送风系统。该办公楼的空调末端采用地板送风系统与桌面工位送风系统的组合形式。桌面工位送风系统的送风温度不宜过低，一般设为21℃；单个工位最大送风量为110立方米/时，风口风速控制在1米/秒。空调新风送入室内地板静压箱，由管道连接至每个工位的桌面送风口。人员可自由调节送风量及送风方向，独立调节手段可减少个体差异对舒适性的影响，降低对室内环境的不满意度。地板送风系统作为全室背景空调，采用地板旋流风口，可将室内设计温度上调至28℃。

4. 顶部工位送风系统

顶部工位送风系统则是将送风口设置在工作人员头顶上方，送风以一定速度向下射流到达工作区。顶部工位送风系统也应控制送风温度和送风速度，以免造成工作人员头顶的吹风感。一般情况下，顶部工位送风系统的送风口离人体较远，对热环境的控制能力较弱。

日本大成建设集团[8]开发了屋顶悬吊式工位送风系统。图5-5是该公司技术中心大楼的顶部工位送风系统的示意图。这种送风形式多适用于改建工程，尤其是无法架空地板的建筑。

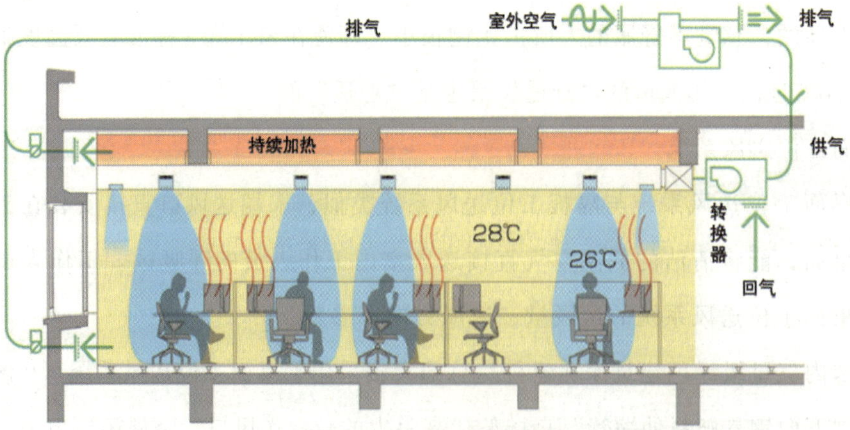

图5-5 大成建设集团技术中心大楼顶部工位送风系统示意图[9]

图5-6是顶部工位送风系统的安装情况。该系统把空调管道、照明灯具等集成为一体式管道组件悬吊于屋顶，取消顶棚。图中黄色圆圈所示即顶部工位空调送风口。这种一体式管道组件可以改变送风口位置，以适应工作人员座位或室内平面布置方式的调整，比较灵活。

图5-6　顶部工位送风系统的安装情况[9]

另外，该送风系统配备了相应的控制系统。[10] 工作人员通过专用软件可单独控制头顶上的送风口及照明灯具。人员可以设置送风口的开闭，风量调节有3档，风向可以任意调整。因此，在出风温度相同的情况下，人员可以调节风速、风向，使自身获得舒适的体感温度。

顶部工位送风系统可在满足工作区人体热舒适的条件下将背景环境区域的温度设定值调高或调低，从而实现送风系统的节能。该公司的送风系统比一般送风系统在制冷时能节省10%~20%的能量。

5.1.3　工位辐射空调

工位辐射空调是将辐射式空调末端与工位设施结合的空调系统形式，一般多使用毛细管辐射板内嵌于工作区的隔板或桌子上，且在毛细管辐射板非面向人体的一侧加入保温隔热材料，以减少传热损失（如图5-7所示）。冷、热水或其他工作介质流经隔板或桌面内的毛细管时，热量可通过隔板和桌面与外界进行辐射换热。

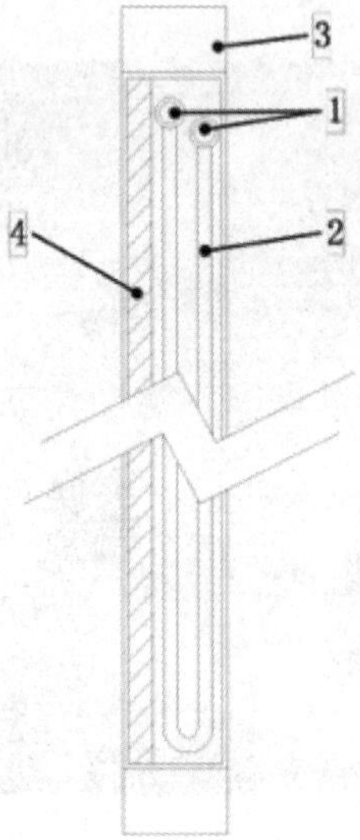

注：1、2表示毛细管；3表示支架；4表示橡塑保温层。

图5-7 毛细管辐射板+隔板安装情况[11]

由于隔板和桌面与使用者的距离非常接近，且工作间的隔板一般会形成半封闭空间，能够有效降低辐射板向室内其他物体表面的传热量，提高辐射板与人体之间的换热效率。对于桌面辐射板，还能与人体手臂部位以热传导方式进行热量交换，因此，在供热时可降低供水温度，在制冷时可提高供水温度，避免辐射板发生结露的情况。

何梅玲[11]通过主观实验发现，使用工位辐射空调可以有效地降低受试者的热感觉，增强受试者在较高背景环境温度下的可接受度。其中，当背景环境温度处于舒适温度区时，由于冷量供给过多，工位辐射空调的使用反而可能降低受试者的舒适度；但在高温环境下，工位辐射空调的使用可以有效地增强受试者的舒适性。

5.1.4 调温座椅

加利福尼亚大学伯克利分校CBE的研究人员开发了一种具有加热和冷却功能的办公椅，被称为Hyperchair（如图5-8所示）。[12] 该椅子主要由小型加热元件与风扇组成，分布在坐垫处与椅背处：冬季时开启加热元件对人体加热，夏季时开启风扇对人体进行通风冷却。使用者可以将该设备调节到自己需要的温度，而不会对室内其他人员产生影响，具体方式是通过智能手机应用程序或通过椅子下方侧面的按钮调节。据报道，由于该办公椅可以局部控制人体微气候区的环境参数，因此能够降低空调系统的负荷，最终降低5%~10%的能耗。

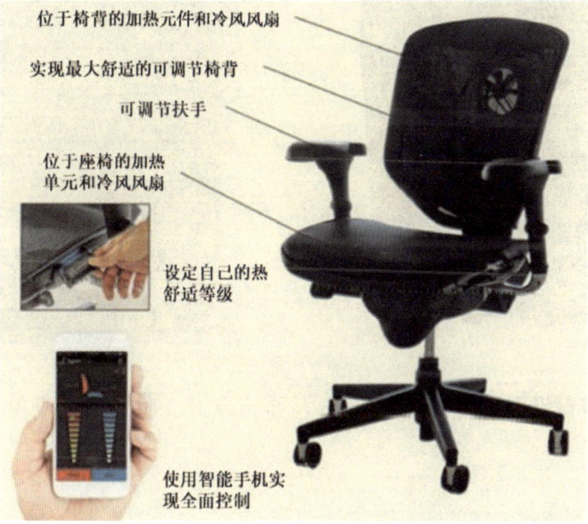

图5-8 Hyperchair办公椅产品图[12]

目前，国内市场上也有其他调温座椅，其中车载调温座椅（如图5-9所示）较为成熟，在冬季使用加热丝制成的加热座椅，在夏季使用通风座椅[13]。该通风座椅主要解决了夏季人体臀部与背部易发生燥热感、黏湿感的问题。该座椅下部的涡轮扇吸入车载空调的冷气，并通过导风层输送冷气到达坐垫和椅背上的出风口，其中导风层采用六面通风式低风阻导风板，降低了风机能耗与噪声。另外，人体与座椅间设有隔离层，避免人体太过贴合造成不透气感。

至于办公座椅，实现方式与车载调温座椅类似，在冬季使用可调温的电热垫，在夏季使用通风坐垫（如图5-10所示）。这种通风坐垫是由内置小型风扇吹风进行降温，而非输送冷气。总体上适用于办公建筑的加热型座椅发展较为成熟，降温型座椅则进展缓慢。

图5-9 车载调温座椅

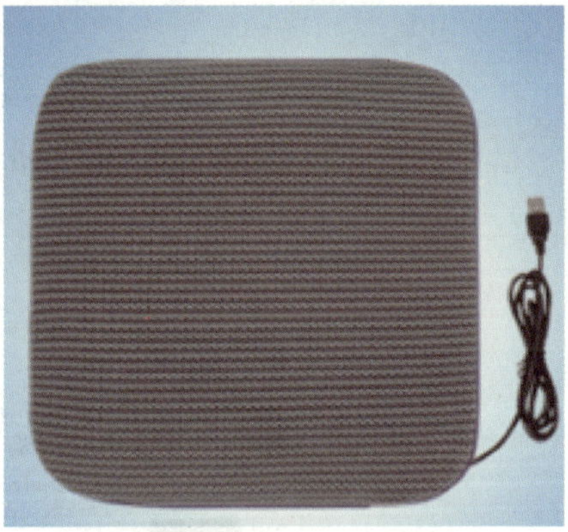

图5-10 办公椅通风坐垫

5.1.5 暖脚器

为解决冬季办公室空间工作人员脚部冷的问题，人们发明了暖脚器（如图5-11所示）。暖脚器是一种电取暖产品，种类多样，有的利用电热丝、电热板等电加热元件直接加热，有的利用暖风机向人体腿部与足部吹出热风，有的两者兼具。目前市面上暖脚器的发展较为成熟，已有各种产品，具有即开即热、智能温控、低能耗、便携等特点。

图5-11　暖脚器

5.1.6 风　扇

根据ASHRAE Standard 55-2013，气流在偏热环境下对热舒适具有一定的改善作用，因此可以提升风速，拓展人体可接受温度区间。不同于桌面工位送风系统，USB插电型桌面风扇（如图5-12所示）利用局部等温气流对人体进行降温。目前市面上桌面风扇的发展较为成熟，功率极低，一般在10瓦以下；具有风速和风向可调节、低噪、便携等特点。该设备在偏热环境下配合背景环境空调一同使用，可在不损失人体热舒适的条件下降低空调能耗，尤其是在夏热冬冷地区。[14] 但应注意，在夏季高温环境下，当室温超过31℃时，此类设备容易失效。

同样地，挂颈风扇（如图5-13所示）也可以为人体头部、脖颈处吹风降温。挂体贴合脖颈，内置小型风扇，实现进风与出风。

图5-12 桌面风扇

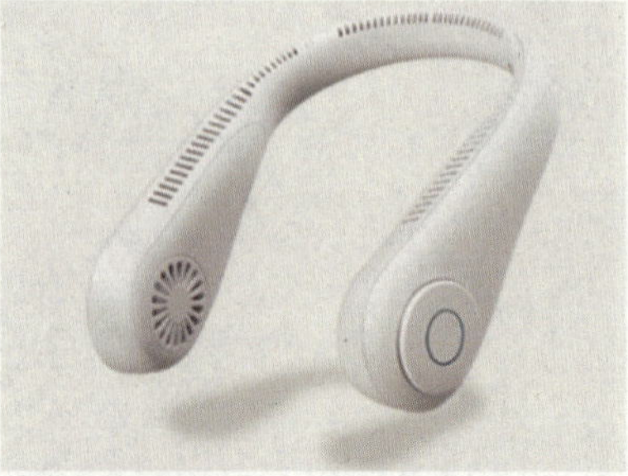

图5-13 挂颈风扇

5.2 适用于住宅建筑的个性化冷热调节技术

5.2.1 概 述

清华大学建筑节能研究中心在《中国建筑节能年度发展研究报告2022（公共建筑专题）》[15]中指出，目前我国的住宅建筑总面积约占所有建筑总面积的78.8%，能耗约占总能耗的75%，其中集中供暖以及家电的使用为主要能耗来源。近些年来，住宅用户对于供暖和供冷的需求越来越强烈。以夏热冬冷地区为例，该地区的供暖年平均增长率高达50%以上。因此，开发适用于住宅建筑的个性化冷热调节技术，从而降低传统的高能耗的制冷以及供暖能耗，是非常重要且被广泛需要的。

住宅建筑和办公建筑在功能特点、环境构成、人员密度等方面均不相同，因此对于个性化冷热调节的需求也不同。一方面，住宅建筑由多个不同功能的房间构成，如客厅、卧室、厨房等，人员在不同房间活动时对于周围环境的响应和需求不同，因此，对个性化调节的需求范围更广泛；另一方面，住宅建筑的家具种类相比于办公建筑更多样，因此，个性化调节技术的附着对象也更多样，如温控床垫、加热座凳等，产品形式更加多样。同时，住宅建筑内的人员对于环境的偏好较为统一，因此，如何合理控制住宅建筑内的冷热调节装置也是一项非常重要的需求。

日前正在开发或已经面向市场的产品主要分为以下几种：利用送风加强人体和环境对流换热的制冷装置；传统的制冷制热装置，如空调和电加热器等；依托家具形式的个性化冷热调节装置，如调温座椅等。下文将针对这些设备，从原理出发并结合已有产品作全面分析。

5.2.2 住宅用冷热调节设备

1. 风扇

面对气候变化，建筑环境中的能源改造是提高能源效率的一项基本战略。风扇的应用可能是在温和的室外气候背景下提高热舒适度的潜在解决方案。与其他冷却解决方案相比，这种低能耗冷却策略在现有建筑物的设计和实施中提供了更大的灵活性，因为它们消除了对送风管道的需求，并减少了散流器的数量。[16]

目前，已有大量研究专注于风扇引起的空气流动对热舒适性的影响。结果表明，在气流组织的影响下，人员普遍能够接受更高的环境温度，因此，风扇能够在有效降低能耗的前提下，保障使用人员自身的热舒适性。[16-19]

目前，市场上已经有一些针对住宅建筑开发的风扇产品。Big Ass Fans公司致力开发应用于住宅餐厅内的Haiku风扇（如图5-14所示），已经得到应用。该风扇通过公司开发的Big Ass Fans Haiku移动应用程序可实现智能风控，模拟用户所需要的自然风状态；还配备了环境传感器，通过实时反馈数据改变风扇的运行模式。Haiku系列风扇的功率仅为20~30瓦，比传统吊扇节能80%，同时可使得用户的体感温度下降5℃及以上。[18]

无叶风扇在近些年得到了广泛应用和推广。不同于有叶风扇，无叶风扇送风的状态更加贴近自然风，且更多采用无极变光器，通过旋钮调控风量大小和强弱，能够更贴合用户需求。此外，无叶风扇不使用叶片切割空气推动气流，因此不会让人产生间歇性的风感冲击。松下公司推出的创风机Q（如图5-15所示）配置DC高速马达，产生的高速风从诱导进风口引入周围空气，使送风量增至7倍。据报道，创风机Q可以在3分钟内使约36立方米的空间环境温度分布均匀，耗电量在2.5~18.5瓦。

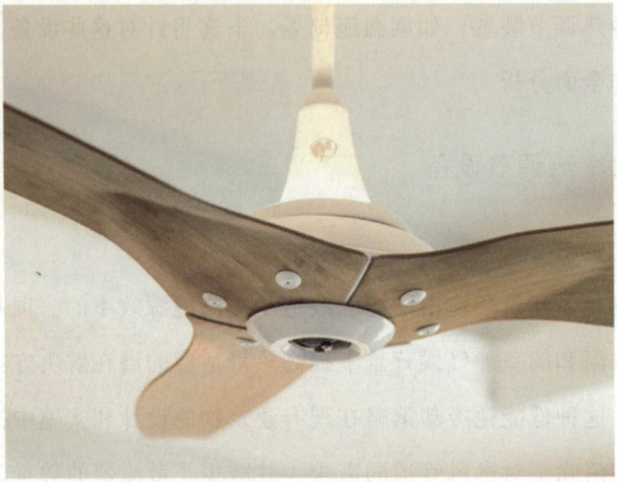

图5-14 Haiku风扇

图5-15 创风机Q

2. 分体空调与多联机

近年来，随着我国建筑制冷能耗不断增加，城镇住宅制冷用电占城镇住宅总用电的21%，分体空调是最主要的制冷设备，但多联机系统的使用在城镇住宅制冷中也呈现不断增长的趋势。

目前已有诸多学者针对分体空调及多联机的使用方式开展了研究。李兆坚等[20]对北京某建筑的多个用户家用分体空调进行能耗测试，发现在相同围护结构及室外气象参数的情况下，不同用户的制冷能耗差异显著，这说明个体之间使用制冷设备的方式存在明显区别。龚延风[21]基于调研发现，随着家庭结构向小型化和核心化发展，住宅用户对空调的同时使用率明显下降，最大不超过0.7。由此可见，“差异化”及“部分时间，部分空间”的使用方式是中国住宅用户使用制冷设备的重要特征。

目前市场上已针对我国住宅用户制冷设备的使用方式、特点不断推出新的空调技术。例如，逐渐成熟的变频空调技术，可根据房间情况自动调节制冷（热）量，同时保证空调压缩机在不同频率运转时有较高的能效比（coefficient of performance，COP）。[22]另外，格力公司在多联机产品中推出“双缸压缩机”技术，可以有效针对中国住宅用户使用多联机往往运行在“低负荷率”工况的问题。双缸通常是对一大一小两种容量规格的压缩机进行匹配。当室内负荷较小时，仅需要运行其中一台较小的压缩机，就能够保证机组运行在较高的负荷率下；当室内负荷较大时，则可通过两台压缩机之间进行互相匹配，同样保证整台机组运行在较高的能效比之下。该技术能够有效解决家用多联机长期以“低部分负荷”工况运行导致能效比低的瓶颈问题，在满足用户需求的同时，实现了建筑制冷能耗的节省。除此之外，大金公司所推出的VRV Intelligent系列，是从智能化方面突破了设备与人之间的界限，可通过手机用户端实现对空调设备的调控及日程设定，可以个性化地设置空调的预冷或预热，提前做好空调设备的需求计划，也可有效减少忘关或临时出门等事件造成的能源浪费。

便携式蒸发冷却器应用的是一种新的住宅冷热调节技术。蒸发冷却器可以看作以水作为冷却介质的冷却器与冷却塔的组合式换热器。通常，在工业上，为节省水冷式冷却器的用水量，将水在冷却塔中冷却，循环使用。蒸发冷却器则把冷却器和冷却塔组合为一体，被冷却的工艺流体在管内流动，水和空气同时在管外流动，管内流体的热量通过管外的水传给空气，达到冷却的目的。目前已有多款便携式蒸发冷却器投入生产使用。Portacool公司开发了PACJS Jetstream系列便携式蒸发冷却器，通过向水箱中加入纯净水达到冷却作用，可持续为100平方米的房间工作10小时。Big Ass Fans公司的产品Cool-Space 200使用了大约10厘米厚的树脂处理冷却介质，能够很好地将机组的热量和周围环境隔离，从而不影响其本身的工作性能（如图5-16所示）。

(a)

(b)

图5-16 两种便携式冷却器

3. 依托家具形式的个性化冷热调节装置

目前，市场上的家具形式的个性化冷热调节装置主要面向办公建筑，如加热座椅、加热坐垫等。其主要原理是用电供能，再经过水循环或制冷剂循环以及送风达到制热/制冷的效果。一些研究围绕冷热调节座椅展开[20-23]，通过实地实验发现在不同的背景温度下，制冷座椅能够让用户的体感温度降低2℃~5℃不等，而制热座椅能够让用户的体感温度提高4℃~7℃不等。同时，不同的制冷制热方式对用户体感的影响也不同。研究表明，送风制冷的效果相比水循环的制冷效果更出色，而送风制热的表现略差于水循环供热。因此，对于不同的个性化需求，多样的调节方式是被需要的。

对于住宅建筑和办公建筑，大多数依托家具形式的冷热调节装置应用场景都较为相同，因此便不再赘述。不同的是，人员在住宅建筑内的大部分时间用于睡眠，基于这个特点，多种不同的温控床垫在住宅建筑中有广泛的应用前景。目前，关于智能床垫的研究方向主要集中于通过对睡眠数据和人类健康数据的采集与处理，来实现对用户身体状况的监测。Mooring公司生产的智能温控睡毯（如图5-17所示），能在你睡眠的时候对你的心率、呼吸、体动、被窝温度等进行实时监测，并根据这些数据自动调节睡毯温度，通过对使用者的睡眠进行分段式管理，入睡、浅睡、深睡、唤醒，营造良好的睡眠体验。不同于主动式温控，一些产品使用特殊材质的布料可以通过降低或提升热辐射来进行被动式温控。TENLLiS公司开发的Adaptive智能温控布料，在感应到温度升高时舒张丝线，使其缝隙变大，从而达到散热的效果；在温度下降时丝线紧缩，使其孔隙变小，从而呈现保温的功能。

图5-17　Mooring智能温控睡毯

5.3 适用于极端环境的个性化冷热调节技术

5.3.1 概 述

近年来全球气候发生了明显的变化，通过对气候变化的预测可以发现，全球气候不仅在永久性地变暖，相对于平均气温的极端天气时间，如热浪、寒潮等，出现的频率也逐渐上升。极端天气事件的频发也增加了人员经受极端冷暴露和热暴露的风险，尤其对于需要长时间处于室外的工作人员。当环境所造成的冷/热应力超出人员体温调节能力范围，且没有合理的防护措施，不仅会影响人员的生理机能和认知能力[28-31]，还会明显导致热安全问题，威胁人们的生命安全。

极端冷环境的最不利情况对应低温、多风、人体低代谢，而极端热环境的最不利情况则对应高温高湿、无风、人体高代谢。但极端环境都具备相同的特点：仅依靠人体的体温调节系统、适应性调节行为、被动调节措施难以对抗环境所带来的严重热失衡。为减轻极端环境对人员工作表现、健康的影响，避免身体伤害，多种应对极端环境的个性化冷热调节系统不断涌现。根据系统所采用的个性化冷热调节技术包括风冷冷却、液冷冷却、电加热、相变调温、热电转换。以下将从极端冷环境和极端热环境两方面对上述个性化冷热调节技术的应用分别进行介绍。

5.3.2 适用于极端冷环境的个性化热调节系统

在极端冷环境下，暖脚器、电加热座椅、电烤炉等个性化加热措施不再适用。这些设备的便携性较差，且极端冷环境所带来的大量热损失将会大大降低其效能。因此，适用于极端冷环境的个性化加热系统往往具备便携、贴近人体的特点。

近年来，不少学者对于在寒冷环境下实现个性化热调节的有效技术方案进行了探究。相关研究表明，电加热袜子和电加热鞋垫能在-32℃的极冷环境下有效减缓脚部温度下降，相比于脚部未使用加热设备，有效延长了人员对于极冷环境的忍受时间。[31-33] Hickey等还发现，当受试者在冷暴露期间保持静坐时，加热的鞋垫可以有效地保持他们的热舒适性；但当站立时，由于对鞋垫施加压力，会出现“热点”效应。[34] 电加热袜子和电加热鞋垫已经发展为较成熟的市场产品，通常使用电热丝或碳纤维作为电加热材料，加之人在站立和行走时对鞋底压力并不均匀，较容易出现加热不均匀或局部过热的问题。市面上的电加热袜子和电加热鞋垫的结构示意图与产品示例图如图5-18所示。

(a) 电加热袜子的结构示意图与产品示例图

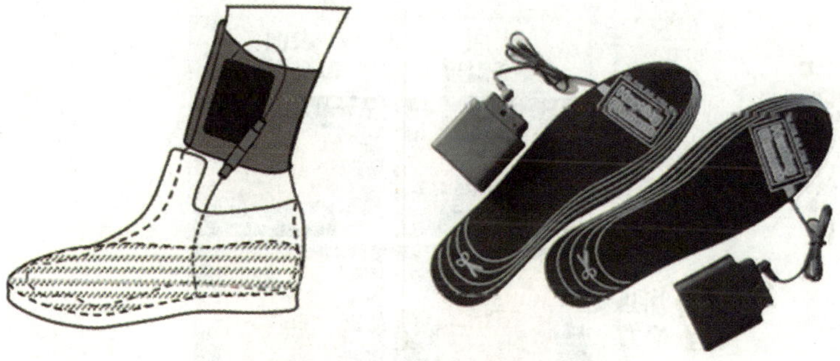

(b) 电加热鞋垫的结构示意图与产品示例图

图5-18 电加热袜子和电加热鞋垫的结构示意图与产品示例图

Deng等以保障雪上运动观赛人员的热舒适需求为目标，在低温气候室中开展了一系列局部加热实验，对有效电热局部加热方案进行了探究。[35] 在其2019年的实验中，在-10.6℃的环境温度下对脚部、臀部和手部的局部加热设备单独使用和组合使用的效果进行了对比分析，发现相比单独加热指定部位，多部位组合加热可以带来更好的热舒适改善效果。在2020年的实验中，环境温度达到-13.8℃，以室外站立观赛台为实际背景，研究者对加热鞋垫、加热护栏及其组合对于热舒适的改善效果开展研究，发现这些加热设备具有良好的实用价值。[36] 实验中所用到的电加热设备实物与红外测温结果如图5-19所示。

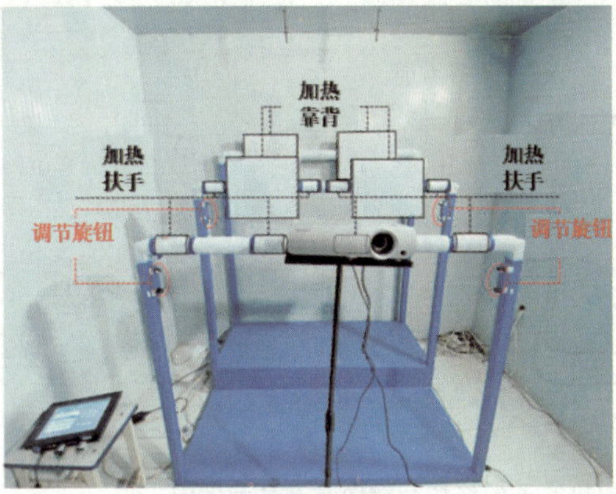

(a) 配备加热扶手、靠背和调节旋钮的看台

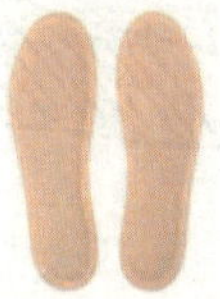

(b) 加热鞋垫

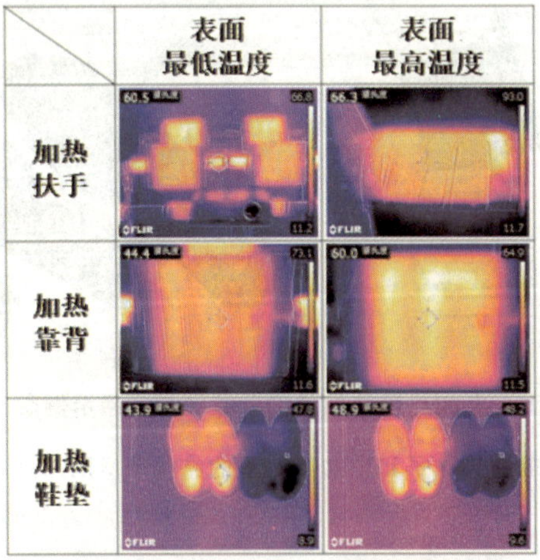

(c) 3种加热措施的最大和最小表面温度[37]

图5-19 实验中所用到的电加热设备实物与红外测温结果

本课题组为保障冰雪运动寒冷环境下观赛人员的热舒适需求，实现良好的观赛体验，设计并开发了一种智能温控马甲（如图5-20所示）。该马甲使用升温速度快、发热均匀且稳定、电热转化率高且轻薄柔软的柔性石墨烯混纺布作为电加热材料，辅以高性能的保温材料，实现寒冷环境中的有效加热。基于其个性化动态调节控制逻辑和人机交互接口，还可实现个性化精准温控、间歇交替加热等功能。此外，通过对服装表面温度和受试者主观热评价的分析，证明这一新开发的智能温控马甲具备良好的加热、锁热效果，可有效缓解人体在低温环境中的热不舒适感，具有较大的应用潜力（如图5-21所示）。

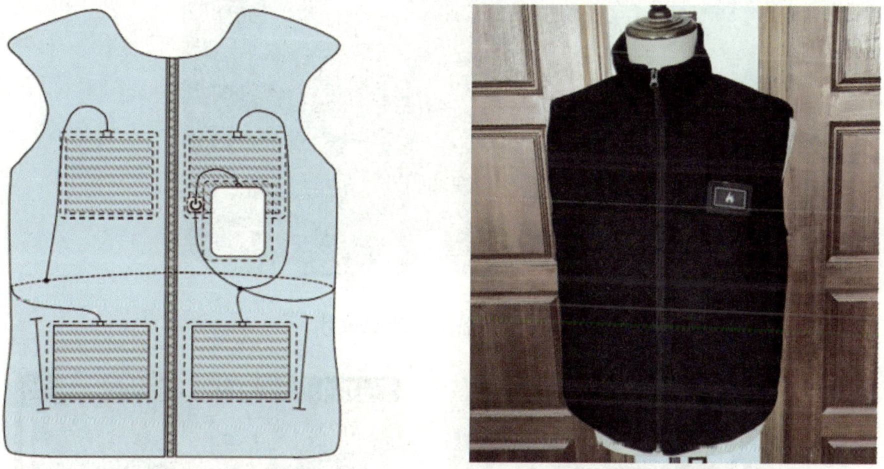

（a）加热系统示意图　　（b）实物图

图5-20　智能温控马甲示意图

此外，如图5-22所示，本课题组还设计并开发了一种可移动式加热坐垫，通过为使用者提供微环境热保障，显著增强臀部及大腿的热感觉，避免座位过冷导致的肠胃不适等症状。相较于固定的加热座位而言，可移动式加热坐垫具备使用灵活、无需强电电源、轻薄便携的特点，能够满足包括观众在内的多种场景下不同人群的使用需求，如赛事服务志愿者、媒体记者等。

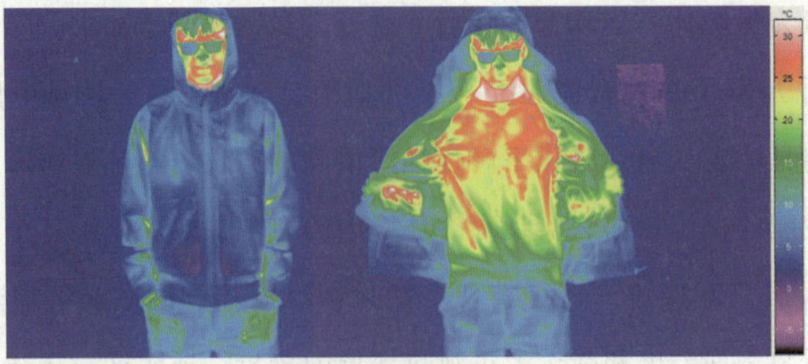

图5-21　智能温控马甲内外侧红外测温图

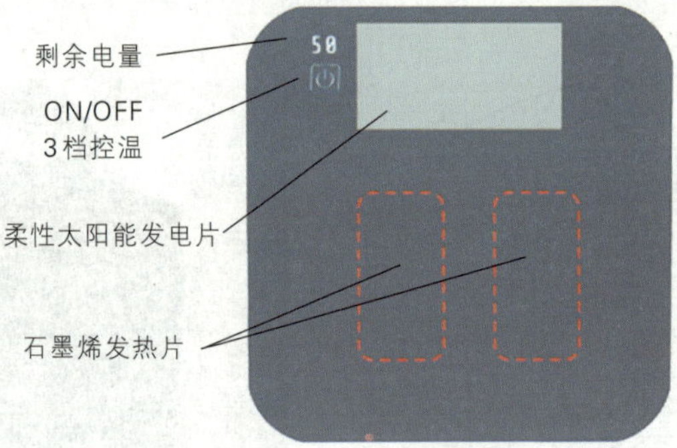

(a) 加热坐垫外观设计

(b) 观赛区加热坐垫实际布置图

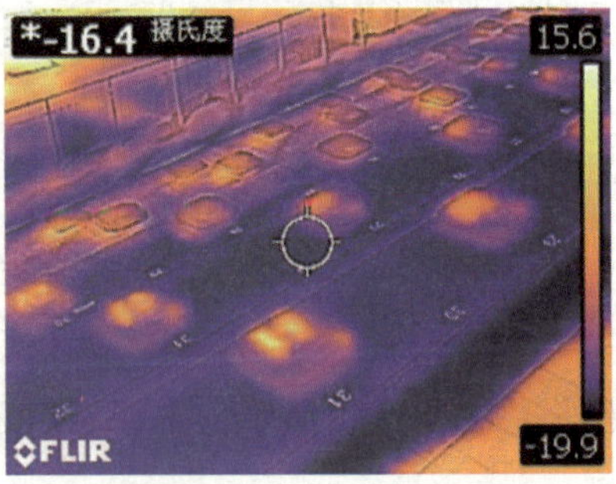

(c) 观赛区加热坐垫红外测温图

图5-22　可移动式加热坐垫示意图

5.3.3 适用于极端热环境的个性化热调节系统

为保障高温环境下人员的热健康、热舒适，个体热舒适系统的技术方案也不断涌现，如个体冷却服装、制冷手环、挂脖风扇等。但是单个部位的冷热改善对于人员热改善效果十分有限，因此，可覆盖多个部位且较易融入生活的个体冷却服装更符合对应的降温效果。而对应的个体冷却服装主要包括风冷冷却服装（air-cooling garment，ACG）、液体冷却服装（liquid-cooling garment，LCG）、热电制冷冷却服装（thermionic cooling garment，TCG）、相变温度调节服装（phase-change thermoregulation garment，PTG）。

1.风冷冷却服装

风冷冷却是通过电动风扇或鼓风机将空气吹向人体从而增强汗液蒸发和引导强制对流实现冷却降温的；但当人体周围空气为高温、高湿时，通过单纯地提高人体周围风速来增强对流换热带来的冷却效果较小，难以满足人体的冷却需求。因此，现在大多的风冷冷却服装为制冷与增强对流换热相结合的方式，通过外置制冷装置先将空气进行冷却，再通过鼓风装置吹向人体，实现快速有效降温。在炎热天气下，多地的医护人员就身着附加风冷冷却功能的新型防护服为老百姓进行核酸检测，被形象地称为“大白”。据了解，该防护服由防护衣、呼吸管及过滤送风装置组成，可调节服装内部温度在26℃~29℃，相比于传统防护服，较好地缓解了医护人员的热不适问题。

2.液体冷却服装

与风冷冷却服装类似，液体冷却服装将对应的热对流媒介从空气替换为液体，会明显增加服装的重量，且一般需要额外的散热器或者冷却设备用于冷却和加热循环液体回收。液体冷却服装通常适用于在高温环境下的室外工作人员，如消防员、交警、建筑工人等；不适合普通室内环境的人员穿戴，其很可能因过冷而造成人员不舒适。俄罗斯军队为了应对突击工兵身着重型军装导致的强烈热不适感所研制的液体冷却服装（如图5-23所示），通过在内部穿着对应的循环水冷内衣，随身携带冷却水箱来降温，消除热不适感。

(a) 循环水冷内衣套装

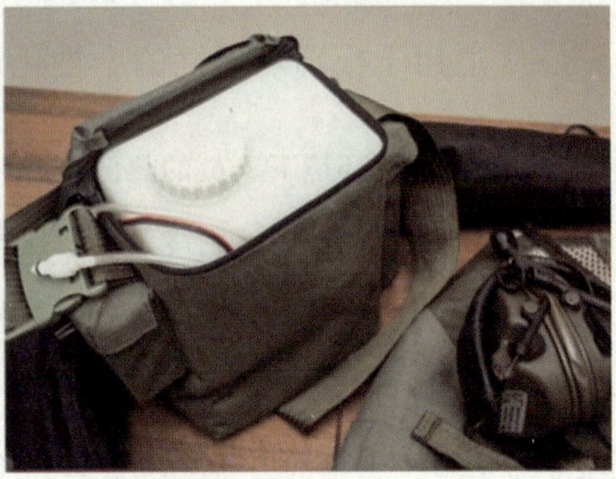

(b) 冷却水箱

图5-23 俄罗斯军队的液体冷却服装

3.热电制冷冷却服装

热电制冷是利用半导体制冷技术，利用Peltier效应将电量转化为相应的冷、热量，冷面与人体接触式传热进行降温冷却，而热面利用其他散热装置进行排热。热电装置（thermoelectric device，TED）尺寸紧凑，不使用固态制冷技术，没有移动部件或制冷剂，具备可调节的工作效率、灵活的延展性、双工作模式的特点，被广泛应用于电制冷、获取太阳能、废热回收等。Hong等[37]证明可穿戴式热电装置有长期（>8小时）的和大温差（>10℃）的主动冷却效果，并可以将其整合到服装中对人体皮肤进行热调节。如图5-24所示，当其用于个性化冷却时，热电装置热端的红外图像显示从低温侧（人体皮肤32℃）到高温侧（42℃）的主动热泵效应，且当环境温度从22℃升高到36℃时，人体皮肤温度均可维持在32℃。

4.相变温度调节服装

相变温度调节服装是利用相变材料（phase change material，PCM）在相变过程中通过吸热来实现对人体的冷却。冰、干冰、石蜡、十六烷等相变材料，长期以来被用于个性化热调节。[37]相变温度调节服装利用相变材料较大的潜热蓄热能力来维持相对低的温度。其经常被用于热环境中的工人、运动员、消防员和医护人员。

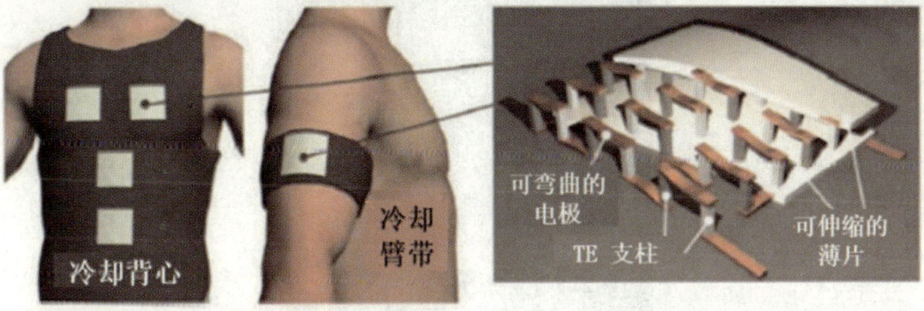

（a）带有可穿戴式热电装置的冷却服装　（b）可穿戴式热电装置的内部结构

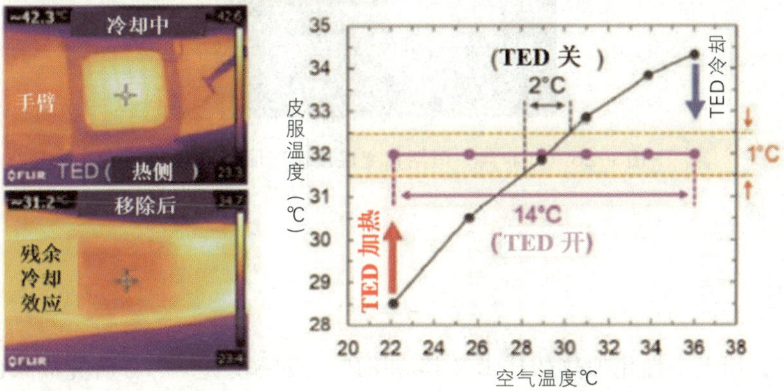

（c）冷却过程中热电装置臂带和去除热电装置后人体前臂的红外图像　（d）热电装置运行时皮肤温度的变化拓宽了舒适区

图5-24　带有可穿戴式热电装置的冷却服装的相关示意图[37]

2003年“非典”期间，清华大学团队对相变材料降温片的排列对于提升医护人员的热舒适的影响开展了研究，最终采用TH-27复合相变材料结合合理的排列方案，实现了良好的降温与热舒适效果。[38]最终制成的相变温度调节服装实物如图5-25所示。2022年，来自北京亦庄医院的205名一线采样人员，都穿上“冰袋背心”，其前襟处有8个小口袋，内置冰袋以实现有效的降温。现场工作人员说明，即使在35℃以上的高温天气，该降温背心也能马上起到降温作用，降温效果约能持续2小时。但是，由于这些相变温度调节服装尺寸大、重量重和工作时间有限，研究人员仍在继续研究如何解决符合人体工程学的问题和不适感的问题。此外，重量的增加可能导致不合适的相间过渡温度和间歇性工作时间。

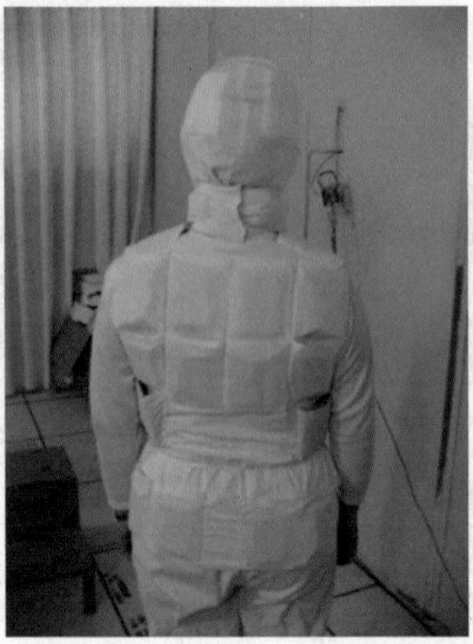

图5-25 “非典”时期相变温度调节服装实物[38]

5.3.4 总 结

目前，用于个性化加热的技术及其应用研究发展较快，部分研究成果已经发展成熟并投入实际应用。随着电热转换材料（如石墨烯加热材料、金属化合物等）的快速发展，电加热技术成为个性化加热产业化应用技术的主流。电热技术成为主流也意味着供电电源成为考虑重点之一，现有的便携式的个性化加热系统均存在移动电源充电后的待机时间不够长的问题。个性化降温的应用研究却相对缓慢，主要利用风扇增强对流换热来改善人体热舒适，其改善潜力受制于环境空气温度。因此，现在出现制冷与风扇的组合技术，以突破这一限制问题，但是需要额外的制冷系统，增加使用负担，极大地限制了实际应用。就目前的制冷技术而言，传统压缩式制冷设备虽然能够尽量做到小型化，但是依然无法实现个性化冷热调节所需要的小温差、小冷量、小热流制冷。而半导体制冷方法虽然能够实现小冷量制冷，但其不仅能效比太低（<1），而且由于低温端的温度依然偏低，单位面积热流量偏大。部分较为合适的制冷技术尚在实验室阶段，未投入应用。

此外，对于个性化冷热调节的应用研究，大多关注短时间内对于人体热舒适的改善程度，个性化冷热调节系统通常持续运行且调节程度较差，缺乏人员对此的主观反馈，难以明确人员的实际冷热调节需求。总之，目前缺乏对人体局部冷热调节长时间的舒适性要求的探索以及控制方法的系统性研究。

综上所述，为了进一步推动局部个性化冷热调节技术的未来发展，一方面，需要继续针对人体局部热生理特点以及人体对局部热暴露的反应开展深入研究，为实际应用设备的开发提供相应的理论指导；另一方面，需要与新型材料的研究相结合，开发出更符合人体生理特点和使用习惯的设备。

参考文献

[1] 荒井義人．清水建設新本社ビル［J］．BE建築設備，2011（8）：40-42.

[2] 计永毅，王仕卿，李树贤．日本绿色建筑空调系统节能减排技术应用分析［J］．山西建筑，2014，40（21）：207-208.

[3] 清水建設．フロアフロー（タスク&アンビエント）［EB/OL］．（2022－06－24）［2022－06－29］．https://www.shimz.co.jp/solution/tech067/index.html/.

[4] 周俊杰，吴大农．深圳建科大楼复合式节能空调系统设计［J］．建筑热能通风空调，2018，37（3）：96-98；43.

[5] 路越．中建滨湖设计总部［J］．暖通空调，2020，50（9）：22-23.

[6] 柳井崇，佐佐木正人，秋元孝之．万宝至马达株式会社总部大楼［J］．动感（生态城市与绿色建筑），2011（2）：48-52.

[7] AKIMOTO T，et al. Thermal comfort and productivity-Evaluation of workplace environment in a task conditioned office［J］．Building & Environment，2010，45（1）：45-50.

[8] 加藤美好．リニューアルによるCO_2大幅削減の事例［J］．BE建築設備，2010（9）：52-56.

[9] 樋渡潔．外気高効率供給タイプ天井吹出型パーソナル空調システムの開発［J］．大成建設技術センター報，2009（42）.

[10] 張本和芳．天井吹出型パーソナル空調システムの 省エネルギー効果に関する研究［J］．大成建設技術センター報，2008（41）.

[11] 何梅玲．工位辐射空调系统舒适性及能耗研究［D］．长沙：湖南大学，2018.

[12] HYPERCHAIR. Persconal comfort systems [EB/OL]. [2023-01-20]. http://www.personalcomfortsystems.com/.

[13] 李建清. 一种吹风垫子 [P]. 福建：CN204181266U，2015-03-04.

[14] 张一弓. 局部等温气流对人体热舒适及空调能耗的影响研究 [D]. 青岛：青岛理工大学，2018.

[15] 清华大学建筑节能研究中心. 中国建筑节能年度发展研究报告2022（公共建筑专题）[M]. 北京：中国工业建筑出版社，2022.

[16] PRESENT E，RAFTERY P，BRAGER G，et al. Ceiling fans in commercial buildings：In situ airspeeds & practitioner experience [J]. Building & Environment，2019，147：241 - 257.

[17] HUANG L，OUYANG Q，ZHU Y，et al. A study about the demand for air movement in warm environment [J]. Building & Environment，2013，61：27-33

[18] HE Y，CHEN W，WANG Z，et al. Review of fan-use rates in field studies and their effects on thermal comfort，energy conservation，and human productivity [J]. Energy & Buildings，2019，194：140-162.

[19] MALLICK F H. Thermal comfort and building design in the tropical climates [J]. Energy & Buildings，1996，23：161-167.

[20] 李兆坚，江亿，魏庆芃. 北京市某住宅楼夏季空调能耗调查分析 [J]. 暖通空调，2007，37（4）：46-51.

[21] 龚延风. 住宅建筑空调部分负荷分布的研究 [J]. 暖通空调，2005，35（4）：91-94.

[22] 邵双全，石文星，李先庭，等. 变频空调系统调节特性研究 [J]. 制冷与空调，2001（4）：17-20.

[23] 陈玉明. 格力掀起节能革命 [J]. 机电信息，2018（10）：18-19.

[24] ENOMOTO H，KUMAMOTO T，TOCHIHARA Y. Effects of lower body warming on physiological and psychological responses of humans [J]. Architectural Institute of Japan， 2008.

[25] PASUT W，ZHANG H，ARENS E，et al. Energy efficient comfort with a heated/cooled chair：Results from human subject tests [J]. Buildings & Environment，2015，84（Jan.）：10-21.

[26] ZHANG H，ARENS E，TAUB M，et al. Using footwarmers in offices for thermal comfort and energy savings [J]. Energy & Buildings，2015，104：233-243.

[27] WATANABE S，SHIMOMURA T，MIYAZAKI H. Thermal evaluation of a chair with fans as an individually controlled system [J]. Building & Environment，2009，44（7）：1392-1398.

[28] RAY M，KING M，CARNAHAN H. A review of cold exposure and manual performance：Implica-

tions for safety, training and performance [J]. Safety Science, 2019, 115: 1-11.

[29] PROVINS, K A, MORTON, R. Tactile discrimination and skin temperature [J]. Journal of Applied Physiology, 1960, 15 (1): 155 - 160.

[30] PATIL P G, APFELBAUM J L, ZACNY J P. Effects of a cold-water stressor on psychomotor and cognitive functioning in humans [J]. Physiology & Behavior, 1995, 58 (6): 1281 - 1286.

[31] STREETS D F. Cold chamber trial of electrically heated gloves, mitts and insoles for rapier operators and AFV crewmen [Z]. Farnborough, Hants: Army Personnel Research Establishment Report, 1974, 18/74.

[32] HAISMAN M F. Physiological aspects of electrically heated garments [J]. Ergonomics, 1998, 31 (7): 1049 - 1063.

[33] WINCKLESS R N. Cold chamber trial of vacuum reflex M k I1 electrically heated socks for AFV crewmen [Z]. Farnborough, Hants: Army Personnel Research Establishment Report, 1976, 18/76.

[34] HICKEY C A, WOODWARD A A, HANLON W E. A pilot study to determine the thermal protective capability of electrically heated clothing and boot inserts [Z]. Aberdeen (MD): Army Research Laboratory, 1993.

[35] DENG Y, CAO B, YANG H, et al. Effects of local body heating on thermal comfort for audiences in open-air venues in 2022 Winter Olympics [J]. Building & Environment, 2019, 165: 106363.

[36] DENG Y, CAO B, LIUB, et al. Effects of local heating on thermal comfort of standing people in extremely cold environments [J]. Building & Environment, 2020, 185: 107256.

[37] HONG S, GU Y, SEO J K, et al. Wearable thermoelectrics for personalized thermoregulation [J]. Science Advances, 2019, 5: eaaw0536.

[38] 张寅平，王馨，朱颖心，等. 医用降温服热性能与应用效果研究 [J]. 暖通空调，2003 (3): 200-203.

第6章 局部个性化冷热调节技术对于建筑领域碳中和的作用

曹彬 吴业宇 蒋海华 鞠欣源

为了实现建筑领域碳中和目标，既要降低建筑的能耗和碳排放，又要充分保障建筑环境质量，提升建筑使用者的舒适与健康体验。在这样的背景下，个性化冷热调节技术的意义得到充分显现。一方面，在建筑中引入个性化冷热调节技术后，可以放宽对于整体热环境的要求，也就是说，夏季室温可以稍高一些，冬季室温可以稍低一些，这样将显著降低室内的冷负荷和热负荷，大量节约空调采暖系统能耗；与之相比，引入的个性化冷热调节设备的能耗非常小，总体上是节能的。另一方面，个性化冷热调节技术可以让使用者自由调控，人们可以根据个人喜好进行调节，因此能够最大程度满足使用者的差异化需求。本章将通过简单的情景分析和计算，揭示采用个性化冷热调节技术后，放宽室内设定温度对于降低建筑空调采暖负荷的效果，以此体现这一类技术对于建筑领域碳中和的重要作用。

6.1 对于均匀稳态室温标准导致能耗高及个体舒适性差的总体分析

2020年9月22日，中国国家主席习近平在第七十五届联合国大会一般性辩论上郑重宣示：中国将提高国家自主贡献力度，采取更加有力的政策和措施，二氧化碳排放力争于2030年前达到峰值，努力争取2060年前实现碳中和。①

从碳达峰到碳中和，我国只有约30年的时间，挑战极大。在推行低碳减排的同时，也要兼顾国家经济的稳步发展，我国不可能接受以牺牲国民经济为代价完成碳中和。如何平衡发展与减排的双重需求，仍是“双碳”目标所需要解决的主要矛盾之一。国内各行业需要明确规划低碳发展路径，将挑战转化成机遇，深化技术改革，推动产业的绿色低碳可持续发展。

建筑承载着为人民提供美好生活环境和公共服务的功能，建筑部门也是能源消费的三大领域（工业、交通、建筑）之一，从而是造成直接和间接碳排放的主要责任领域之一。[1] 建筑行业高质量碳达峰和提前碳中和，可为其他部门碳中和创造更多时间和空间。

在相关研究中，建筑行业的碳排放主要可分为直接碳排放、间接碳排放和隐含碳排放（建材碳排放，列入工业）。[2] 根据国际能源署（IEA）对于全球建筑领域用能及排放的核算结果：2018年，全球建筑业建造（含房屋建造和基础设施建设）和建筑运行相关的终端用能占全球能耗的35%，其中，建筑建造和基础设施建设的终端用能占全球能耗的比例为6%，建筑运行占全球能耗的比例为30%；全球建筑业建造相关二氧化碳排放量占全球总二氧化碳排放量的11%，建筑运行相关二氧化碳排放量占全球总二氧化碳排放量的28%。[3]

目前，我国人均总碳排放量高于全球水平，建筑部门略高于全球水平，但显著低于绝大部分发达国家。然而，由于建筑规模大，排放总量居全球首位。根据《中国建筑节能年度发展研究报告2020（农村住宅专题）》，2018年我国建筑建造和运行用能占全社会总能耗的37%，与全球比例接近。建筑建造占全社会能耗的比例为14%，建筑运行占中国全社会能耗的比例为23%。从二氧化碳排放的角度看，2018年我国建筑建造和运行相关二氧化碳排放占全社会二氧化碳总排放量的比例约为

① 中华人民共和国国务院新闻办公室.《中国应对气候变化的政策与行动》白皮书［EB/OL］.［2023-01-15］. http://www.scio.gov.cn/ztk/dtzt/44689/47315/index.htm.

42%，其中，建筑建造占比为22%，建筑运行占比为20%。[3]

建筑室内环境营造用能是运行能耗和碳排放的主要来源，同时建筑作为人员日常活动的主要载体，其内部环境与人关系紧密，因而建筑运行阶段的节能减排势必更全方位、更深刻地考虑人员需求。为提升人员满意度而消耗过多资源显然是与我们的初衷相悖，但盲目追求低用能和低碳排放也极有可能导致建筑室内环境的恶化，造成活动人群舒适健康水平和工作效率的下降，最终对国民生活质量、国民经济发展产生不利影响。抽象来看，建筑运行阶段的节能减排不能笼统地归结为单一变量最小值求解问题，而是多目标的优化过程。其中不仅涉及客观的能耗等指标，也包括主观的人员满意度、工作效率等。反观室内环境营造现状，是否能在诸多目标中获得最优解？答案自然是否定的。结合上文的统计信息不难看出，建筑运行能耗和碳排放在总消耗和总排放中的占比巨大。然而，以如此巨大的能源消耗为代价，却未必能收获预期的用户满意度。

近年来的研究一致发现，热舒适对人们对室内环境质量的总体满意度贡献最大。[4-5] 为了达到更好的室内热舒适，HVAC系统的应用是控制室内热环境的主要方法。传统的室内热环境营造标准指南是以丹麦的Fanger教授所提出PMV（Predicted Mean Vote）-PPD（Predicted Percentage of Dissatisfied）模型[6]为理论基础。该模型根据空气温度、相对湿度、平均辐射温度、空气流速、人体代谢率以及服装热阻6个参数计算人体在特定环境下的PMV值，以表征人群的平均热感觉，再根据PMV和PPD的拟合对应关系获得人群对于该热环境的满意率。但相关现场调查研究[7]发现，人群对于热环境的实际满意率，要低于以PMV-PPD模型所制定的室内热环境标准中所给出的参考值。严格按照ISO7730室内热环境A级标准（最高级）控制的办公室，其室内人员的满意率并不比按照C级标准（最低级）控制的办公室高。该调查结果表明，基于PMV-PPD模型的室内热环境标准以稳态、均匀热环境作为营造目标，低估了不同个体间对于热环境的需求差异。尽管在高标准级别的热环境中，环境参数波动更小，但是由于用户个体差异的存在，均匀的空调环境只能使公共空间内的人员总体热环境满意率维持在80%左右。

随着研究的不断深入，热舒适的群体差异性[8]和个体差异性[9]越发受到关注。在研究层面，群体或个体的差异性主要体现为不同人群及个体在环境的感知上的热偏好及身体局部的热敏感性；在现实生活中，差异性也体现在对环境的控制层面，换言之，尽管相关标准已经为室内热环境调控提供了参考，普通用户依旧可能在如何调控上存在较大的分歧和误区。根据清华大学建筑节能研究中心的调研[3]，对于给予足够调节权限的家用空调，依旧会有40%的不满意度。由此不难看出，无论是公共空间的多人场景，还是住宅建筑内的单人场景，用户似乎很难将自身的冷热感受准确反馈到以整体空间为调节对象的HVAC系统的调控中。不合理的调控行为不能保证舒适性，过低的夏季室内设定温度和过高的冬季室内设定温度都会对HVAC系统的能耗产生巨大影响。根据美国加利福尼亚大学伯克利分校Hoyt等[10]的研究，在不降低满意度水平的情况下，通过将冷却设定点从22℃提升到25℃可以实现27%的HVAC总节能量，而将加热设定值从21.1℃降低到20℃，可以节省34%的终端加热能耗。

综上所述，目前无论是在提升人员舒适性还是在降低建筑能耗上都存在明显的短板，根本原因在于现有的理论基础和设备手段都存在明显的局限性。为了突破现有室内热环境营造方式的上限，在“双碳”背景下进一步提升人员环境满意率，在理论和应用层面都必将迎来一次巨大的革新。

个人舒适系统（personal comfort system，PCS）及与此相关的个体局部热舒适理论是目前的研究热点，也是公认的未来建筑室内热环境营造不可或缺的组成部分。[11]相较于传统的HVAC系统，这类聚焦于局部微环境，提供更贴近人体、更灵活控制方式的设备体现出诸多优势，比如改善健康和生产力、潜在的能源节约，以及由于更加个性化的、更直接且可感知的控制方式带来对室内环境的高满意度。为了更直观地描绘个人舒适系统可能在实现碳中和道路上所扮演的重要角色，下文将基于计算机建模和能耗模拟分别对冬夏两季采用对应类型个人舒适系统的节能效果进行分析。

6.2 采用个性化降温设备对于节约夏季空调能耗的效果分析

为探究个性化降温设备对于建筑能耗的影响效果，本部分利用清华大学建筑学院建筑技术科学系开发的DeST（Designer's Simulation Toolkit）软件进行建筑能耗模拟。

本模拟针对5个气候区选取6个代表城市（见表6-1），对小、中、大3种建筑体量（如图6-1所示，空调面积依次为3 920平方米、12 044.6平方米、26 404.5平方米）的建筑进行能耗模拟[12-13]，对比不同办公区域室内设定温度下建筑能耗的变化情况以及考虑PCS能耗后的建筑节能情况。在不同模拟工况下，建筑围护结构的参数选取均符合《建筑节能与可再生能源利用通用规范》（GB 55015—2021）[14]中的相关规范。建筑能耗是根据模拟的建筑负荷计算得出的，PCS能耗根据DeST内设定人员密度、人员作息（PCS使用时间）和办公区域面积计算得出。本部分以办公区域室内供冷温度上限值26°C时各工况建筑能耗作为基准值，选取由加利福尼亚大学伯克利分校建筑环境中心研发的调温座椅[15]（如图6-2所示，分为冷却模式和加热模式，本部分使用冷却模式）作为个性化降温设备进行PCS能耗计算，设置办公区域室内供冷温度上限值27°C和28°C进行模拟，冷却座椅对应功率分别为1.8W和3.6W。

表6-1　　DeST模拟中不同气候区代表城市

气候分区	代表城市
严寒地区A、B区	哈尔滨
严寒地区C区	沈阳
寒冷地区	北京
夏热冬冷地区	上海
夏热冬暖地区	广州
温和地区	昆明

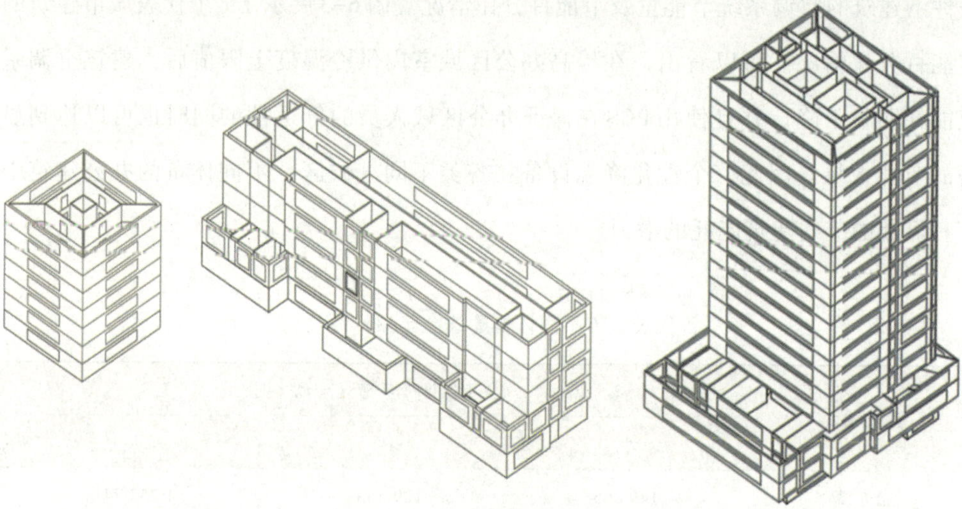

图6-1　DeST模拟中3种建筑体量建筑模型三维示意图

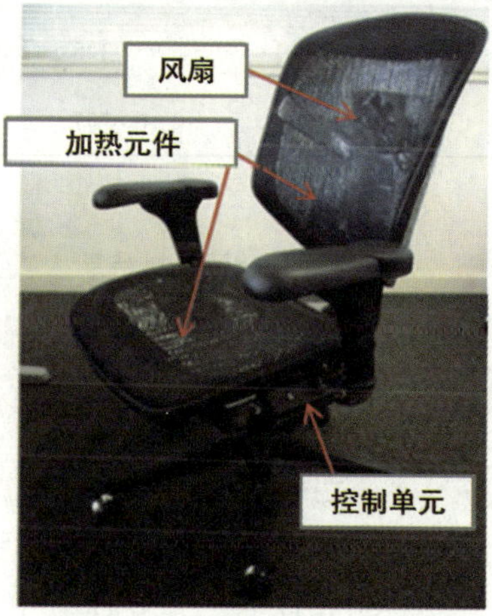

图6-2　调温座椅[15]

为估算建筑能耗，取建筑空调系统的制冷能效比为3.5[16]。根据建筑全年累计冷负荷与COP的比值估算建筑供冷能耗，表6-2给出了各代表城市不同体量建筑全年累计冷负荷，表6-3至表6-8给出了6个代表城市、不同建筑体量在是否使用PCS

条件下建筑的空调系统节能量及节能百分比情况。图6-3展示了6个代表城市建筑的节能百分比情况。可以看出，在提高办公区域室内供冷温度上限值后，建筑空调系统能耗明显下降，并且使用PCS在保证办公区域人员的舒适性的同时也可以达到显著的节能效果。因此，个性化降温设备在各类不同气候区、不同体量的办公建筑中都有显著的节约建筑能耗的潜力。

表6-2　各代表城市不同体量建筑全年累计冷负荷

代表城市	全年累计冷负荷（千瓦·时）		
	小	中	大
哈尔滨	149 865	129 453	1 253 741
沈阳	233 600	221 019	1 694 043
北京	286 976	418 782	2 176 835
上海	376 028	528 446	2 737 096
广州	705 061	957 225	4 185 321
昆明	130 585	66 757	1 187 758

表6-3　严寒地区A、B区模拟结果

代表城市	建筑体量	办公区域室内供冷温度上限值（℃）	不使用PCS		使用PCS	
			空调系统节能量（千瓦·时）	节能百分比	总体节能量（千瓦·时）	节能百分比
哈尔滨	小	27	7 757.2	18%	7 477.7	17%
		28	14 024.6	33%	13 465.6	31%
	中	27	10 698.5	29%	9 879.8	27%
		28	19 315.0	52%	17 677.6	48%
	大	27	35 457.9	10%	32 880.5	9%
		28	63 926.6	18%	58 771.6	16%

表6-4　　严寒地区C区模拟结果

代表城市	建筑体量	办公区域室内供冷温度上限值（℃）	不使用PCS		使用PCS	
			空调系统节能量（千瓦·时）	节能百分比	总体节能量（千瓦·时）	节能百分比
沈阳	小	27	13 333.8	20%	12 962.3	19%
		28	21 946.8	33%	21 203.8	32%
	中	27	15 552.9	25%	14 464.8	23%
		28	28 908.0	46%	26 731.8	42%
	大	27	45 876.5	9%	42 450.8	9%
		28	84 250.7	17%	77 399.2	16%

表6-5　　寒冷地区模拟结果

代表城市	建筑体量	办公区域室内供冷温度上限值（℃）	不使用PCS		使用PCS	
			空调系统节能量（千瓦·时）	节能百分比	总体节能量（千瓦·时）	节能百分比
北京	小	27	11 168.1	14%	10 665.7	13%
		28	20 303.2	25%	19 298.3	24%
	中	27	22 369.4	19%	20 897.9	17%
		28	42 377.7	35%	39 434.7	33%
	大	27	40 625.3	7%	35 992.4	6%
		28	101 101.4	16%	91 835.5	15%

表6-6　　夏热冬冷地区模拟结果

代表城市	建筑体量	办公区域室内供冷温度上限值（℃）	不使用PCS		使用PCS	
			空调系统节能量（千瓦·时）	节能百分比	总体节能量（千瓦·时）	节能百分比
上海	小	27	14 193.2	13%	13 595.3	13%
		28	24 659.9	23%	23 464.0	22%
	中	27	25 362.2	17%	23 610.9	16%
		28	49 306.2	33%	45 803.5	30%
	大	27	75 097.3	10%	69 583.5	9%
		28	140 988.2	18%	129 960.5	17%

表6-7　夏热冬暖地区模拟结果

代表城市	建筑体量	办公区域室内供冷温度上限值（℃）	不使用PCS		使用PCS	
			空调系统节能量（千瓦·时）	节能百分比	总体节能量（千瓦·时）	节能百分比
广州	小	27	15 278.2	8%	14 330.0	7%
		28	22 442.4	11%	20 546.0	10%
	中	27	42 938.2	16%	40 161.0	15%
		28	82 788.0	30%	77 233.5	28%
	大	27	112 447.2	9%	103 703.4	9%
		28	212 603.2	18%	195 115.5	16%

表6-8　温和地区模拟结果

代表城市	建筑体量	办公区域室内供冷温度上限值（℃）	不使用PCS		使用PCS	
			空调系统节能量（千瓦·时）	节能百分比	总体节能量（千瓦·时）	节能百分比
昆明	小	27	4 449.1	12%	3 876.0	10%
		28	2 350.7	6%	1 204.4	3%
	中	27	8 125.7	43%	6 446.9	34%
		28	13 320.7	70%	9 963.1	52%
	大	27	52 013.6	15%	46 728.1	14%
		28	89 446.1	26%	78 875.2	23%

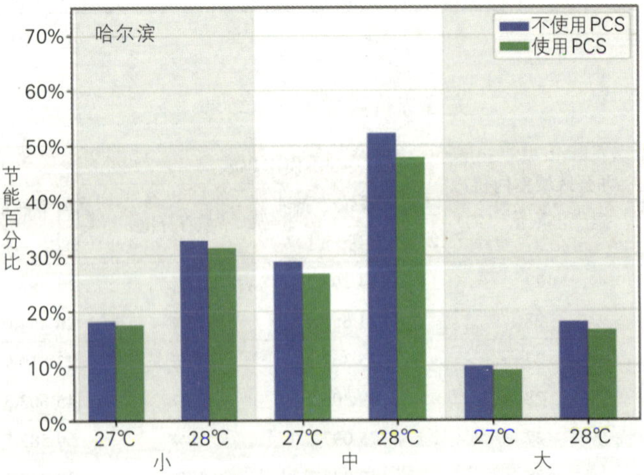

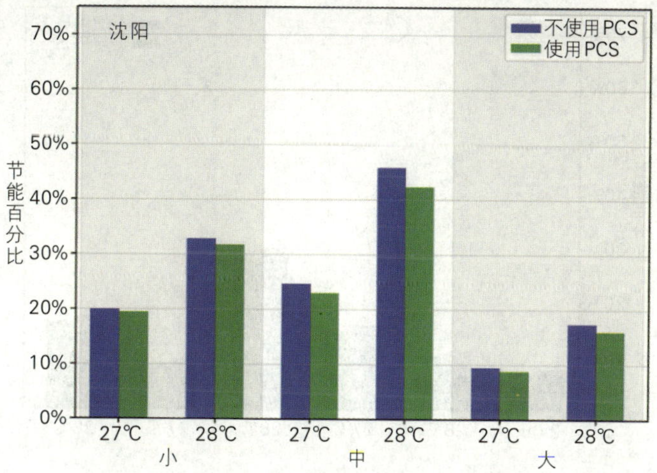
沈阳
不使用PCS
使用PCS
节能百分比
70%
60%
50%
40%
30%
20%
10%
0%
27℃
28℃
27℃
28℃
27℃
28℃
小
中
大

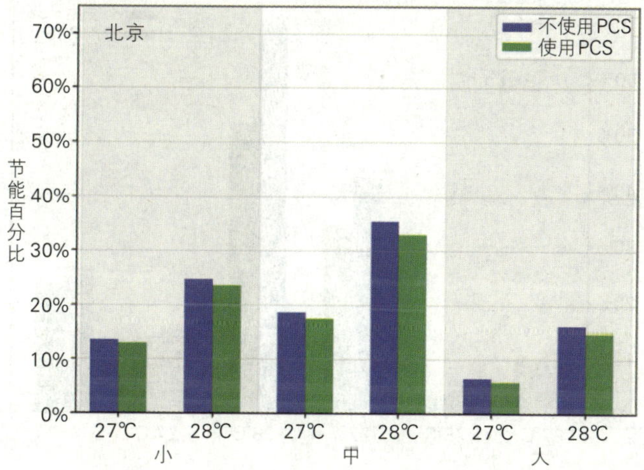
北京
不使用PCS
使用PCS
节能百分比
70%
60%
50%
40%
30%
20%
10%
0%
27℃
28℃
27℃
28℃
27℃
28℃
小
中
人

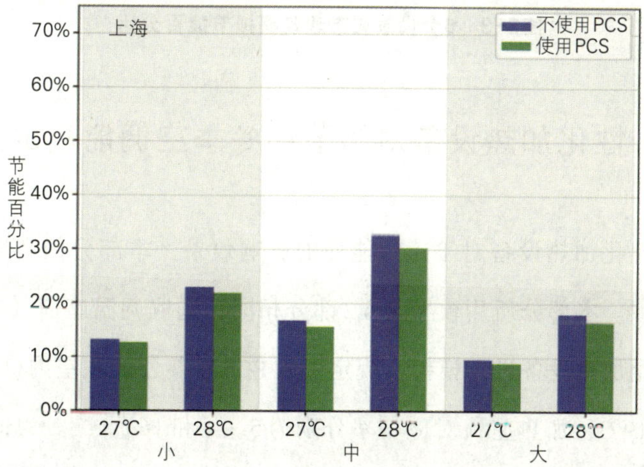
上海
不使用PCS
使用PCS
节能百分比
70%
60%
50%
40%
30%
20%
10%
0%
27℃
28℃
27℃
28℃
27℃
28℃
小
中
大

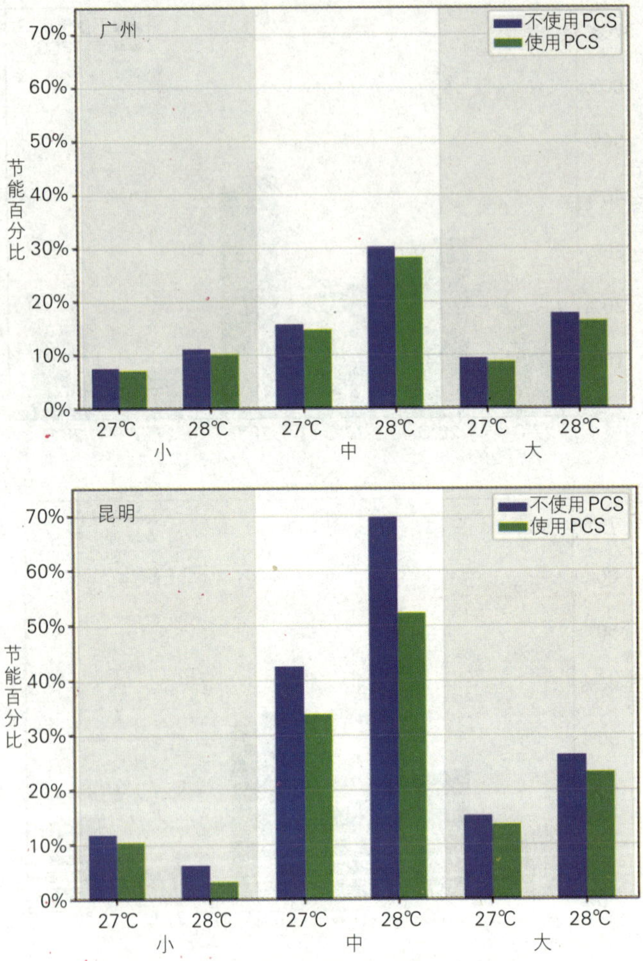

图6-3　6个代表城市建筑模拟节能百分比

6.3　采用个性化加热设备对于节约冬季空调能耗的效果分析

为探究个性化加热设备对于建筑能耗的影响效果，本部分仍利用DeST软件进行建筑能耗模拟。本部分所用模型与6.2部分相同，选取调温座椅（如图6-2所示）为典型的个性化加热设备进行模拟，规定引入PCS后办公区域室内供暖温度下限值分别为21℃和19℃，加热座椅对应功率分别为5.3瓦和16瓦[15]。为估算建筑能耗，取建筑空调系统的采暖能效比为2.2[17]。表6-9给出了各代表城市不同体量建筑全年累计热负荷，表6-10至表6-14及图6-4给出了5个代表城市（广州市冬季无供热需求）、不同建筑体量在引入PCS后建筑的空调系统节能量及节能百分比情况。可以看出，在降低办公区域室内供热温度下限值后，建筑空调系统能耗明显下降；引入调温座椅（加热模式）后，建筑空调系统能耗和考虑PCS能耗后的总体能耗均明显下降。夏热冬冷地区及温和地区的节能百分比整体高于严寒地区和寒冷地区（如图6-4所示）。个体加热设备在各类不同气候区、不同体量的建筑中都有明显的节约建筑能耗的潜力。

表6-9　各代表城市不同体量建筑全年累计热负荷

代表城市	全年累计热负荷（千瓦·时）		
	小	中	大
哈尔滨	387 043	1 535 023	3 268 796
沈阳	254 574	1 100 453	2 194 054
北京	157 927	655 864	1 428 129
上海	86 664	443 836	709 575
昆明	11 456	132 688	69 433

表6-10　严寒地区A、B区模拟结果

代表城市	建筑体量	办公区域室内供暖温度下限值（℃）	不使用PCS		使用PCS	
			空调系统节能量（千瓦·时）	节能百分比	总体节能量（千瓦·时）	节能百分比
哈尔滨	小	21	9 215.7	5%	6 975.9	4%
		19	27 101.4	15%	20 339.7	12%
	中	21	34 263.0	5%	27 702.7	4%
		19	102 981.8	15%	83 177.2	12%
	大	21	66 919.0	5%	46 264.8	3%
		19	187 163.2	13%	124 810.7	8%

表6-11　　严寒地区C区模拟结果

代表城市	建筑体量	办公区域室内供暖温度下限值（℃）	不使用PCS		使用PCS	
			空调系统节能量（千瓦·时）	节能百分比	总体节能量（千瓦·时）	节能百分比
沈阳	小	21	11 155.4	10%	9 582.3	8%
		19	27 007.2	23%	22 258.3	19%
	中	21	32 589.0	7%	27 981.5	6%
		19	97 219.2	19%	83 309.9	17%
	大	21	60 751.4	6%	46 245.4	5%
		19	167 679.5	17%	123 887.8	12%

表6-12　　寒冷地区模拟结果

代表城市	建筑体量	办公区域室内供暖温度下限值（℃）	不使用PCS		使用PCS	
			空调系统节能量（千瓦·时）	节能百分比	总体节能量（千瓦·时）	节能百分比
北京	小	21	8 013.7	11%	6 690.6	9%
		19	21 817.7	30%	17 823.6	25%
	中	21	28 957.3	10%	25 082.2	8%
		19	84 462.2	28%	72 763.6	24%
	大	21	50 629.2	8%	38 428.8	6%
		19	155 335.7	24%	118 504.3	18%

表6-13　　夏热冬冷地区模拟结果

代表城市	建筑体量	办公区域室内供暖温度下限值（℃）	不使用PCS		使用PCS	
			空调系统节能量（千瓦·时）	节能百分比	总体节能量（千瓦·时）	节能百分比
上海	小	21	7 076.6	18%	5 868.1	15%
		19	17 943.1	46%	14 295.0	36%
	中	21	28 270.8	14%	24 731.3	12%
		19	79 220.4	39%	68 535.1	34%
	大	21	48 581.6	15%	37 437.9	12%
		19	128 439.2	40%	94 797.8	29%

表6-14　　温和地区模拟结果

代表城市	建筑体量	办公区域室内供暖温度下限值（℃）	不使用PCS		使用PCS	
			空调系统节能量（千瓦·时）	节能百分比	总体节能量（千瓦·时）	节能百分比
昆明	小	21	2 049.3	7%	892.9	3%
		19	4 400.6	15%	909.7	3%
	中	21	33 385.9	24%	29 998.9	22%
		19	78 961.5	57%	68 736.8	50%
	大	21	36 128.8	27%	25 465.4	19%
		19	81 677.2	62%	49 485.9	37%

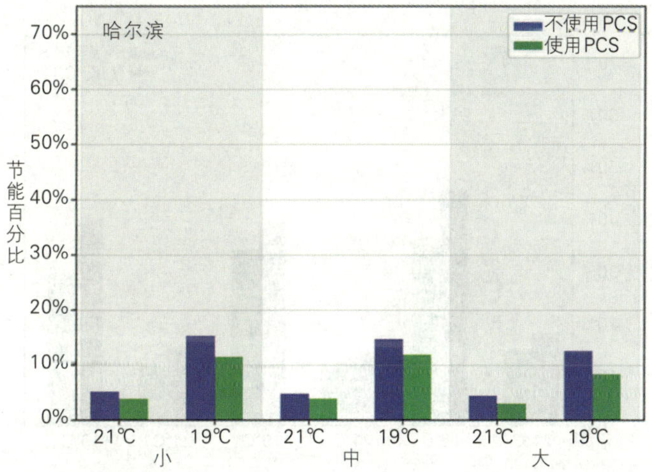

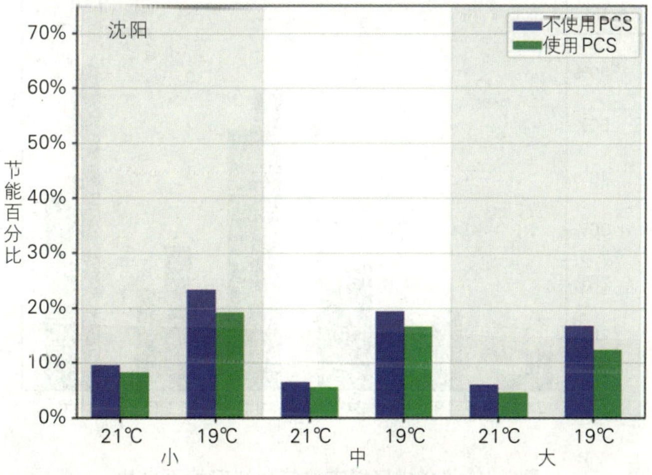

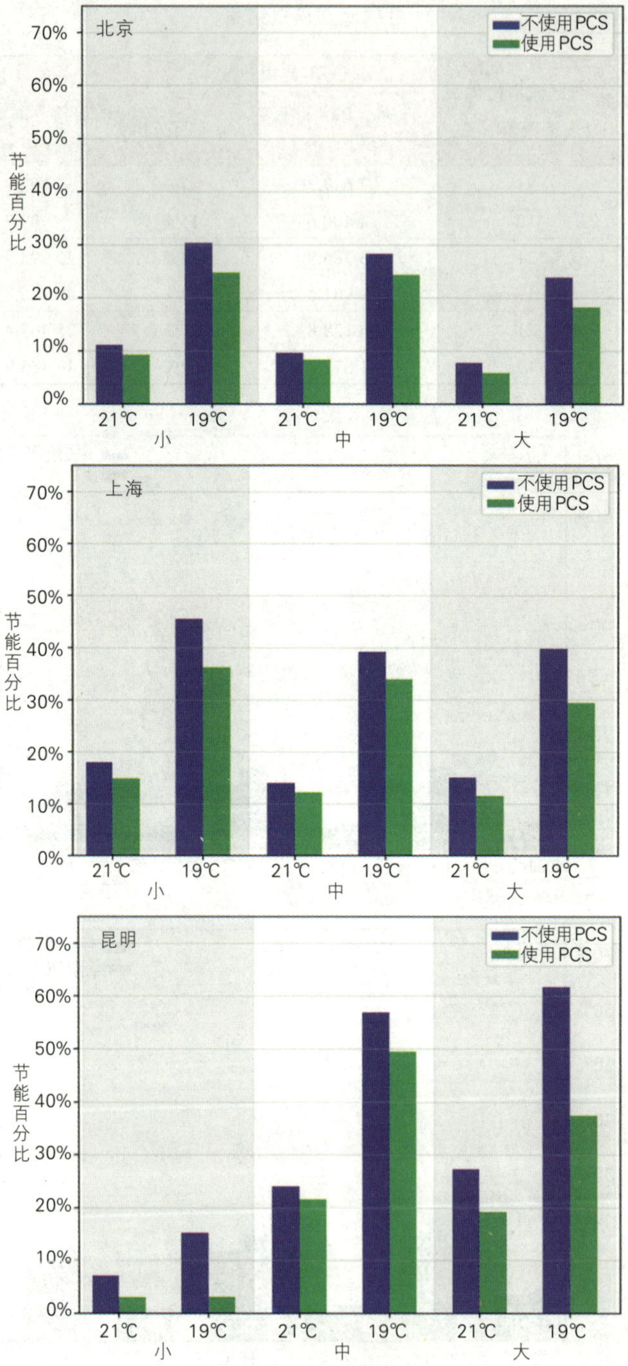

图6-4　6个代表城市建筑模拟节能百分比

6.4 总 结

碳中和相关工作的开展，其核心概念在于对平衡的把控。宏观来看，碳中和的“中和”本身就意味着平衡的实现，即正负相抵，排出的二氧化碳或温室气体被植树造林、节能减排等形式所抵消。对于建筑领域，平衡指的是在建筑设计建造与运行阶段的投入（能耗、碳排放）和收益（建筑环境内人员的使用体验）的统一。平衡的关键之处是以人为本，即以人为核心，设计建造能更好为人服务的建筑。在以人为本的核心理念下，我们应该准确地去认知建筑使用者在时间维度、空间维度上的特征，用定性和定量的方法，准确地把建筑内人的需求描绘出来。在此基础上，用各种各样的节能技术手段去营造舒适健康的建筑环境，如此方能实现两方面的共赢：既能获得良好的建筑环境，提升人员满意率，又能为碳达峰与碳中和作出相应的贡献。

结合本章的模拟结果，可以看出，提升夏季空调设定温度下限和降低冬季空调设定温度上限可以在多个气候区、不同体量建筑下实现整体环境营造的节能；PCS的应用可以在实现节能目标的基础上保证人员舒适度，这对于碳中和工作的实际开展是可喜、令人振奋且具有启发意义的。值得一提的是，尽管PCS总体能耗较少，但现阶段的设备能效还低于HVAC系统，因此，在使用PCS时需要考虑和已有的HVAC系统协调配合，精准发力，打好组合拳。

总之，看似简单的个性化设备对建筑碳中和的意义重大，涉及的问题也远比想象得复杂。一方面，个人舒适系统的研发需要跨学科交叉的理论支撑；另一方面，如何将个人舒适系统与已有的整体空间环境营造系统结合是对“平衡”概念的更深化探索。碳中和的达成不是一朝一夕的事，但我们对个人舒适系统的未来发展始终抱有极大的信心，相信道阻且长，行则将至，行而不辍，未来可期。

参考文献

[1] 江亿，胡姗．中国建筑部门实现碳中和的路径［J］．暖通空调，2021，51（5）：1-13.

[2] 林波荣．建筑行业碳中和挑战与实现路径探讨［J］．可持续发展经济导刊，2021（Z1）：23-25.

[3] 清华大学建筑节能研究中心．中国建筑节能年度发展研究报告2020（农村住宅专题）［M］．北京：中国建筑工业出版社，2020.

[4] TANG H，DING Y，SINGER B. Interactions and comprehensive effect of indoor environmental quality factors on occupant satisfaction［J］. Building & Environment，2020，167.

[5] FRONTCZAK M，WARGOCKI P. Literature survey on how different factors influence human comfort in indoor environments［J］. Building & Environment，2011，46（4）：922-937.

[6] FANGER P. Thermal comfort analysis and applications in environmental engineering［M］. Copenhagen：Danish Technical Press，1970.

[7] ARENS E，HUMPHREYS M A，DE DEAR R，et al. Are 'class A' temperature requirements realistic or desirable?［J］. Building & Environment，2010，45（1）：4-10.

[8] WANG Z，ZHANG H，HE Y，et al. Revisiting individual and group differences in thermal comfort based on ASHRAE database［J］. Energy & Buildings，2020，219.

[9] WANG Z，DE DEAR R，LUO M，et al. Individual difference in thermal comfort：A literature review［J］. Building & Environment，2018，138（1）：181-193.

[10] HOYT T，ARENS E，ZHANG H. Extending air temperature setpoints：Simulated energy savings and design considerations for new and retrofit buildings［J］. Building & Environment，2015，88：89-96.

[11] RAWAL R，SCHWEIKER M，KAZANCI O B，et al. Personal comfort systems：A review on comfort，energy，and economics［J］. Energy & Buildings，2020，214：109858.

[12] 秦蓉，刘烨，燕达，等．办公建筑提高夏季空调设定温度对建筑能耗的影响［J］．暖通空调，2007（8）：33-37；7.

[13] 桂晨曦，燕达，郭偲悦，等．基于实际用能特征的北京地区典型建筑模型研究［J］．建筑科学，2020，36（6）：14-22.

[14] 中华人民共和国住房和城乡建设部，国家市场监督管理总局．建筑节能与可再生能源利用通用规范

(GB 55015—2021)[S]. 北京：中国建筑工业出版社，2021.

[15] PASUT W，ZHANG H，ARENS E，et al. Energy-efficient comfort with a heated/cooled chair：Results from human subject tests [J]. Building & Environment，2015，84 (1)：10-21.

[16] YANG H，CAO B，ZHU Y. Study on the effects of chair heating in cold indoor environments from the perspective of local thermal sensation [J]. Energy & Buildings，2018，180：16-28.

[17] 中华人民共和国住房和城乡建设部. 严寒和寒冷地区居住建筑节能设计标准（JGJ26-2018）[S]. 北京：中国建筑工业出版社，2018.

第7章 我国各省（自治区、直辖市）陆上风资源潜力评估报告

王宇 田君豪

7.1 引 言

以全球变暖为主要特征的气候变化给人类社会带来了极大的负面影响，如海平面上升和极端气候事件的增加。[1] IPCC第六次评估报告指出，自1750年左右以来，人类活动造成的大气中温室气体浓度的增加是引起全球变暖的主要原因，而对于主要温室气体——二氧化碳，来自人为化石燃料燃烧的比例在10年间增长到了86% ±14%。[2] 风能作为一种化石燃料的替代能源，由于其可再生和清洁的特性，已经在许多国家被大力开发利用。[3] 作为当今世界上最大的碳排放国[4]，中国为应对气候变化承担着巨大的减排压力，发展可再生能源发电已成为中国能源供应脱碳的必要条件[5]，风能的使用成为中国重要的减排措施。

根据国家统计数据，截至2020年年底，风电和光伏并网装机规模均超过了2.5亿千瓦，其中风电新增装机容量7 167万千瓦，同比增长178.7%。[6] 中国国家主席习近平在2020年12月12日气候雄心峰会上的讲话中宣布，到2030年，我国风电、太阳能发电总装机容量将达到12亿千瓦以上。根据预测，“十四五”时期中国年均新增风电装机容量在5 000万千瓦以上。[7]

了解风资源的分布以及评估风能技术开发潜力，对于风资源的合理规划与开发利用具有重要的指导意义。目前我国可用于技术开发的风资源到底有多少？在各省

（自治区、直辖市）的分布情况是怎样的？对各省（自治区、直辖市）风能规划布局有何指导意义？针对这些问题，本研究采用气候和风机数据，对我国风资源潜力在各省（自治区、直辖市）的分布进行估计与分析，从而为我国中长期风能产业的规划和发展提供有用信息。

7.2 方法与数据

根据数据特点及资源评估要求，本研究将中国境内区域划分为网格。

首先，对每一网格内风资源进行评估，求得各网格代表风资源丰富程度的指标大小。

其次，根据风资源、土地覆盖类型、海拔和坡度，针对各网格计算出不同的风能开发土地可利用率。

再次，将风电机组在各网格可利用土地上进行排布，并结合风资源大小，计算出单一网格的技术开发潜力。

最后，将网格潜力汇总到各省（自治区、直辖市）进行后续分析。

7.2.1 风资源评估及分布

本研究采用容量因子CF作为表征各网格风资源丰富程度的指标。为了对各网格的风资源进行评估，首先需要取得风速以及温度、湿度等用于修正风速的气候参数。再分析数据（也称大气再分析数据、气象再分析数据或气候再分析数据）是指使用统一的分析方案，整合时间跨度较大的历史观测气象数据，以生成可用于气象和气候研究的数据集的项目产品，能够满足本研究需要。本研究采用的气候再分析数据来自第二次现代研究和应用回顾性分析（MERRA-2）。[8] 该数据集的空间分辨率为0.625°（经度）×0.5°（纬度），时间分辨率为每小时。本研究采用数据的时间跨度是从2001年1月1日00：30到2020年12月31日23：30。MERRA-2提供东西向和南北向的近地面10米高度风速数据，整合后的风速可以根据式（7-1）计算得出[9-10]：

$$V = \sqrt{u^2 + v^2} \tag{7-1}$$

在本研究中，风机的轮毂高度被设定为80米，因此需将数据集中10米高度的风速外推到80米高。这里应用被广泛使用的幂律公式[10-11]（7-2）来进行外推。

$$V_H = V_{10}\left(\frac{H}{10}\right)^{\alpha} \tag{7-2}$$

式中：V_H表示高度H处的风速，本研究中H取80米；V_{10}表示MERRA-2数据集输出的近地面10米高的风速；α表示风切变指数，在文献中常取1/7。[11-13]

使用同样来自MERRA-2数据集的大气压强、气温和湿度气候数据计算得到空气密度的估计值，接着使用后者对风速进行校正[13]，如式（7-3）至式（7-5）。

$$\rho_d = \frac{p}{RT} \tag{7-3}$$

$$\rho_m = \rho_d \frac{1 + q}{1 + 1.609q} \tag{7-4}$$

$$V_\rho = V_H\left(\frac{\rho_m}{1.225}\right)^{1/3} \tag{7-5}$$

式中：常数R等于287.058 $Jkg^{-1}K^{-1}$；p表示大气压强；T表示气温；q表示湿度；ρ_d表示干燥空气密度；ρ_m表示根据湿度修正的空气密度；V_ρ表示修正后的风速，用于输入风机功率曲线计算每小时实际功率输出。

根据目前市场上某额定功率为3MW、叶轮直径为146米的流行风机的风速与输出功率的对应关系，本研究拟合的功率曲线如图7–1所示。

通过上文求得的风速V_ρ以及拟合得到的风机功率曲线，求出每一网格内每小时的容量因子CF，计算公式如下：

$$CF = \frac{f(V_\rho)}{P_r} \tag{7-6}$$

式中：函数f表示从图7–1中拟合得到的风机功率曲线函数；P_r表示该风机额定功率，此处为3MW；V_ρ表示该网格每小时修正后风速，由式（7–1）至式（7–5）得到。

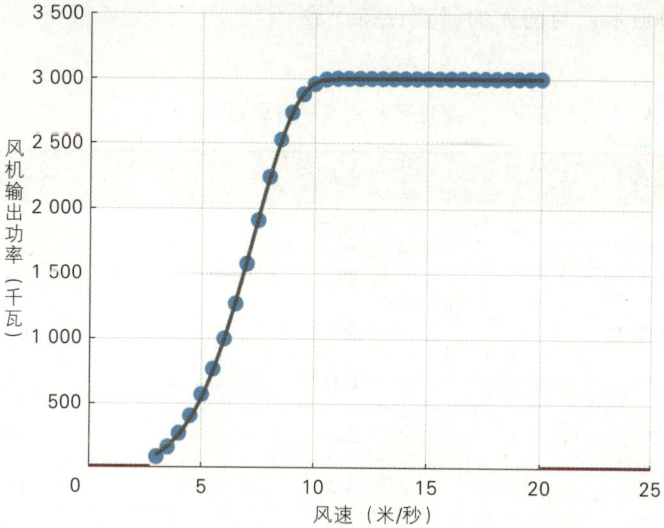

注：其中蓝色的大圆点为企业提供的风速-功率工业数据，棕色的曲线为通过高斯拟合得到的该3MW风机的模拟功率曲线。

图7-1　某3MW风机功率曲线的拟合结果

7.2.2　土地可利用率的计算

在对各网格风资源进行评估的基础上，对于具有不同自然地理条件的区域，需要根据其土地覆盖类型、海拔和坡度参数设置不同的风资源开发土地可利用率。本研究使用的土地覆盖类型数据来自全球土地覆盖数据库，空间分辨率为0.05°[14]；用于确定海拔和坡度的高程数据来自世界范围内90米分辨率数字高程数据集[15]。根据限制条件的不同，土地可利用率设置原则见表7-1。其中，对于土地覆盖类型，根据同类研究[11, 16-19]，对各网格设置不同的风资源开发可利用率，不可建风机的土地类型（如水体、耕地等）网格可利用率被设置为0。不同坡度等级土地利用率的设置与研究[11, 16-17]保持一致。而对于海拔阈值，虽然近年来中国已有在高原建设风电项目的成功案例[20-21]，但高原总体装机规模很小。考虑到在高原地区建设风电场技术难度较高[19]，本研究将高原地区排除，将海拔筛选阈值设定在3 000米，与前人的研究保持一致[22-23]。

表7-1 土地可利用率设置原则

条件因素	筛选原则	可利用率
土地覆盖类型	水体等	0.0
	草原	0.8
	灌木	0.7
	森林	0.2
	荒地	1.0
坡度（%）	≤ 3	1.0
	(3，6]	0.5
	(6，30]	0.3
	> 30	0.0
海拔	>3 000米	0.0
容量因子	<15%	0.0

考虑到随着技术发展，对低风速地区利用率的不断提高，且近年来风电场投资成本降低，使得容量因子较低的风电系统能够盈利[23]，本研究将15%作为容量因子的阈值，低于这个界限的区域视为不可开发利用，因其经济性不足，与研究[12，23]保持一致。也有研究以风速作为阈值[16，22]，但考虑到风速这一指标的使用忽略了风能的间歇性，即风速在低于风机切入风速或者高于风机切出风速时，风机会处于静止状态无功率输出，这种现象带来风电机组静止和出力两种状态相互转换的特性[10，24]。本研究认为采用容量因子作为筛选指标更为合理，后者与实际发电效果的联系更加直接。同时考虑到容量因了、海拔和坡度的阈值以及不同土地覆盖类型，通过计算得到每个网格区域的风能技术开发土地可利用率的分布。

7.2.3 技术开发潜力的计算

已知各网格土地可利用率及面积，可通过风机叶轮直径确定风机摆放间距，从而求得可部署风机数量，最终乘以风机额定功率得到装机潜力，计算逻辑见式（7-7）。风机摆放间距对资源评估结果影响较大[17，25]，因此需慎重选取。考虑到过于密集的风机排布会由于尾流效应严重降低后排风机功率输出，根据风机部署模型模拟的研究结果[26-27]，本研究假设风电场中风机排布间距为5 × 9个叶轮直径，与同类研究保持基本一致[16-17，28]。

$$p_i = \frac{S_i \times a_i}{5D \times 9D} \times P \tag{7-7}$$

式中：S_i表示第i个网格区域的土地面积；a_i表示第i个网格区域的土地可利用率；D表示计算所使用风机的叶轮直径；P表示风机额定功率；p_i表示所求的该格点装机潜力。

用发电量表示的技术开发潜力，即理论年均发电量的计算需要根据各网格区域每小时容量因子求出20年平均容量因子，乘以装机潜力及1年风电设备运行小时数得到，参见式（7-8）。

$$g_i = \overline{CF}_i \times p_i \times 8\,760 \tag{7-8}$$

式中：g_i表示第i个网格区域所对应的以年均发电量表示的风资源技术开发潜力；$\overline{CF}_i$表示通过选用风机计算得到的该区域20年平均容量因子；p_i表示上一步得到的装机潜力；8 760表示一般年份的小时数。

7.3 结果与分析

7.3.1 中国陆上风资源分布

通过对各网格区域20年（2001　2020年）每小时风速求平均值，可得到中国陆上风速分布情况。大于6米/秒的较高风速地区主要包括内蒙古、与内蒙古接壤的甘肃和宁夏部分地区、新疆东部部分地带、东北地区的西北部分、青藏高原的大部分范围。与同类型研究刻画的风速分布对比结果显示，并无明显差异[10, 16, 29]，进一步验证了数据来源和处理结果的有效性。

由于风蕴含的能量与风速是三次方的关系[30]，风速分布的呈现对展示风力发电所需风资源的分布来说还不够直观，又考虑到风机对风速的利用存在间歇性，风速低于或高于阈值时风机发电能力的变化较为陡峭，因此，将风速输入到风机的风速-功率曲线后所输出的实际功率更有助于对风资源等级分布的理解，与发电量简单直接的转换关系也便于对资源潜力进行评估。因此，通过利用风电机组风速与功率之间的曲线对应关系，刻画出本研究使用的3MW风机容量因子（CF）的分布。

平均风速与容量因子之间大小关系的地理分布大体可以对应，即平均风速越高的区域，平均容量因子越大。但是由于涉及能量与风速之间非线性的转换关系，高风速与低风速对应容量因子之间的极值差距更大。

7.3.2 中国各省（自治区、直辖市）风能技术开发潜力

基于容量因子和土地可利用率的分布计算出各网格的装机潜力和发电潜力，可汇总得到中国整体装机潜力和发电潜力分别为6 829 GW和22.3 PW·h，其中各省（自治区、直辖市）的装机、发电潜力分别如图7-2中柱状图和散点图所示。为了比较风资源等级的差异，我们添加了30%和45%的容量因子阈值，将满足容量因子在15%～30%、30%～45%、45%以上的网格区域分别划分为风资源“一般”“丰富”“极为丰富”3个等级，在全国范围内可用土地中各约占1/3，各等级土地面积或装机潜力在各省（自治区、直辖市）的占比参见图7-2柱状图的3种颜色。其中，由于西藏自治区整体海拔较高，在2.2部分的计算中被排除，故没有包括在以下分析之中。中国各省（自治区、直辖市）风能可开发潜力具体数值见表7-2。

由图7-2中可以看出，中国可开发的风资源主要集中在新疆、内蒙古、甘肃、青海和黑龙江等少数地区，其装机量和发电潜力分别占总量的81.2%和84.2%，其

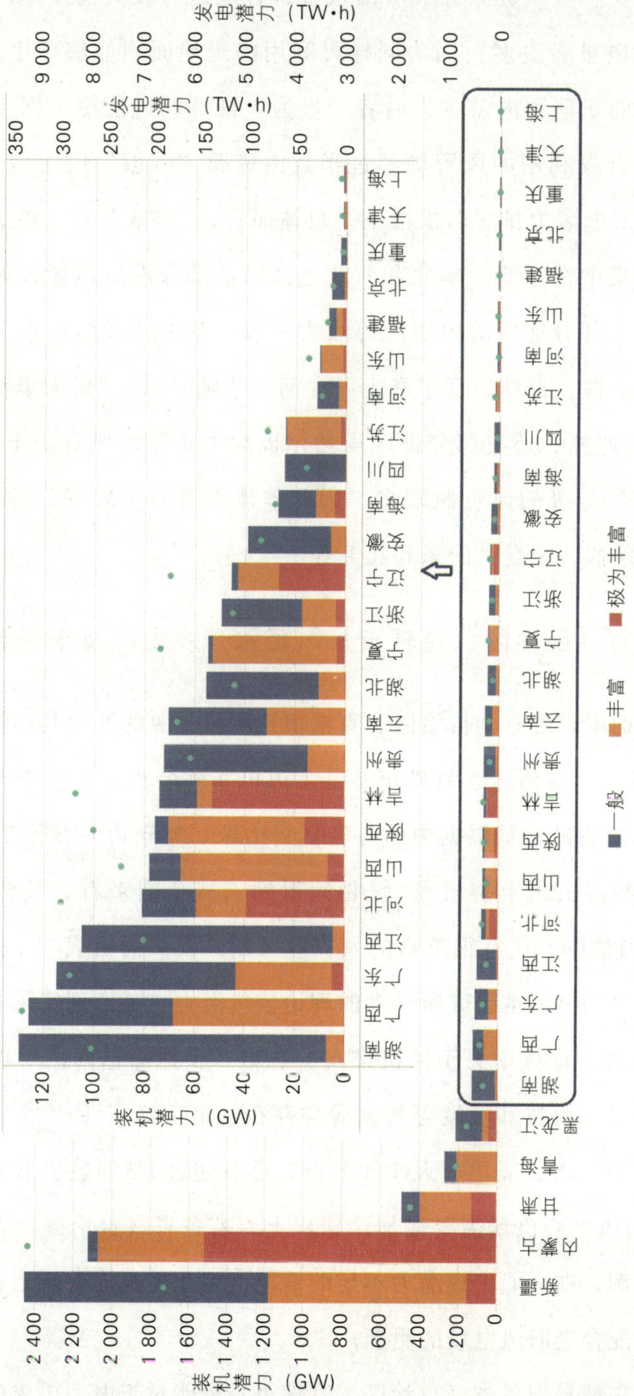

图7-2 中国各省（自治区、直辖市）陆上风能装机潜力、发电潜力及资源等级分布

他地区风资源较少。从风资源等级层面来看，各地区有较大的差别。风资源等级更高的地区，发电量会更多，因为同样可利用的土地面积能够产生更多发电量。如风资源最丰富的新疆和内蒙古，后者“极为丰富”的风资源占据了超过70%的部分，而新疆可开发利用的风资源超过半数由资源“一般”的土地组成，因此，二者装机潜力和发电潜力排序名次颠倒。总体而言，“丰富”与“极为丰富”的高等级风资源主要集中在东北、华北和西北地区以及部分沿海地区，如福建、山东和江苏，而南方大部分地区的风资源等级为一般。其中“极为丰富”的风资源过半的地区包括内蒙古、吉林、辽宁和上海；河北紧随其后，“极为丰富”的风资源占比超过了1/3。此外，还有部分地区虽然“极为丰富”的风资源土地占比不高，但是由于“丰富”等级的风资源较多，因此整体资源质量较好，发电潜力较高，如甘肃、青海、陕西、宁夏、山东和江苏等。

7.3.3 中国各省（自治区、直辖市）风资源开发现状及未来趋势

为了展示目前中国各省（自治区、直辖市）对风资源的开发利用情况，我们将截至2019年的各省（自治区、直辖市）陆上风电实际装机量与风能开发潜力进行了对比，陆上风电装机量是根据中国各省（自治区、直辖市）截至2019年风电累计并网容量[31]与海上风电装机量[32]相减得到。从全国来看，装机潜力已开发2.99%，说明中国整体上还有很丰富的风资源可以开发。而由表7-2看，山东目前的装机量已经部分超出了本研究所计算的理论装机潜力，考虑到实际装机量超出潜力的比例不大，理论计算中关于风机排布、选型、土地筛选阈值等假设，以及风速、土地覆盖类型、海拔和坡度等数据源均存在一定不确定性[17, 25]，因此这种误差容易理解。对于河南、福建、天津和上海，已有超过1/3的装机潜力被开发。考虑到2030年全国风电装机量需要增加两倍以上，若各省（自治区、直辖市）保持原有新增装机比例，则可能出现潜力不足的情况，因此需要提前规划，合理设置风电建设目标，并配合老旧风电场的更新。

为了表示未来情景中各省（自治区、直辖市）风能对于电力需求的潜在贡献，

表7-2　中国各省（自治区、直辖市）风能潜力开发现状与未来利用趋势

省（自治区、直辖市）	2019年陆上风电装机量（GW）	装机潜力（GW）	开发利用比例	发电潜力（TW·h）	2030年预测需求（TW·h）	满足需求比例
全国	204.12	6 828.89	2.99%	22 291.64	9 837.50	226.6%
北京	0.19	5.66	3.36%	13.21	133.20	9.9%
天津	0.49	1.15	42.50%	3.83	136.70	2.8%
河北	16.39	80.88	20.26%	296.99	676.90	43.9%
山西	12.51	77.75	16.09%	234.32	370.30	63.3%
内蒙古	30.07	2 121.17	1.42%	9 198.75	435.90	2 110.3%
辽宁	8.09	45.25	17.88%	183.86	409.30	44.9%
吉林	5.57	74.14	7.51%	281.84	139.70	201.7%
黑龙江	6.11	215.03	2.84%	576.64	153.50	375.7%
上海	0.40	1.13	35.47%	5.15	232.80	2.2%
江苏	6.18	23.85	25.91%	82.12	791.50	10.4%
浙江	1.35	49.42	2.73%	117.94	596.80	19.8%
安徽	2.74	38.85	7.05%	88.35	240.00	36.8%
福建	3.30	6.67	49.47%	18.82	308.50	6.1%
江西	2.86	104.82	2.73%	210.47	165.30	127.3%
山东	13.54	10.36	130.67%	38.55	760.30	5.1%
河南	7.94	11.21	70.81%	24.96	614.20	4.1%
湖北	4.05	55.54	7.29%	116.16	341.70	34.0%
湖南	4.27	129.74	3.29%	265.33	298.70	88.8%
广东	4.19	114.86	3.65%	287.70	815.10	35.3%
广西	2.87	125.99	2.28%	337.96	254.30	132.9%
海南	0.29	26.67	1.09%	73.46	47.40	155.0%
重庆	0.64	1.93	33.24%	2.71	171.10	1.6%
四川	3.25	24.22	13.42%	40.40	366.50	11.0%

续表

省（自治区、直辖市）	2019年陆上风电装机量（GW）	装机潜力（GW）	开发利用比例	发电潜力（TW·h）	2030年预测需求（TW·h）	满足需求比例
贵州	4.57	72.04	6.34%	161.60	218.00	74.1%
云南	8.63	70.28	12.28%	176.24	238.90	73.8%
陕西	5.32	75.92	7.01%	263.12	233.50	112.7%
甘肃	12.97	488.80	2.65%	1 679.93	205.10	819.1%
青海	4.62	266.69	1.73%	802.75	96.90	828.4%
宁夏	11.16	54.66	20.42%	193.85	141.30	137.2%
新疆	19.56	2 450.99	0.80%	6 514.64	244.10	2 668.8%

我们将各省（自治区、直辖市）发电潜力与2030年预测的电力需求[33]进行了比较，计算了能满足需求的最大比例。可以看出，从全国来讲，风能技术开发潜力是预测需求的2.27倍，即使考虑到理论发电潜力的计算与实际发电能力的差异，如尾流效应、电场自用电量、设备停机维护等因素会使理论和实际发电量之间通常存在25%～35%的综合折减率[17]，风能技术开发潜力也能够超过2030年的全国需求，更何况还有其他电力来源。

各个省（自治区、直辖市）的发电潜力能够满足需求的比例差异较大，可大致分为三类情况：

第一，对于内蒙古、新疆、甘肃、青海和黑龙江等发电潜力能够100%以上满足2030年需求的地区，若继续大力开发风电，则在长期的未来扮演向其他地区进行大量电力输送的角色，本地消纳的量只会占总生产量的小部分。

第二，对于河北、山西、辽宁、安徽和湖北等，其发电潜力也能够满足相当比例（>30%）的需求。虽然相比西部和北部地区，风资源等级较低，体量较小，但因其距离需求中心更近，电力输送成本低。在这些地区及时、合理地对风资源进行开发利用，可有效帮助扩大可再生能源消纳并网规模。

第三，对于北京、天津、上海、福建和河南等，发电潜力即使充分开发，也只能满足很小比例（<10%）的当地需求，因此需要积极引入其他地区的可再生能源电力，或大力开发光伏、生物质能等其他可再生能源发电潜力，以满足国家对各地区可再生能源消纳的期望。

7.4 总结与讨论

风资源潜力的评估对我国风电规划与发展具有重要意义。本研究基于2001—2020年的风气候数据，以及土地类型、海拔和坡度这些限制风资源潜力开发的自然地理条件，通过目前的主流风机的功率曲线计算了以装机量和发电量表示的中国陆上风电的潜力，并将潜力分到了各省（自治区、直辖市）。在此基础上，本研究对各地区之间风资源等级分布差异进行了比较与分析，并与目前各地区风资源开发的现状及未来需求进行了对比，得出主要结论如下：

第一，评估结果显示，中国陆上风能装机潜力为6 829 GW，发电潜力为22.3 PW·h。与同类研究相比，本研究以发电量表示的风能技术开发潜力评估结果22.3 PW·h与研究[23, 25, 28]很接近。而就以装机量表示的风能技术开发潜力评估结果来说，在目前研究中结果偏大，但量级一致，仍处在合理范围之内。由于本研究采用的数据以及对土地可利用率的设定、风机部署间距等关键参数的假设与其他研究有所不同，因此评估结果与同类研究必然存在一定差异[17, 25]。截至2019年年底，陆上风能的装机潜力已开发了2.99%，说明中国整体上还有很丰富的风资源待开发。另外，与2030年预测的全国9.8 PW·h电力需求相比，本研究估计的发电潜力是其2.28倍。即使考虑到理论发电潜力的计算与实际发电能力的差异，也能够超过2030年的全国需求，况且还有其他电力来源。因此，整体而言，中国风资源潜力充足，不会成为能源系统低碳转型的约束。

第二，风能潜力分布不均匀，大部分可开发风资源集中在新疆、内蒙古、甘肃、青海和黑龙江等少数地区，装机和发电潜力分别占总量的81.2%和84.2%。就风资源等级而言，高等级风资源主要集中在东北、华北和西北地区以及部分沿海地区。就开发现状而言，对于山东、河南和福建等，未来潜力开发趋于饱和，风电建设需另辟蹊径，如开发海上风电、优化风电场规划布置或通过选取更合适的风机机型进行更新，以增加对风资源潜力的利用。就未来发展趋势而言，在2030年之前，对于中国中部和南部各地区风能潜力的充分开发能在满足需求的同时，极大地减少在内蒙古和新疆等较偏远地区开发风电带来的电力输送成本，有效缓解供需不匹配的问题。

本研究还存在一些需要注意的地方：

首先，由于数据地理分辨率的限制，本研究没有将分析扩展到比省（自治区、直辖市）级别更低的维度上，对于地级市、县（县级市、区）的规划部署指导意义有限。

其次，对于各省（自治区、直辖市）面临的风电供需不平衡的情况，本研究只根据风能潜力和可能的需求作了简单的分析，而风能在各省（自治区、直辖市）的开发应考虑国家总体减碳规划及成本优化目标，这也对统筹规划整体能源产业发展路径的相关研究提出了需求。

最后，在气候变化的背景下，风资源的大小和波动性都会发生变化，目前的分布也将有所调整，未来对风资源的评估应考虑到气候变化的因素进行模拟，从而能得到对风能产业更有指导性的分析结果；但在中短期内的未来，气候变化对风资源影响有限，本研究的结果仍有意义。

参考文献

[1] AHMED M. Introduction to modern climate change [J]. Science of The Total Environment, 2020, 734: 139397.

[2] IPCC. Climate change 2021: The physical science basis [R]. 2021.

[3] KUMAR Y, RINGENBERG J, DEPURU S S, et al. Wind energy: Trends and enabling technologies [J]. Renewable & Sustainable Energy Reviews, 2016, 53 (Jan.): 209 - 224.

[4] 张希良，张达，余润心. 中国特色全国碳市场设计理论与实践 [J]. 管理世界，2021，37 (8): 80 - 95.

[5] LI J. Decarbonising power generation in China-Is the answer blowing in the wind? [J]. Renewable & Sustainable Energy Reviews，2010，14 (4)：1154 - 1171.

[6] 国家能源局. 国家能源局发布2020年全国电力工业统计数据 [EB/OL].（2021-01-20）[2021-09-23]. http://www.nea.gov.cn/2021-01/20/c_139683739.htm.

[7] 王芳. 碳中和，吹响“十四五”风电冲锋号 [J]. 风能，2020 (12)：20 - 27.

[8] GLOBAL MODELING AND ASSIMILATION OFFICE. MERRA-2 tavg1_2d_slv_Nx: 2d，1-hourly，time-averaged，single-level，assimilation，single-level diagnostics V5.12.4 [Z]. NASA Goddard Earth Sciences Data and Information Services Center，2015.

[9] REN G，WAN J，LIU J，et al. Characterization of wind resource in China from a new perspective [J]. Energy，2019，167：994 - 1010.

[10] GAO Y，MA S，WANG T. The impact of climate change on wind power abundance and variability in China [J]. Energy，2019，189：116215.

[11] WU J，HAN Z-Y，YAN Y-P，et al. Future changes in wind energy potential over China using RegCM4 under RCP emission scenarios [J]. Advances in Climate Change Research，2021，12 (4)：596-610.

[12] SHERMAN P，SONG S，CHEN X，et al. Projected changes in wind power potential over China and India in high resolution climate models [J]. Environmental Research Letters，2021，16 (3)：034057.

[13] KARNAUSKAS K B，LUNDQUIST J K，ZHANG L. Southward shift of the global wind energy resource under high carbon dioxide emissions [J]. Nature Geoscience，2018，11 (1)：38 - 43.

[14] FRIEDL M，SULLA-MENASHE D. MCD12C1 MODIS/terra+aqua land cover type yearly L3 global 0.05deg CMG V006 [Z]. NASA EOSDIS Land Processes DAAC，2015.

[15] JARVIS A，REUTER H I，NELSON A，et al. Hole-filled seamless SRTM data V4 [Z]. International Center for Tropical Agriculture，2008.

[16] 朱蓉，王阳，向洋，等. 中国风能资源气候特征和开发潜力研究 [J]. 太阳能学报，2021，42 (6)：409-418.

[17] LIU C，WANG Y，ZHU R. Assessment of the economic potential of China’s onshore wind electricity [J]. Resources，Conservation and Recycling，2017，121：33 - 39.

[18] INTERNATIONAL ENERGY AGENCY. Technology roadmap：China wind energy development roadmap 2050 [Z]. OECD Publishing，2012.

[19] 中国气象局风能太阳能资源评估中心. 中国风能资源评估（2009）[M]. 北京：气象出版社，2010.

[20] 龙杭，宋阳. 西藏将实现风电装机“零”的突破 [N]. 中国经济导报，2013-08-13.

[21] 徐军. 风电“零突破”! 大唐在青藏高原首个风电项目投产 [EB/OL].（2019-01-02）[2021-06-04]. https://news.bjx.com.cn/html/20190102/953399.shtml.

[22] HE G，KAMMEN D M. Where，when and how much wind is available? A provincial-scale wind resource assessment for China [J]. Energy Policy，2014，74：116 - 122.

[23] SHERMAN P，CHEN X，MCELROY M B. Wind-generated electricity in China：Decreasing potential，inter-annual variability and association with changing climate [J]. Scientific Reports，2017，7（1）.

[24] 万杰，任国瑞，姚坤，等. 基于风电机组启停频度的风电间歇性定量刻画及分析 [J]. 太阳能学报，2021，42（4）：342 - 350.

[25] DAVIDSON M R，ZHANG D，XIONG W，et al. Modelling the potential for wind energy integration on China's coal-heavy electricity grid [J]. Nature Energy，2016，1（7）：16086.

[26] 王丰，刘德有，曾利华，等. 大型风电场风机最优布置规律研究 [J]. 河海大学学报（自然科学版），2010，38（4）：472 - 478.

[27] STEVENS R J A M，GAYME D F，MENEVEAU C. Effects of turbine spacing on the power output of extended wind-farms [J]. Wind Energy，2016，19（2）：359 - 370.

[28] MCELROY M B，LU X，NIELSEN C P，et al. Potential for wind-generated electricity in China [J]. Science，2009，325（5946）：1378 - 1380.

[29] LIU F，SUN F，LIU W，et al. On wind speed pattern and energy potential in China [J]. Applied Energy，2019，236：867 - 876.

[30] PRYOR S C，BARTHELMIE R J. Climate change impacts on wind energy：A review [J]. Renewable and Sustainable Energy Reviews，2010，14（1）：430 - 437.

[31] 国家能源局. 2019年风电并网运行情况 [EB/OL].（2020-02-28）[2021-06-02]. http://www.nea.gov.cn/2020-02/28/c_138827910.htm.

[32] 中国可再生能源学会风能专业委员会.《海上风电回顾与展望2020》：2019中国海上风电新增装机排名 [EB/OL].（2020-09-02）[2021-06-07]. https://news.bjx.com.cn/html/20200902/1101317.shtml.

[33] 胡兆光. 2050中国经济发展与电力需求探索：基于电力供需研究实验室（ILE4）模拟实验 [M]. 北京：中国电力出版社，2011.

第8章 国际油气公司能源转型及对我国启示

周剑 刘滨 周玲玲 佟庆 顾阿伦 孟祥宇 陈铭韵

中国油气公司发展一直是跟随方式，以“能源保供”为主要的发展目标，面对国内巨大的消费市场，稳定生产就能确保未来发展一片坦途。但在“十四五”规划开端之际，在国际市场变化和国内确立“双碳”目标的新形势下，中国油气行业即将面临涉及行业发展转型的重大方向性调整，既不能简单照抄欧美油气公司的转型路径，也不能再像以往一样依靠规模扩张发展，要更多审慎观察，选择未来合适的发展方向。

8.1 全球气候治理进程及能源转型展望

在21世纪中叶实现“碳中和”是大势所趋。为此，《巴黎协定》敦促各缔约方在2020年年底之前提交长期低排放发展战略。欧盟在主要国家中率先提出要在2050年实现GHG净零排放，成为发达国家碳中和时间标杆。日本、韩国等国家也逐步提出将在2050年实现碳中和。2020年9月，中国国家主席习近平在第75届联合国大会一般性辩论中提出，我国二氧化碳排放力争于2030年前达到峰值，努力争取2060年前实现碳中和。我国到本世纪中叶将建成社会主义现代化强国，努力争取到2060年实现碳中和，既适当体现与发达国家的差异，又彰显大国、强国的主动责任担当。

8.1.1 全球石油需求开始回暖，绿色低碳转型势必加速全球石油需求峰值的提前到来

2021年，随着经济复苏，石油需求开始回暖。截至2021年7月初，欧洲主要国家的成品油需求出现反弹，欧洲石油需求已经恢复至正常水平的90%。美国需求持续向好，已突破1 000万桶/日，并创历史新高。总体来说，欧美和亚洲整体需求都处于强劲复苏的阶段。从需求复苏节奏看，上半年全球需求复苏较慢，下半年复苏较快。2021年全球石油产量变化如图8-1所示。

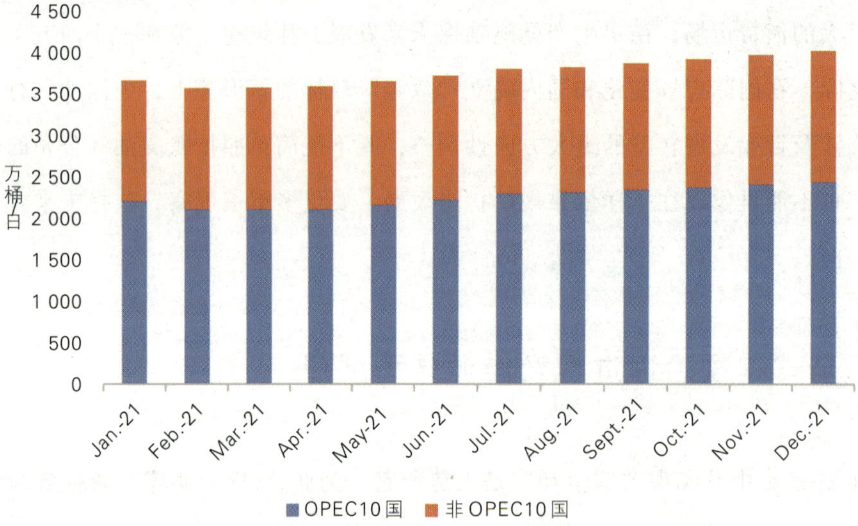

图8-1　2021年全球石油产量示意图（单位：万桶/日）

资料来源：OPEC、Unipec Research & Strategy。

全球炼油产能也逐渐复苏。结合咨询机构普氏、FGE和HIS的数据测算，2021年全球新增炼能大约为223万桶/日，增量较2020年人幅扩张，新增炼能全部来自亚太和中东地区。

从中长期来看，绿色低碳转型势必加速全球石油需求峰值的提前到来。据预

测[1-3]，全球石油需求有望在2030—2035年达到历史峰值，随后开启稳中趋降的变化趋势。石油峰值到达前，全球炼油能力仍将保持扩张趋势，这期间北美、中东、俄罗斯等区域的炼能仍将小幅增长。迫于转型升级压力，淘汰落后产能和新建大型炼化一体化项目仍是炼油行业未来的主旋律。

8.1.2 全球天然气需求大幅增加，天然气被视为实现碳中和的重要过渡能源

2021年，全球经济复苏，天然气需求大幅增加，天然气价格水涨船高，美国Henry Hub、英国NBP、荷兰TTF等天然气指数出现了强劲的涨势。尤其是欧洲的天然气价格持续上涨。到2021年10月5日，被视为欧洲天然气价格风向标的荷兰天然气期货价格TTF突破了每千立方米1 200美元，与2020年相比暴涨超过10倍，创下历史新高。

天然气被视为实现碳中和的重要过渡能源，伴随各国经济活动、燃料替代的推动，天然气的需求将持续增长。天然气需求增长的驱动因素主要是相对具有成本竞争力的资源、主要工业或大型能源消费者对燃料来源多样化的需求以及某些区域减少空气污染的努力。电力行业的天然气增长存在潜在风险，包括低成本煤炭和可再生能源的渗透。但是天然气还存在持续增长需求，特别是在工业部门，与可再生能源相比，天然气更适合提供高温热能。天然气在价格上优于精炼产品，在排放上优于煤炭。

欧洲和亚洲是全球天然气的主要市场。欧洲素来有以天然气发电的传统，加上积极的能源转型行动，预计未来几年，天然气将在欧洲占据更重要的战略地位。亚洲是预测增长最多的天然气市场，从2019年到2030年，亚洲的需求预计增加40%到50%。管道天然气不足，无法满足预计需求，预计亚洲将继续是液化天然气的主要进口国。

8.1.3 气候变化政策对油气行业的影响

随着国际社会所达成的《巴黎协定》的共识，传统油气业务发展面临气候变化的压力逐步增大。在2021年11月召开的《联合国气候变化框架公约》第二十六次缔约方大会上，越来越多的国家与地区提出明确的碳中和目标，将进一步敦促油气公司围绕碳中和目标开展相关工作。具体影响表现在：

一是全球有约13%的温室气体排放被碳定价所覆盖，同样导致以化石能源为主的传统油气公司未来发展所需支付成本持续大幅提升。根据麦肯锡[4]的研究，在碳价为100美元/吨二氧化碳当量时，80%的石油相关项目在油价等于甚至低于60美元/桶时才能实现盈亏平衡；2030年预计传统陆上和浅海项目占全球原油产量的2/3，碳价为100美元/吨二氧化碳当量，有25%~35%可以持续运营；在深水、超深水和非传统资源中，这一比例只有不到5%。金融机构收紧资金流向化石能源项目。例如欧洲投资银行决定，为应对气候变化的不利影响，自2021年起不再为包括油气在内的化石能源项目提供贷款。

二是能源产品的低碳升级将导致传统油气业务逐渐收缩。预计未来油气行业面临消费达峰后的转型挑战，行动越缓慢的企业未来实施转型需要付出的代价就越大，部分勘探开发类的油气公司将在达峰前后大规模减少，预计短期内油气公司围绕非核心资产剥离的情况将会有所增加。部分国家严控油气勘探许可。法国政府2017年宣布，不再颁布新的油气勘探许可，也不会办理现有勘探许可延期，2040年前将在本土和法属圭亚那等海外属地禁止一切油气勘探开发活动；意大利、荷兰和新西兰等国家2018年提出，将在部分陆域或海域内禁止油气勘探开发活动。

三是随着更多油气公司介入新的产业，油气行业与其他能源行业的融合发展将更加明朗。全社会实现碳中和目标的过程将会广泛促成多种技术融合发展，需要油气行业相关企业进一步发挥比较优势与规模优势，围绕业务升级、管理升级、资源升级、技术升级持续塑造企业核心竞争力。

8.2 国际油气公司的碳排放控制目标及能源转型路径

在全球碳中和趋势下，油气行业加速能源低碳转型进程。油气公司纷纷宣布设置温室气体减排和净零排放目标，且承诺的减排力度不断加强。面对全球应对气候变化和能源转型问题，欧美油气公司在能源转型战略、目标设定及转型路径等方面存在较大不同。

8.2.1 全球油气行业的两大阵营

全球油气行业可分为两大阵营，基于国家油气资源禀赋的丰富程度，它们对能源转型有着截然不同的态度。

第一阵营：以欧洲各国为代表的油气资源稀缺国家，油气资源长期依赖从国外进口。BP发布的《世界能源统计年鉴（2021）》显示（见表8-1、表8-2），欧洲石油、天然气探明量分别为136亿桶（占全球0.8%）、3.2万亿立方米（占全球1.7%），在全球油气行业中处于非常弱势的位置。欧洲每天石油产量达3 579千桶（占全球4%），炼厂每天加工量为11 211千桶（占全球14.8%），天然气产量为2 186亿立方米（占全球5.7%）。欧洲石油进口依赖度超过90%，2020年欧洲原油进口量达12 611千桶/天，约占全球进口量的1/5，与探明量形成鲜明的对比；欧洲的天然气探明量与进口量的全球占比同样悬殊，进口量超过全球1/3，进口依赖度超过60%。因此，为了摆脱对油气进口的依赖，欧洲一直对于碳中和及能源转型表现出主动和积极的态度，壳牌、BP等油气公司更是作为先锋力量，进行大刀阔斧的改革。

第二阵营：以美国、俄罗斯、沙特阿拉伯为代表，坐拥丰富油气资源的资源型国家，油气的储量及产量均处于世界前列。三国认为原油和天然气处于黄金发展期，暂时没有新能源可全面取代油气在经济发展中的地位，因此继续以油气业务为主体。从表8-1中可见，美国、俄罗斯、沙特阿拉伯的石油探明量分别为

表8-1　2020年欧洲、美国、俄罗斯和沙特阿拉伯石油储量及开采情况

国家/地区		欧洲	美国	俄罗斯	沙特阿拉伯
探明量（亿桶）	量	136	688	1 078	2 976
	占比	0.8%	4.0%	6.2%	17.2%
	排名	—	9	6	2
产量（千桶/天）	量	3 579	16 476	10 667	11 039
	占比	4.0%	18.6%	12.1%	12.5%
	排名	—	1	3	2
炼厂加工量（千桶/天）	量	11 211	14 212	5 498	2 326
	占比	14.8%	18.8%	7.3%	3.1%
	排名	—	1	3	7
消费量（千桶/天）	量	12 788	17 178	3 238	3 544
	占比	14.5%	19.4%	3.7%	4.0%
	排名	—	1	5	4
原油出口量（千桶/天）	量	2 742	8 117	7 433	8 027
	占比	4.2%	12.5%	11.4%	12.3%
	排名	—	1	3	2
原油进口量（千桶/天）	量	12 611	7 863	—	—
	占比	19.4%	12.1%	—	—
	排名	—	—	—	—

资料来源：BP《世界能源统计年鉴（2021）》。

表8-2　2020年欧洲、美国、俄罗斯和沙特阿拉伯天然气储量及开采情况

国家/地区		欧洲	美国	俄罗斯	沙特阿拉伯
探明量（万亿立方米）	量	3.2	12.6	37.4	6
	占比	1.7%	6.7%	19.9%	3.2%
	排名		4	1	7
产量（十亿立方米）	量	218.6	914.6	638.5	112.1
	占比	5.7%	23.7%	16.6%	2.9%
	排名		1	2	8
消费量（十亿立方米）	量	541.1	832	411.4	112.1
	占比	14.2%	21.8%	10.8%	2.9%
	排名		1	2	5
出口量（十亿立方米）	量	5.6	137.5	238.1	—
	占比	0.6%	14.6%	25.3%	—
进口量（十亿立方米）	量	326.1	69.5	11	—
	占比	34.7%	7.4%	1.2%	—

资料来源：BP《世界能源统计年鉴（2021）》。

688、1 078、2 976亿桶，位居第九、第六和第二位。三国的石油产量分别为16 476、10 667、11 039千桶/天，位居世界第一、第三、第二位；炼厂加工量分别为14 212、5 498、2 326千桶/天，位居世界第一、第三、第七位。三国除探明量、产量、炼厂加工量位于世界前列外，消费量和原油出口量也位于前列，说明三国经济对石油有较高的依赖度。美国是石油消费大国，为了摆脱石油进口依赖，多年来坚持推动能源战略，加大石油产量，从石油进口国转变为石油出口国。俄罗斯经济长期依赖石油收入，该收入一度占政府预算收入的一半，虽然努力控制油气收入比例，但仍一直处于较高水平。沙特阿拉伯的石油产业是国家的支柱产业，更是其经济命脉。

在天然气方面，美国天然气产量及消费量均列世界第一，实现自供自足；俄罗斯的天然气储量和产量均具明显优势，并致力在能源转型中重点发展天然气。沙特阿拉伯阿美的天然气业务虽然在世界范围并未具备绝对优势，但受低碳导向，也积极布局天然气业务，争取2030年的产量进入前3位。

8.2.2 欧洲油气公司的碳排放控制目标及能源转型路径

1. 欧洲油气公司温室气体排放控制目标

响应欧盟及所在国家的减排政策，欧洲油气公司表现出积极的姿态，加快向综合能源公司转型，提出了净零排放目标（见表8-3）。

2. 欧洲油气公司的能源转型战略

以BP、壳牌、道达尔、挪威国油等为代表的欧洲油气公司采取了激进的能源转型策略。在战略层面上，欧洲油气公司普遍认为，“去碳化”“电气化”是未来能源发展的方向，油气需求将逐年减少，以BP、壳牌为代表的欧洲油气公司主张大幅削减油气产量和炼厂产能，逐步加大可再生能源的生产，实现从“大石油”到“大能源”的过渡。欧洲油气公司大规模投资低碳能源、可再生电力等，不仅要求自身运营、生产过程实现碳中和，还努力在所销售的产品和服务中逐渐实现碳中和，帮助客户实现碳中和。

表8-3　　欧洲主要油气公司的能源转型目标

国别	公司	基年	中期减排目标				长期目标	
			运营	甲烷	天然气燃除	总目标	近零排放	产品碳足迹
英国	BP	2016	2030年前：作业减排30%~35%，油气生产减排35%~40%	2023年前主要油气处理设施的甲烷强度减少50%	2030年消除正常火炬	2030年前：销售产品碳强度减少15%	2050年前全部温室气体净零排放	能源类销售产品碳排放强度较2019年削减50%
荷兰	壳牌	2016		2025年将甲烷排放强度保持在0.2%以下（涵盖壳牌作为运营商的所有上游和综合天然气油气资产）	2030年消除正常火炬	2030年净碳足迹降低20%左右（范围1+2+3）	2050年前全部温室气体净零排放	净碳足迹削减65%
挪威	挪威国油		2025年上游碳排放强度小于8 $kgCO_2/boe$	2030年甲烷排放量接近“净零”	2030年消除正常火炬	2030年生产运行排放达到碳中和	2050年前全部温室气体净零排放	
意大利	埃尼	2018		2025年控制在0.2%	2025年消除正常火炬	2030年：全生命周期净排放量（范围1+2+3）降低25%，净碳排放强度降低15% 2040年：分别降低65%和40%	2040年，全球业务净零碳排放（范围1+2） 2050年，全生命周期净零排放（范围1+2+3）	2050年能源产品碳强度降低55%
法国	道达尔	2015		2030年自身运营的天然气设施甲烷排放量维持在接近于零的水平	2030年消除正常火炬	2030年，全球业务生命周期平均碳排放强度降低15%（范围1+2+3） 2040年降低35%	2050年前实现全部温室气体净零排放，包括净零生产作业、欧洲市场能源产品净零排放	全球市场能源产品的碳强度下降60%及以上

3. 欧洲油气公司的能源转型路径

欧洲各油气公司都制定了应对气候变化、实现碳中和目标的行动方案。总体来看，这些行动方案主要体现在改进工艺和产品，减油增气，发展新能源业务，碳捕集、利用、封存以及碳汇、管理机制创新等方面（见表8-4）。

表8-4　　　　欧洲主要油气公司转型战略示意表

公司	减少直接碳排放		优化能源结构									碳捕集与封存	碳交易	森林碳汇
	提高能效	控制甲烷排放	提高天然气占比	重碳资产撤资	太阳能	风能	生物燃料	氢能	电热	水力发电	电力			
壳牌	√	√	√	√	√	√	√	○			√	√	√	√
道达尔	√	√	√	√	√	√	√	○		√	√	○	√	○
BP	√	√	√	√	√	√	√	○		√	√	○	√	√
挪威国油	√	√	√	√	√	√		○				○	√	○
埃尼	√	√	√	√	○	○	√	○		○	○	○	√	○

注：√表示已投资领域，○表示计划涉及的领域。

资料来源：根据现有资料整理。

（1）改进工艺和产品

这是指主要通过改进工艺提高能效，减少生产作业中的碳排放量，同时改进公司产品，以帮助客户降低碳排放量。例如，壳牌规定，每年碳排放量超过5万吨的作业资产必须制订温室气体管理计划，以改进碳排放绩效；壳牌针对船运行业的客户，开发出帮助引导船只水中定位的软件以及先进的发动机润滑油，以降低燃料消耗和排放量。[5]

（2）减油增气

这是指通过提高天然气在油气生产总量中的比例来降低温室气体排放量。壳牌计划到2030年将天然气业务占比提高到55%以上，到2050年达到75%，2025年以后将不再进行油气新区勘探，原油产量在2030年以前逐年下降1%~2%。[5] 主要油气公司的天然气业务发展目标见表8-5。

表8-5 主要油气公司的天然气业务发展目标

公司名称	天然气占比	天然气占比目标
壳牌	2018年，天然气产量占油气总产量的50%	2050年，天然气产量占油气总产量的比重提高到75%
道达尔	2019年，天然气产量占油气总产量的53%	2035年，天然气产量占公司上游产品产量的60%
埃尼	2020年，天然气产量占油气总产量的60%	2050年，天然气产量占油气总产量的85%

（3）发展新能源业务

这是指通过大力发展新能源业务来降低温室气体排放量。壳牌、BP、道达尔、埃尼与挪威国油这5家欧洲油气公司持续增加在新能源方面的投资，其低碳投资预计由2019年不足60亿美元上升至2030年的150亿美元以上（见表8-6）。[6]

表8-6 欧洲主要油气公司的新能源业务

公司	风 电	氢 能	光 伏	生物燃料
壳牌	到2050年销售200个大型海上风电场的发电量	建设综合氢中心 2024年建设加氢站增加至100座，2030年前在英国投资加氢设施		销售25家生物燃料公司生产的燃料
BP		氢气制取、储运及加氢站建设		
道达尔	收购威尔士凯尔特海的海上浮式风电项目Erebus 80%的股份，在韩国开发5个浮动海上风电项目（潜在累计装机容量超过20亿瓦）	积极推进加氢站布局。2023年前建设400座加氢站 与林德公司、宝马公司在氢气加注技术等方面开展了合作	2021年在日本的第四座太阳能发电厂Tsu Haze开工建设（51兆瓦），在日本的累计产能超过150兆瓦 与新加坡液化天然气有限公司SLNG签署太阳能发电协议，发电系统建成后能产生约800兆瓦·时的可再生能源 2021年中标法国50兆瓦的太阳能项目	到2030年，生物燃料将占其燃料销售的10%~15% 计划投资逾5亿欧元，改造生物燃料和生物塑料的零原油平台，每年处理40万吨原料，可生产多达17万吨可持续航空燃料、12万吨可再生柴油和55万吨可再生石脑油
埃尼	到2024年、2030年和2050年可再生能源装机容量分别达到4吉瓦、15吉瓦和60吉瓦			到2024年使生物质炼厂的产能翻番，达到约200万吨/年，到2050年增加5倍
挪威国油	致力成为全球海上风电领导者。截至2020年10月，挪威国油的海上风电场总装机容量达到1 134兆瓦			

（4）CCUS及碳汇

这是指主要通过大力开发和部署碳捕集、利用和封存技术以及种植森林等措施，来实现碳补偿或碳抵消。壳牌参与了全球7个大型CCUS项目，到2035年建设25个与加拿大Quest项目规模相当的碳捕集和封存设施，新增2 500万吨/年的碳储存能力。埃尼提出到2030年建成储存能力达700万吨/年的碳捕集和封存项目，到2050年碳储存能力达5 000万吨/年；建设一级和二级森林保护项目，到2050年补偿相当于4 000万吨/年的二氧化碳排放量。[7]

（5）管理机制创新

这是指通过优化治理结构、调整绩效政策、实施内部碳价等方式来促进碳减排措施的推广和应用。在公司治理方面，5家油气公司都根据自身情况建立起应对气候变化的治理结构。其中，BP建立了涵盖董事会、高级管理层、业务板块和职能部门的健全的治理结构，董事会下设安全与可持续发展委员会，2020年成立的战略与可持续发展部，协调各部门的碳领导小组、生产与运营板块的健康安全环境（HSE）与碳管理部门。在绩效政策方面，它们都将高级管理人员及员工的薪酬与减排目标挂钩，充分调动全员积极性，确保公司减排目标的实现。它们建立了内部碳定价机制，将内部碳价应用于新项目投资决策和现金流预测。[7]

（6）优化资产结构

多家欧洲公司已重塑业务结构，将天然气与可再生能源设立为独立业务单元。BP出售了全球化工业务[8]；壳牌逐步剥离高成本、非核心上游资产，2016年开始逐步撤出中东上游业务；2018年年初，出售了伊拉克West Qurna一期油田权益的最后一批油田；2018年年中，出售了伊拉克南部的Majnoon油田的全部权益，并将其业务移交给国营巴士拉石油公司；2018年年底，出售了挪威地区老化的Draugen油田和Gjøa油田的股份。

8.2.3 美国及其他区域的油气公司的碳排放控制目标及能源转型路径

1. 美国、俄罗斯及沙特阿拉伯油气公司的能源转型战略

美国、俄罗斯、沙特阿拉伯油气公司的能源转型战略相对保守，更关注碳捕捉、碳封存的相关技术开发，以及生物质能的充分利用。在确保油气龙头地位的同时，它们主要从技术上控制碳排放，同时适度参与新能源业务领域，通过开展温和的转型措施，实施减碳，并减少碳限带来的影响。

2. 美国、俄罗斯及沙特阿拉伯油气公司的温室气体排放控制目标

受所在国家关于减排政策导向的影响，美国、俄罗斯和沙特阿拉伯的油气公司采取被动式的态度，温室气体排放控制目标见表8-7。

在拜登政府宣布2050年实现碳中和目标前，只有西方石油公司和康菲石油公司提出了净零排放目标。2021年10月，雪佛龙公司提出了2050年上游范围1和2排放的净零排放目标。俄罗斯石油公司公布了到2035年的中期目标。沙特阿拉伯国家石油公司（简称沙特阿美）则比沙特阿拉伯“2060年实现碳中和”的国家目标要领先，提出在2050年前实现净零排放。

3. 美国、沙特阿拉伯及俄罗斯油气公司的转型路径

美国、沙特阿拉伯及俄罗斯油气公司的转型路径比较参见表8-8，具体包括加大技术投入、控制碳排放，优化资产结构，大力发展天然气业务，布局新能源业务等。

（1）加大技术投入，控制碳排放

美国在碳捕集技术领域处于领先地位。截至2020年年底，美国运营CCUS项目增至38个，约占全球运营项目总数的一半，CO_2捕集量超过3 000万吨。[9] 埃克森美孚强调碳捕集技术在其战略中的重要性，承诺将在2025年前为其“低碳解决方案”这一新业务投资30亿美元，投资金额占总支出的3%~4%。埃克森美孚自2000年起已在CCUS技术方面投入超百亿美元，拥有行业领先水平，是其选择的实现碳减排的主要路径。该公司成立了一个新的业务部门，专注于碳捕集和封存（CCS）技术，目前正在推进超过20个CCS项目。[10]

表8-7　　全球主要油气公司温室气体排放控制目标

国别	公司	基年	中期减排目标				长期目标	
			运营	甲烷	天然气燃除	总目标	近零排放	产品碳足迹
美国	埃克森美孚	2016	运营上游排放强度降低15%～20%（2025年）	排放强度降低40%～50%（2025年）	强度降低35%～40%（2025年）；消除常规天然气燃除（2030年）		未设定	
	雪佛龙	2016	运营和非运营油气产量的上游净温室气体排放强度降低35%（2028年）（范围1和2）	排放强度降低50%（2028年）	强度降低65%（2028年）；无常规天然气燃除（2030年）	组合碳强度（范围1、2和3）下降目标达到71gCO_2e/MJ，下降率>5%（2028年）	2050年上游排放的净零排放（范围1和2）	
	西方石油			排放强度降低至0.2%（2025年）	2030年前熄灭所有常规火炬		2040年前实现净零排放	到2050年实现产品使用净零排放
	康菲石油	2017		排放强度降低10%（2025年）	实现天然气零燃除（2025年）	温室气体排放强度减少35%~45%（2030年）（范围1和2）	2050年实现近零碳排放（范围1和2）	
俄罗斯	俄气					未设定	未设定	
	俄油		上游排放强度降低30%（2035年）	甲烷排放强度降低至0.25%以下（2035年）	常规天然气燃除为零（2035年）	到2035年，对俄罗斯资产而言，温室气体排放减少5%	未设定	
沙特阿拉伯	沙特阿美				2030年实现天然气零燃除		2050年前实现净零排放	

注：俄气是俄罗斯天然气工业股份公司的简称，俄油是俄罗斯石油公司的简称。

表8-8　　美国、沙特阿拉伯和俄罗斯油气公司的转型路径比较

公司	减少直接碳排放		优化能源结构									碳捕集与封存	碳交易	森林碳汇
	提高能效	控制甲烷排放	提高天然气占比	重碳资产撤资	太阳能	风能	生物燃料	氢能	地热	水力发电	电力			
埃克森美孚	√	√	√	√			○					√		
雪佛龙	√	√	√	√	○	○	○	○	○			√	√	○
西方石油	√	√	√	√	○			√				○		
康菲石油	√	√		√								√		
俄气														
俄油														
沙特阿美	√	√		√										

注：√表示已投资领域，○表示计划涉及的领域。

资料来源：根据现有资料整理。

沙特阿美积极提高油气开采技术，持续降低油气开采成本，利用先进的技术，将捕集的二氧化碳转化为实用的工业产品和制造业原料，目前已成为业内碳强度最低的原油来源和甲烷排放强度最低的公司，也已跻身油气行业碳足迹值最低的公司行列。

（2）优化资产结构

2020年下半年以来，全球油气资产交易主要集中在北美地区，资产类型主要为致密油和非常规油气。例如，2020年7月20日，雪佛龙收购美国独立油气生产商诺布尔能源（Noble Energy），交易规模达131亿美元；10月19日，康菲石油收购康乔资源（Concho Resources），交易价格达132亿美元。康乔资源是美国一家在上游业务碳排放领域表现非常优秀的页岩公司，根据伍德·麦肯锡数据，其2019年上游业务碳排放强度仅为8.7千克二氧化碳/桶油当量，是二叠盆地所有油气资产碳强度的1/2。

2020年，沙特阿拉伯石油公司抓住低油价时机进行逆市投资。6月，沙特阿美依托沙特主权基金的公共投资基金，收购了沙特基础工业公司70%的股份，形成采油、炼油一体化，从而突出了油气主业；7月，沙特阿美宣布下游业务重组战略，旨在支持和加强整个碳氢化合物价值链的业务整合，提升下游业务能力，减少对石油收入的过度依赖。沙特阿美出售价值124亿美元的石油管道业务，布局化工和新能源等新产业，但仍保留对现有原油管网的全部所有权和运营控制权，以避免影响公司实际原油产量。

（3）大力发展天然气业务

美国、俄罗斯及沙特阿拉伯的油气公司近几年在天然气方面动作频繁，重点聚焦以下方面：①对天然气业务进行投资；②发展LNG业务；③扩展天然气产业链，利用天然气进行发电。此外，这些油气公司也注意减少天然气开发过程中造成的甲烷排放。

埃克森美孚、雪佛龙重点投资美国本土的页岩气市场；埃克森美孚与中国浙江省能源集团签署了20年的液化天然气供应协议；雪佛龙与合作伙伴共同开发液化天然气的温室气体量化和报告方法，以便每件液化天然气货物从井口到交付点都能附带碳足迹值。俄罗斯天然气工业股份公司和俄罗斯石油公司也在加快LNG项目布局，面向新型的亚洲天然气市场；沙特阿美也开始对天然气业务进行投资，计划到2030年成为世界第三大天然气生产国。

（4）布局新能源业务

新能源领域主要关注蓝氢和生物燃料等技术。沙特阿美计划未来几年投资1 100亿美元开发Jafurah气田，将天然气用于制造蓝氢，并计划生产足够的天然气供国内使用，以停止燃油发电。另外，该公司将可再生能源（包括太阳能和风能等）确定为公司的重点开发项目。埃克森美孚认为生物燃料可成为多元化低碳能源的解决方案，持续开展将藻类和纤维素生物质转化为用于交通运输部门的生物燃料的相关研究，还通过与国家实验室和学术机构合作，使多种纤维素生产的生物柴油的产量提高了1倍以上。

8.2.4 小 结

1. 国际油气公司采取了综合能源型和资源聚焦型的能源转型战略

（1）综合能源型的能源转型战略

这是指努力保持其盈利核心，同时捕捉低碳机遇，包括可再生能源、生物能源、下一代出行、能源服务和氢能，并尝试升级自身业务结构、资本分配甚至是组织能力来保障其能源转型战略的实施。以BP、壳牌、道达尔、挪威国油等为代表的欧洲油气公司普遍认为，“去碳化”“电气化”是未来能源发展的明确方向，油气需求将逐年减少，油气公司必须向“大能源”企业转型。

（2）资源聚焦型的能源转型战略

即使未来30~50年油气行业整体萎缩，还是会有具体的需求量。以埃克森美孚和雪佛龙为代表的部分美国油气公司认为，石油需求市场长期向好，因此采取了以“去碳化”为主的相对保守的能源转型策略。

2. 油气公司的目标设定不完全一致

大型油气公司设置温室气体减排和净零排放目标，与其所在地区政策环境及自身的资源禀赋、经济形态、社会环境等因素有着密不可分的关系，为此，国际油气公司与国家油气公司、欧洲油气公司与北美油气公司等，低碳发展目标并不完全一致。

3. 油气公司关于转型路径的选择存在明显的差异

综合目前行业具有代表性的转型实践，以及大油气公司制定的低碳转型和净零排放战略规划，油气公司低碳发展的具体实施路径主要可分为以下几类：减少从上游钻探到下游运营的碳足迹，提高生产运营过程的低碳化水平；优化调整油气资产结构，在剥离油砂、超稠油等高碳业务的同时提升天然气供应比例；利用油气行业优势，推进低碳电力、生物燃料、地热、氢能等低碳业务；开展林业碳汇、碳捕集与封存等碳抵消项目，中和碳足迹等。

从转型路径的具体选择上看，各油气公司之间也存在明显的差异。壳牌和道达尔是探索能源转型领域最多元化的国际油气公司，参与了包括氢能、储能、光伏发电、陆上风电、海上风电和碳捕集与封存等各类可再生能源投资。埃克森美孚则是国际石油巨头中最保守的“探索者”，仅参与了投资额较少的碳捕集与封存和生物质能投资。

挪威国油、BP、埃尼和雷普索尔等国际油气公司根据自身资源、技术禀赋，优先进行与现有优势结合的业务。譬如，在海上风电作业中，经济性更好的半潜式、柱状浮筒式和张力腿式等浮式风电结构的技术方案，均与深水油气作业平台设计及运行存在共通之处，有利于部分国际油气公司发挥建设运营海上油田的经验。

8.3 中国能源化工行业实现碳中和目标的能源转型路径研究

8.3.1 情景定义

清华大学碳中和情景分析模型设立了3个未来预测情景：

1.基准情景（BAU）

基准情景（BAU）是基于我国2030年二氧化碳排放达到峰值并争取尽早达峰、单位国内生产总值二氧化碳排放比2005年下降60%～65%等一系列自主行动目标的。该情景延续了当前的低碳转型趋势。

2.政策情景（2055 CNG）

政策情景（2055 CNG）对标2℃温控强化目标，以及我国提高的自主贡献目标，二氧化碳排放力争于2030年前达到峰值，努力争取在2060年前实现碳中和目标，研究该目标导向下的减排情景和路径。严格控制高耗能产品产量，提高产品能效，加速电气化率，提高清洁能源比重，以及加大氢能应用规模。

3.政策强化情景（2050 CNG）

政策强化情景（2050 CNG）对标1.5℃温控目标，到21世纪中叶努力实现二氧化碳净零排放，研究该目标导向下的减排路径。2030年后，在政策情景（2055 CNG）的基础上进一步控制产量，提高能效，提高电气化率和氢能源比重。

8.3.2 能源化工行业实现碳达峰与碳中和的情景分析

1. 乙烯行业

（1）乙烯产量峰值预期出现在2030年

受益于国家政策（如《乙烯工业中长期发展专项规划》）推动，产业布局“基地化、大型化、一体化、园区化”，原料多元化以及国内乙烯整体供不应求。原来业内人士预测乙烯产量将呈持续稳定的高速上升趋势，产量峰值预期出现在2030年。但2020年国家发改委等9部门联合发布了《关于扎实推进塑料污染治理工作的通知》，加强了全国各地对塑料的生产和销售的监督检查，并对零售餐饮等行业进行限塑。塑料为乙烯主要下游衍生产品，以聚乙烯为原料。对塑料产品的限制和需求减少，未来乙烯需求量和产量会出现一定程度的减少。因此，在政策情景（2055 CNG）和政策强化情景（2050 CNG）中，乙烯产量预测都出现了大幅减少的现象。

（2）乙烯的排放峰值将出现在“十五五”期间

在政策情景（2055 CNG）下，能源消费峰值将出现在2030年。乙烯主要生产技术路线能源结构还是严重依赖石油产品。虽然乙烯行业综合能耗在过去几年降低了，但乙烯生产还是存在高能耗、高污染等现象。问题主要来源于能源相关排放如石油产品的燃烧，其碳排放强度突出。因此，乙烯行业需要大力发展多元化原料，如低碳烷烃（乙烷、丙烷）、生物质原料等，以降低源头碳排放强度，并在技术层面通过应用过程革新技术减少工业过程排放。

在政策情景（2055 CNG）和政策强化情景（2050 CNG）中，由于政策和低碳技术发展等因素影响，温室气体排放量大幅度缩减。在政策强化情景（2050 CNG）中，排放量峰值提早出现于“十五五”期间。

2. 芳烃行业

（1）芳烃产量峰值将出现在2030年左右

芳烃应用领域十分广泛，包括纯苯的最大下游产品为苯乙烯和由PX（对二甲苯）生产的PTA（精对苯二甲酸）。日韩为我国PX最大进口来源国，但由于预期国内政策推动芳烃行业弥补缺口，如芳烃扩能计划、民营企业布局炼体一体化、“禁塑令”带动对聚酯的需求等，中国芳烃产量预期持续增长。同时，为了实现碳达峰等目标，预计芳烃产量峰值将出现在2030年左右。在政策情景（2055 CNG）和政策强化情景（2050 CNG）中，为了满足国内需求和迎合国内发展政策，芳烃产量达到峰值后将出现不同程度的减少。

（2）芳烃温室气体排放量已达峰

受惠于低碳技术的发展，政策情景（2055 CNG）和政策强化情景（2050 CNG）的温室气体排放量大幅度减少。在政策强化情景（2050 CNG）中，虽然产量峰值出现在2030年，但是温室气体排放量目前已达峰。因此，轻质化原料如甲醇、低碳烷烃以及生物质原料的推广进程需要加快，在源头上减少芳烃行业的碳排放量。

3. 炼油行业

我国炼油总加工量将于“十五五”中后期达到峰值，政策情景（2055 CNG）和政策强化情景（2050 CNG）下炼油总加工量约为8亿吨。随着炼油行业加工量达峰后逐步下降、能效水平的提高及能源结构的逐步优化，炼油行业能耗峰值也将出现在“十五五”中后期，约为6 500万~6 900万吨标准煤当量。而行业碳排放量峰值在政策情景（2055 CNG）下为“十五五”中期，约10.8亿吨二氧化碳；政策强化情景（2050 CNG）下，峰值水平提前至“十四五”末期，约为11亿吨二氧化碳。随后碳排放量将逐步下降，在政策情景（2055 CNG）和政策强化情景（2050 CNG）下，炼油行业排放总量为600万~1 300万吨二氧化碳。

8.4 中国油气公司在碳中和目标下实现转型的建议

全球气候治理进程推动能源转型，同时驱动了欧美油气公司采取不同的能源转型战略。中国油气行业即将面临涉及行业发展转型的重大方向性调整问题，一方面，需要把握好“把能源的饭碗牢牢端在自己手里”，不能简单照抄欧美油气公司的转型路径；另一方面，要保持能源转型实现碳中和目标的战略定力，不能再像以往一样依靠规模扩张发展，要更多地进行审慎观察，选择未来合适的发展方向。

1. 从能源安全转向能源安全与低碳转型并重

协同管理油气资源开发中的产量与生产碳排放。为了保障国家油气安全，目前大庆油田、胜利油田等高含水生产区块和辽河油田、新疆油田等稠油区块仍在持续开发，还有长庆油田等“三低”油田在未来都将面临生产碳强度不断增大的问题。因此，在追求油田区块产量最大化的同时，要协同考虑生产过程中的碳排放问题。通过优化水驱、蒸汽驱等技术工艺中的含水率、注入比等指标，以及不断提升设备能效和能源利用率来实现稳产减排的双重目标。

2. 优化油气资源开发结构

退役生产力最低、碳强度最高的油井及相关资产，以改善现有油气资产的排放表现和盈利能力，特别是控制含水率最高、碳氢产量最低且能源强度最高的油井产能。加强碳排放核算研究。增加对页岩油气等非常规资源的不同开发阶段生产碳排放的认识。

3. 油气资源的开发需关注碳中和目标下所驱动的油气消费需求的影响

油气资源的开发需关注能源产品消费趋势及结构的变化，积极跟踪石化行业“降油增化”的转型、未来交通领域的电气化快速推进和工业领域的氢能替代，调整油气资源开发的比重。

根据清华大学的研究，石油及石油制品在终端部门能源消耗总量中的比重于2025年前保持在25%左右，随后逐步下降。石油需求总量在“十四五”末达到峰值水平，约为8.3亿~9亿吨标准煤当量。天然气在终端部门能源消耗总量中的比重由2015年的7%，逐步提升至2030年的约18%，到2035年约占19%，随后稳步下降，到2050年降至16%，到2060年进一步下降至11%。天然气需求总量在2030—2040年达到峰值水平，约为5 000亿~6 000亿立方米。

4. 加强油气行业的甲烷减排

中国和美国在《联合国气候变化框架公约》第二十六次缔约方大会上发布的《中美关于在21世纪20年代强化气候行动的格拉斯哥联合宣言》第8条有关甲烷减排的合作内容，被视为甲烷减排从科学共识走向政治共识的标志，甲烷减排行动将得到快速推进。与能源领域二氧化碳减排相比，中国能源相关甲烷减排起步较晚，减排潜力较大，但是能源产业甲烷排放机理较为复杂，其逃逸泄漏环节较多，排放浓度不稳定，开发回收利用技术难度也大，在近期阶段需要针对监测难度大、不确定性大的问题，开展核算方法和常态化报告制度的建设，考虑在“十四五”时期制定明确的甲烷核算标准，推进覆盖经济全尺度的减排范畴建设。在中期阶段，完善非二氧化碳温室气体检测设备和标准，开展广泛的国际合作，鼓励企业自愿减排承诺与行动。非二氧化碳温室气体排放的减排将面临成本快速升高或缺乏有效减排手段的现实挑战，在远期阶段还需要进行技术突破；否则，难以有效实现深度减排。

5. 部署CCUS技术

当前我国运行的CCUS示范项目约有40个，捕集能力超过300万吨/年，以石油、煤化工、电力行业小规模的捕集驱油示范为主。二氧化碳的化工和生物利用规模相对地质利用规模较小，分别约为25万吨/年和7.1万吨/年，而且没有显著的地域特征。中国CCUS的未来发展潜力中，预计地质封存潜力最大，占比超过50%；其次是化工利用，占比接近40%。二氧化碳与环氧丙烷、环氧乙烷等化学性质活泼的物质反应制备可降解塑料、聚碳酸酯等精细化工品，可能是近十多年二氧化碳最有前景的应用领域。油气公司积极开展百万吨级的二氧化碳回收——驱油工业示范，建议进一步对二氧化碳驱油全流程进行优化，降低二氧化碳驱油成本，同时积极开展二氧化碳驱气等方面的研究，为低碳化石能源的开采做好技术储备；同时，在油气生产碳排放核算中评估以二氧化碳驱油为代表的CCUS技术中埋存的二氧化碳量对于生产碳排放强度的影响，不同的油气盆地物性差异导致二氧化碳封存潜力不同，将会对未来油气资源的开发结构带来显著影响。

6. 鼓励油气公司从能耗控制转向碳排放控制

调整运营模式，以培养碳管理能力。油气公司应识别自身运营排碳量、产品含碳量，如何降低碳强度，如何有效与监管机构、投资者和客户等沟通绿色低碳转型工作。

区分既有排放与新增排放，统筹强度控制与总量控制，健全碳达峰与碳中和双层级评价考核制度。对油田类型企业、炼化类型企业，采取以强度控制为主的方式；对销售类型企业，采取总量控制方式。加强同类型企业对标分析，明确基准值和先进值。加强评价考核结果运用，推动各类企业加快低碳转型发展。

7. 国际油气资源合作要纳入低碳的评价要素

随着我国经济实力的不断提升，我国油气公司需要思考如何先于外国油气公司部署低碳发展措施，而不仅仅是学习和借鉴。短期内石油和天然气项目并重，长期更加注重天然气项目。有机衔接上游资源与下游市场，积极拓展中游，打造全产业链发展模式；重点关注国际大油气公司油气资产剥离及与资源国国家油气公司合作的机会。油气公司在国际合作中应该避免投资高碳资产（如不可能进行CCUS改造的炼油厂），判断碳中和转型过程中需要提前部署的战略资源，重点关注和参与低碳技术的开发和应用（包括CCUS、生物质、低碳替代材料等技术）。

参考文献

［1］FGE．Middle east refining outlook：An update on projects［R］．Singaporo：FGE，2020.

［2］FGE．Asia pacific databook 2：Refinery configuration & construction［R］．Singapore：FGE，2020.

［3］中国国际石油化工联合有限责任公司．疫情之下全球炼厂掀起关闭潮［R］．北京：中国国际石油化工联合有限责任公司，2020.

[4] 张海濛，洪晟，BECK C，等．中国油气企业的绿色低碳转型：打造韧性业务组合［EB/OL］．［2021-08-13］．https:// www.mckinsey.com.cn/中国油气企业的绿色低碳转型：打造韧性业务组合/.

[5] 荷兰皇家壳牌石油公司．2020年可持续发展报告［R］．2021.

[6] 刘长松．欧美油气公司碳中和路径与措施比较［J］．世界环境，2021（4）：40-45.

[7] 司进．国际石油公司碳中和战略具体行动路径比较［N］．中国石油报，2021-08-31（6）.

[8] 化工信息．BP公司50亿美元出售石化业务［J］．化工时刊，2020，34（6）：21.

[9] 王馨悦．CCUS行业进入快速增长期［N］．中国石油报，2021-08-31（8）.

[10] 贾京坤，朱英，邓程程，等．欧美石油巨头战略调整加速，低碳发展殊途同归［J］．石油石化绿色低碳，2021，6（3）：1-6；29.

[illegible]